Hans-Georg von Rantzau

Und ewig glänzt das GOLD...

Hintergründe und Hintergründiges über das zur Neige gehende Metall

Herausgegeben von Günther Luitz

Druck: Laub GmbH & Co KG, Elztal-Dallau

ISBN 3-88260-078-0

Titelfoto: © Münze Österreich

Abdruck mit freundlicher Genehmigung der Münze Österreich AG,
A – 1030 Wien

Herausgeber und Verfasser danken der HDV Heidelberger Vermögensverwaltung (www.HDV-Leimen.de) und der Werte AG Liechtenstein (www.WERTE.AG) für umfassende logistische Unterstützung.

Ein besonderer Dank gilt meiner Frau und allen Freunden, Bekannten und Helfern, die durch Mithilfe beim Lektorat wertvolle Anregungen beigesteuert haben.

Hans-Georg von Rantzau

Die Idee für dieses Buch, das Konzept und dessen Umsetzung stammt von seinem Herausgeber **Günther Luitz.**

Foto: HDV

Günther Luitz ist Jahrgang 1954. Er gründete 1980 die Heidelberger Vermögensverwaltung GmbH und hat sich seit 1994 auf das Thema Rohstoffe und Energie spezialisiert. Er besuchte vielversprechende Minengesellschaften vor Ort auf verschiedenen Kontinenten. Unter anderem ist er Verwaltungsrat der Werte AG, Liechtenstein.

Mit dem Verfasser **Hans-Georg von Rantzau** fand Günther Luitz einen erfahrenen und kompetenten Partner für das Projekt.

Foto: vR

Hans-Georg von Rantzau, Jahrgang 1954, ist gelernter Bankkaufmann und Jurist. Nach verschiedenen Tätigkeiten im Versicherungs- und Finanzdienstleistungsbereich arbeitet er freiberuflich als Ghostwriter, Texter, Autor und Journalist. Neben humoristischer Lyrik sind Themen aus Politik, Wirtschaft und Kultur die Schwerpunkte seiner Arbeit.

Seit es die Menschheit gibt, ist sie fasziniert vom Zauber des gelben Edelmetalls. Gepriesen von den einen, verteufelt von anderen, scheint es ein Schattendasein zu führen in einer Zeit, in der der Erdball von Papiergeldwährungen bezahlt, finanziert und regiert wird. Aber es könnte auch wieder anders kommen: Trotz weltweiter Propaganda für Dollar und Euro als dauerhaft stabile Währungen und trotz riesiger Goldverkäufe der Notenbanken kann die Nachfrage nach Gold nur gerade so eben befriedigt werden.

Weitgehend aus unserem Bewußtsein verdrängt sind Phänomene wie Inflation und Staatsverschuldung. Die Politik tut so, als ginge sie das alles nichts an. Was steckt dahinter? Ist es die Gleichgültigkeit der Macht? Oder werden die Völker der Welt gezielt an der Nase herumgeführt von Regierungen, die den finanziell unabhängigen Bürger nicht wollen, weil der sich nicht nach Belieben enteignen läßt?

„Jeder Bürger hat das Recht auf Enteignung.“ – Lautet so eine noch geheime Neufassung von Artikel 14 des Grundgesetzes?

Währenddessen geht die Goldförderung weltweit immer weiter zurück. Dennoch ist Gold vergleichsweise billig. Aber wie lange noch? Dieses Buch beleuchtet plastisch, drastisch, bisweilen auch mit bissigem Humor historische Zusammenhänge ebenso wie gegenwärtige Szenarien einschließlich deren Hintergründe, aber auch daraus folgende Perspektiven.

Herausgeber und Verfasser hoffen, dem Leser außer nachdenklicher und mitunter vergnüglicher Lektüre die Möglichkeit eigener nützlicher Erkenntnisse zu bieten.

*Eines Lebens schönster Sold
sind Gesundheit, Liebe, Gold...*

(Hans-Georg von Rantzau)

Und ewig glänzt das Gold...

„Nach dem Golde drängt, am Golde hängt doch alles!“ – ***Illustration nach Goethe, Faust*** *Abb. 1*

Inhaltsverzeichnis

Erster Abschnitt:

Von der Antike bis zur Gegenwart

„Nur wer die Geschichte kennt, kann die Gegenwart begreifen und in Zukunft bestehen.“ (Otto Ludwig, 1908 – 2004)

„Tempora mutantur, et nos mutamur in illis“ – dieses lateinische Sprichwort unbekannter Herkunft verkündet eigentlich eine Binsenwahrheit: Die Zeiten ändern sich, und wir ändern uns mit ihnen. Was aber jede Generation neu begreifen muß, das ist die Schnellebigkeit, das Tempo, mit dem sich die Welt verändert. Mit ihr wandeln sich die politischen Verhältnisse ebenso wie das wirtschaftliche Umfeld. Diktaturen zerfallen, neue entstehen. Völker, die sich Jahrhunderte lang gewisse Freiheiten erarbeitet, erfochten und bewahrt haben, erleben unter Diktatoren Zerstörung und Niedergang. Andere, die nie mit der Demokratie in Berührung gekommen sind, tun sich schwer, wenn sie plötzlich da ist und den Bürger mit dem Ruf zu Mitgestaltung und politischer Meinungsäußerung überfordert. All dies haben wir im 20. Jahrhundert erlebt. Aber auch früher schon gab es das, denken wir nur an Frankreich unter Napoleon.

Im beginnenden 21. Jahrhundert erleben wir weltpolitisch ein erstarkendes, zusammenwachsendes Europa, daneben eine zerfallene, ihre Strukturen suchende ehemalige Sowjetunion mit Rußland an der Spitze, das aufgrund seiner Öl- und Gasexporte wieder zu einem bestimmenden Faktor geworden ist und nichts unversucht läßt, um seine alte Großmachtstellung wiederherzustellen. China, das bevölkerungsreichste Land der Erde, öffnet sich den Weltmärkten und wird noch für ungeahnte Überraschungen sorgen, ebenso Schwellenländer wie Indien, Pakistan und andere. Eine explodierende Wirtschaft in China und Indien, das heißt, 2,5 Milliarden Menschen streben nach einem Wohlstand, den sie sich bisher nicht leisten konnten. Hinzu kommt das übrige Wachstum der Weltbevölkerung. Jeder Wohlstand besteht aus Gütern, die produziert werden müssen. Dazu braucht es erstens Rohstoffe, zweitens Rohstoffe, drittens Rohstoffe. Was aber noch wichtiger ist, ist der vernünftige Umgang mit den vorhandenen Ressourcen.

Die „westliche Welt“ – vor allem Europa, die USA, aber auch Japan – hat die Folgen der Industrialisierung zu verdauen, wenn sie ihren schon früher erreichten Wohlstand erhalten will. Die USA sind selbsternannte Weltmacht Nummer eins und fühlen sich dazu berufen, ihre Wertmaßstäbe anderen zu eigen zu machen. Nichts anderes tun im Grunde die fundamentalistischen Haßprediger des Islam, ausgehend von den arabischen Ländern – ein unheilvolles Konfliktpotential unterschiedlicher, ja gegensätzlicher Weltanschauungen. Die USA haben sich zur beherrschenden Macht des erdnahen Weltalls erklärt und beobachten jeden Start eines chinesischen Wettersatelliten mit Argwohn. Wie ernst es ihnen bei der Durchsetzung ihrer mit politischen Mitteln nicht immer erreichbaren globalstrategischen Ziele ist, sieht man im Irak. Ohne den früheren dortigen Diktator Saddam oder auch den iranischen Despoten mit dem unaussprechlichen Namen auch nur im entferntesten in Schutz nehmen zu wollen, so gefährlich ist doch der Sprengstoff, der sich in Nahen und Mittleren Osten immer wieder zusammenbraut.

Daneben ist schwer einzuschätzen, wie stabil die Monarchie in Saudi Arabien noch ist. Nicht auszudenken sind jedenfalls die Folgen, wenn sich auch dort ein anti-westliches Mullah-Regime etablieren sollte – im wichtigsten Ölexportland der Welt.

Diese keineswegs vollständige politische Tour d'Horizon wirft eine Reihe von Fragen auf. Wer bezahlt eigentlich die Rolle des Weltpolizisten USA? Sind es die Japaner, die Chinesen, die Europäer, deren Petrodollars die Länder des Nahen Ostens in die Lage versetzen, mit ihren Milliarden wiederum in den USA all das einzukaufen, was das Herz begehrt? Was haben die Amerikaner überhaupt anzubieten, wenn alle weltweit kursierenden Dollarbillionen in die USA zurückfließen sollten, um dort gegen Waren eingetauscht zu werden? In jedem Fall wäre die Vermutung höchst blauäugig, die Amerikaner würden ihre Hegemonialpolitik nur aus der unverwüstlichen Kraft ihrer robusten Wirtschaft bestreiten. Allein das laufende Militärbudget der USA verschlingt im Jahr 2007 rund 622 Milliarden Dollar, Sondereinsätze nicht eingerechnet. Daneben kostet allein der Irak-Krieg in der Woche rund zwei Milliarden Dollar. Warum wohl halten die USA neuerdings ihr Geldmengenwachstum geheim?

Womit wir beim nächsten Punkt wären: Wovon leben wir eigentlich heute und morgen, wenn nicht von der Substanz? Wenn wir von der Substanz leben, ist irgendwann nichts mehr übrig. Das ist wiederum eine banale Erkenntnis, die jeder Normalsterbliche als selbstverständlich verinnerlicht hat, die aber seit 100 Jahren für die Staatshaushalte in aller Welt keine Gültigkeit zu haben scheint. Eine vielgehörte Erklärung lautet: Der Staat hat das Währungsmonopol, er garantiert für Zinsen und Rückzahlung seiner Schuldverschreibungen, was soll da schon schief gehen. Den jüngeren unter uns mag das einleuchten. Aber wie sieht das aus, wenn ’s hart auf hart kommt? Die Dinge wiederholen sich. Deutschland nach dem Ersten Weltkrieg, Deutschland nach dem Zweiten Weltkrieg, die DDR nach 40 Jahren sozialistischer Mißwirtschaft – in jedem Fall ein Pleiteszenario, bei dem der Staat mit nicht mehr werthaltigem Geld operierte und sich irgendwann auf Kosten der Bürger „entschuldete“. Bleiben wir nur bei den deutschen Beispielen, woanders gibt es noch jede Menge.

In allen Fällen waren es die Sachwerte, die mehr oder minder unbeschadet den Zusammenbruch der Währung überstanden. Eine Sonderrolle nimmt ein Sachwert ein, der vor langer Zeit ein „Geldwert in sich“ war, das Gold. Fast scheint es, als sei das Gold so etwas wie der Fels in der Brandung der sich in immer schnellerem Tempo überschlagenden Wirtschaftskreisläufe.

Seit Urzeiten ist das gelbglänzende Metall, das man gemeinhin als Gold bezeichnet, mit dem Mythos des Besonderen umgeben. Sein edel strahlender Glanz verleiht ihm eine einzigartige Schönheit. Es ist weitestgehend resistent gegen chemische Einflüsse und gilt als *das* Edelmetall schlechthin. Ein Klumpen Gold ist in 100 Jahren genauso ansehnlich wie heute, ohne Rostansatz oder andere Spuren der Verwitterung. Während andere Materien oxydieren, verwittern oder zerfallen, bleibt der Klumpen Gold in seiner Substanz beständig und behält seinen Wert, während der Wert der weniger beständigen Substanzen nach und nach verlustig geht. Gold widersteht praktisch spurlos dem Zahn der Zeit.

Gold kommt selten vor und ist schwierig zu gewinnen. Das ist uninteressant, solange diesen Stoff niemand haben will. Sobald sich jedoch eine Nachfrage entwickelt, beginnen die Gesetze des Marktes und seiner Einflüsse zu greifen: Knappe Waren sind kostbar und erzielen höhere Preise als solche, die im Überfluß vorhanden sind.

Gold wird aufgrund seines Aussehens und seiner chemischen Eigenschaften gemeinhin als edel empfunden. Es ist weich, es ist leicht zu bearbeiten und zu "recyceln". Diese Eigenschaften machen es für eine Vielzahl von Anwendungen interessant.

Gold war seit Menschengedenken knapp und begehrt. Schon die ältesten bekannten Kulturen verwendeten Gold als Schmuck. Am bekanntesten sind die Grabbeigaben der ägyptischen Pharaonengräber als Jahrtausende alte Symbole unvergänglicher Verehrung, das biblische Goldene Kalb diente als Objekt religiösen Kults. Das wertbeständige Metall taugte bald als Tauschobjekt für jede

Art anderer Waren. Die Römer prägten das lateinische Sprichwort „Do ut des“ – ich gebe, damit du geben mögest – als zentrale Weisheit eines jeden Tauschhandels. Man entdeckte den Wert des Golds als Zahlungsmittel, das Geld war erfunden. Aber schon unter den römischen Kaisern gab es Schlitzohren, die dem knappen Rohstoff Gold in kleinen Mengen Kupfer beimischten, was mit der Zeit zu der Erkenntnis führte: "Es ist nicht alles Gold, was glänzt..." Gold und Geld unterscheiden sich bezüglich der Schreibweise nur in einem einzigen Buchstaben. Man sollte nicht glauben, wie es dieser eine Buchstabe in puncto Werthaltigkeit in sich haben kann.

Dabei war Gold über Jahrhunderte hinweg ein gleichbleibender Wertmaßstab. Das goldene Zigarettenetui, mit dem man sich vor 100 Jahren beschenkte, galt als Zeichen höchster Wertschätzung und Anerkennung. Nicht anders ist das heute bei der Verleihung einer olympischen Medaille, und der als Symbol ewiger Verbundenheit überreichte goldene Ehering ist in nicht wenigen Fällen weitaus beständiger als das, was da eigentlich besiegelt werden sollte.

Unsere Vorfahren, die noch die Kaiserzeit erlebt haben, schwärmten selbst dann von der wertbeständigen "Goldmark", wenn sie für die Monarchie ansonsten keine großen Sympathien übrig hatten. Seit 1871 betrug der Preis für 1 Gramm Gold 2,80 Mark. Dabei blieb es bis 1914. Noch heute berechnen die Gebäudeversicherer bei der Elementarschadenversicherung den für die Versicherungssumme maßgebenden Wert eines Hauses in Goldmark auf der Wertbasis 1914 und gleichen die Prämien anhand jährlich aktualisierter Umrechnungstabellen der schleichenden Inflation an. Dieses umständliche Verfahren hätte man längst beerdigt, wenn jemand eine vernünftige Idee gehabt hätte, wie man das einfacher und besser machen könnte.

Das Kaiserreich hatte sich mit dem verlorenen Ersten Weltkrieg finanziell total übernommen. Gold gab es nicht mehr genug, die Reserven waren verbraucht. Der Staat bedruckte Papier, ein zwar sprichwörtlich geduldiges, jedoch praktisch wertloses Material, mit phantasievollen Zahlen und beliebig vielen Nullen. Man hatte "über die Substanz" gelebt. Dem Papier stand kein Gegenwert entgegen, die Währung war nicht mehr "gedeckt", was manchen Spaßvogel zu ungeeigneten Vergleichen des nach-kaiserlichen Zahlungsmittels mit einem bei europäischen Hauskatzen nicht unbedingt seltenen Zustand herausforderte. Die Wirklichkeit war indes alles andere als witzig: Der militärischen Niederlage folgte eine verheerende Inflation und mit ihr der wirtschaftliche Zusammenbruch, das erste Beispiel dieser Art in der jüngeren deutschen Geschichte.

Machen wir an dieser Stelle einen Sprung und kehren in die Gegenwart zurück. Was ist eigentlich anders? Erleben wir heute nicht weltweit eine schier unendliche Vermehrung der Geldmenge, der schon längst keine realen Werte mehr gegenüberstehen?

Die sich daraus ergebenden möglichen Folgen eröffnen indes nicht nur Horrorszenarien. Daneben tun sich durchaus Perspektiven auf, wie man aus einer komplizierten, ja schizophren erscheinenden Weltwirtschaftslage das Beste machen kann und die für den mittelfristig engagierten Kapitalanleger interessant sind.

Selbstverständlich kann dieses Büchlein nicht sämtliche der überaus komplexen globalökonomischen Zusammenhänge erschöpfend behandeln. Jedoch werden in den folgenden Kapiteln die wesentlichsten Aspekte einer Entwicklung beleuchtet, der sich jeder auf seine Weise stellen muß. Daneben werden Möglichkeiten aufgezeigt, wie sowohl Kapitalanleger wie "Normalsterbliche" in einer Welt, die vom einzelnen nicht zu ändern ist, aus dieser Entwicklung Nutzen ziehen können. Nicht jeder, der den wirtschaftlichen Zwängen dieser Welt unterworfen ist, muß ein Fiasko erleiden. Scheitern wird indes, wer von unvorhergesehenen, jedoch vorhersehbaren Ereignissen überrascht wird. Denn was wir brauchen, ohne es zu haben, bezahlen wir teuer.

Die geschichtliche Bedeutung des Goldes in Kulturen und Kunst

Neben dem Kupfer zählt das Gold (lateinisch *aurum*) zu den ältesten von Menschen benutzten und geschätzten Metallen. Der Begriff leitet sich aus dem indogermanischen „ghel“ ab und bedeutet gelb, glänzend. Nicht zufällig wurde später daraus auch der althochdeutsche Begriff „gelt“. Dies steht für Zahlung, Vergütung, dem späteren Geld. Fundstücke aus Gold sind in Mittel- und Nordeuropa schon in vor- und frühgeschichtlichen Perioden seit der Jungsteinzeit bekannt. So sind Goldfunde aus dem vierten Jahrtausend vor Christus in den Gebieten des heutigen Bulgarien, Ungarn, Österreich, Deutschland, Tschechien und der Slowakei überliefert. [1]

Für Aufsehen sorgten 1972 die Goldfunde von Warna (Bulgarien). Etwa 3.000 Schmuckstücke im Gesamtgewicht von 6 kg waren – wahrscheinlich zwischen 4500 und 4000 v. Chr. – den Angehörigen einer durch Gold- und Kupferhandel vermögend gewordenen Oberschicht mit ins Grab gelegt worden. [2] Auch bei den an 15 Fundplätzen in Ungarn entdeckten Goldfunden handelt es sich um Grabbeilagen in Form verschiedenster Schmuckstücke.

Möglicherweise von einer Halskette stammen die ältesten Goldfunde Österreichs aus der Zeit um 4000 v. Chr. in Form zweier etwa 10,8 cm und 13,8 cm durchmessenden Scheiben, die man bei Stollhof in der Nähe von Wiener Neustadt fand. [3]

Die ältesten in Deutschland bekannten Goldfunde stammen aus Gräbern in Himmelpforten (Niedersachsen) und Schwesing (Nordfriesland). Dabei handelt es sich um Armringe der nordwestdeutschen Trichterbecher-Kultur, etwa 3000 vor Christus.

Aus der Bronzezeit (etwa 2300 bis 800 v. Chr.) stammen die „goldenen Hüte“, die man in Süddeutschland (Schifferstadt) und Frankreich (Avanton) fand und die im kulturellen Leben eine Rolle spielten. Bei diesen Goldblechhüten handelte es sich möglicherweise um Insignien von Priestern eines damals in Mitteleuropa verbreiteten Sonnenkults.

Der goldene Hut im Heimatmuseum Schifferstadt [Abb. 2]

In Ägypten schürfte man das Gold aus dem Blauen Nil. Bereits um 2000 vor Christus gab es den bergmännischen Abbau. In den Karpaten (Siebenbürgen) kann man den Bergbau bis etwa 2000, in Böhmen bis 1950 vor Christus zurückverfolgen.

Etwa in der Zeit von 1200 bis 800 v. Chr. lebten die Phönizier, die aus dem Gebiet des heutigen Libanon und Syrien stammten. Die Phönizier waren ausgezeichnete Seefahrer. Sie betrachteten den Seehandel als ihr alleiniges Monopol und ließen sich ihre Kenntnisse „in Gold aufwiegen". Der phönizische König Hiram soll sich um 965 v. Chr. mit dem judäischen König Salomon verbündet haben. Salomon hatte Kenntnis von einer geheimnisvollen Goldstadt Ophir, die in Indien, wahrscheinlicher aber in Afrika in der Gegend um Simbabwe gelegen sein könnte. Aus diesen Quellen bedienten sich auch die ägyptischen Pharaonen. Salomon nützte die nautischen Kenntnisse der Phönizier und ließ sich 420 Zentner Gold mitbringen und König Hiram an dem Reichtum teilhaben. [4 5]

Die Phönizier sorgten für die Verbreitung von Gold im gesamten Mittelmeerraum. Die Ionier, ein in Gebieten der heutigen Türkei ansässiger griechischer Volksstamm, schlugen aus einer natürlichen Gold-Silber-Legierung, dem Elektron, erste Münzen.

Goldmaske des Agamemnon (ca. 1400 v. Chr.) im Nationalmuseum Athen Abb. 3

Die Königsgräber von Theben (Ägypten) weisen Darstellungen des Wasch- und Schmelzprozesses der Goldgewinnung auf. Die Griechen und Römer erhandelten sich Gold von den Phöniziern, die Römer betrieben in Spanien einen eigenen Goldabbau. Auch die Germanen und Slawen hatten den Wert des Goldes erkannt. Daran änderte sich bis ins Mittelalter nicht viel. In Europa kam das meiste Gold aus den Alpenländern sowie aus den Gebieten der Sudeten und Karpaten. In Spanien träumt mancher noch heute von „Eldorado", einer Stadt, die vollständig aus Gold besteht.

Seit dem späten 15. Jahrhundert war die Suche nach Gold Triebfeder zu Entdeckungsreisen in aller Herren Länder. Die Spanier wurden in Mexiko und Peru mit großen Mengen fündig. Seit dem 17. Jahrhundert gab es Goldabbau in Brasilien, im 18. Jahrhundert kamen Rußland und Sibirien hinzu. Im 19. Jahrhundert führten weitere, bedeutende Funde in Kalifornien und Alaska, aber auch in Südafrika und Australien zu hektischer Betriebsamkeit bei der Goldförderung. Der kalifornische Goldrausch um 1850, aber auch ein ebensolcher am Klondike in Alaska um 1897, sind die wohl berühmtesten Beispiele für ganze Völkerwanderungen unter dem Einfluß der Goldsucht. Viele Einzelschicksale endeten tragisch. Ähnliche Goldepidemien gab es in Neuseeland, Australien, Südafrika und anderswo. Manche lieferte den Stoff für Abenteuerromane und Filme.

Auch in der Baukunst kam, vor allem in der Barock- und Rokoko-Zeit, Gold zur Anwendung, insbesondere dann, wenn es um Prunk und Glorifizierung ging. Viele Kirchen und Schlösser wurden durch ihren Gold-Zierrat berühmt. Gold erlangte den Nimbus des Außergewöhnlichen, des Erhabenen, des Göttlichen. Bei weltlichen wie sakralen Kunstwerken machte man sich die Eigenschaft zunutze, daß hauchdünn gewalztes Blattgold außerordentlich ergiebig und vielfältig einsetzbar ist. So ganz nebenbei soll sich der Vatikan im Lauf der Jahrhunderte einen riesigen Goldschatz aufgebaut haben, sicher nicht nur zur Verzierung des Petersdoms. Ob dieser Goldschatz immer und ausschließlich entsprechend den Grundsätzen christlicher Nächstenliebe angesammelt wurde, darüber sind sich die Kirchenhistoriker trefflich uneins.

Seitenaltar der Klosterkirche Schöntal Abb. 4

Nahezu unüberschaubar ist die Rolle des Goldes in der Welt der Sagen, der Literatur und Musik. In der griechischen Mythologie sitzt der Sonnengott Helios auf einem goldenen Wagen, der Liebesgott Eros verschießt seine goldenen Pfeile. Bei den Römern übernimmt Amors Heiligkeit diese Aufgabe.

Helios mit seinem Viergespann, Vasenbild eines apulischen Volutenkraters, 4. Jahrhundert. v. Chr. (München, Antikensammlungen) Abb. 5

Sei es die antike Argonautensage, welche die Reise des Jason und seiner Mannschaft mit dem „sagenhaft" schnellen Schiff Argo nach Kolchis auf der Suche nach dem Goldenen Vlies und dessen Raub erzählt, sei es das Grimmsche Märchen mit dem von Sterntalern gesegneten Mädchen bis hin zu dem goldenen Becher in Schillers „Taucher" – das Gold steht als Symbol von Ruhm, Reichtum und Macht und schreibt auch hier seit Jahrtausenden Geschichte und Geschichten. Aufrechter Patriotismus manifestierte sich in der Devise „Gold gab ich für Eisen". Nicht zu vergessen wäre das „Rheingold", die eherne Oper aus Richard Wagners „Ring der Nibelungen" oder die Goldarie des Kerkermeisters Rocco in Beethovens Fidelio.

Der Felsendom zu Jerusalem Abb. 6

Gold hat die Menschheit immer fasziniert, und es spricht nichts dafür, daß sich daran je etwas ändert. Die Frage, warum das so ist, hat schon manchen Philosophen beschäftigt. Vielleicht sollte man aber einfach die Gegenfrage stellen: „Wie sähe die Welt aus, wenn es das Gold nicht gäbe?"

Die verschiedenen Wege der Goldgewinnung

Der Wanderer zieht an einem Wildbach entlang und setzt sich nieder zur Rast. Während er die Natur beobachtet und gelangweilt mit der Hand ein bißchen im Bachkies wühlt, hat er plötzlich statt eines Kieselsteins einen kleinen Klumpen Gold in der Hand. Jeder kennt sie, diese mannigfach beschriebene Szene, die so oft als Ouvertüre von Goldgräberfilmen herhalten mußte. Die Flußläufe, in denen man in früheren Zeiten Gold gefunden und gewaschen hat, existieren, ihrer Romantik beraubt, immer noch, und in manchen Gegenden zählt es nach wie vor zum Freizeitsport, mit Schaufeln, Sieben und Pfannen bewaffnet, das Ufer zum Zwecke der Goldwäscherei unsicher zu machen. Der schnelle Reichtum winkt indes nur noch selten. Aber wir wollen dies zum Anlaß nehmen, die verschiedenen Arten der Gewinnung des goldenen Edelmetalls genauer unter die Lupe zu nehmen.

Gold-Nugget aus Vulkoj, Siebenbürgen (Rumänien) Abb. 7

Gold kommt in der Natur hauptsächlich als chemisch reines, „gediegenes“ Mineral, aber auch in Form natürlicher Legierungen, etwa in Verbindung mit Silber oder Kupfer vor. Der mittlere Gehalt der Erdkruste liegt bei nur 0,005 g/t, was trotz des hohen Preises einen wirtschaftlich vertretbaren Abbau nicht rechtfertigen würde. Große Mengen Gold sind außerdem im Salzwasser der Weltmeere, gelöst als Chlorid-Komplex, enthalten, aus welchem es – theoretisch – im Wege der Elektrolyse gewonnen werden könnte. Wegen der geringen Konzentration ist dieses Verfahren nicht lohnend.

Das gediegene, reine Gold wird als Berggold bezeichnet, denn es kommt in kleinsten Partikeln zwischen anderen Gesteinen vor. Dieses sogenannte Primärgold wird in bergmännischem Abbau aus goldführenden Gesteinsschichten gewonnen.

Tagebau-Goldmine in Kalgoorlie (Australien) Abb. 8

Bisweilen wird es von Wasserläufen ausgespült, an sekundärer Lagerstätte abgelagert und freigelegt. Dieses Gold wurde und wird von den Goldwäschern an den Flüssen aus Sand und Kies gesammelt. Man nennt es auch Sekundär-, Seifen- oder Waschgold. [6]

Das einfachste Verfahren der Goldgewinnung ist das der

Goldwäscherei.

Dabei macht man sich die hohe Dichte des Metalls zunutze. In den Pfannen wird der Flußsand ständig in Bewegung gehalten, bis sich die Goldpartikel aufgrund ihres hohen Gewichts am tiefsten Punkt der Pfannen absetzen.

Der Goldwäscher riskiert einen hohen Zeitaufwand bei ungewissem Ergebnis. Prinzipiell dasselbe Verfahren wird auch bei der industriellen Goldgewinnung angewandt. Dabei wird ausgebrochenes Gestein zerkleinert, aufgeschlämmt und gewaschen.

Goldpfanne [Abb. 9]

...mühselige Arbeit! [Abb. 10]

Heute eine Touristenattraktion: Goldsuche am Gold Creek in Alaska/USA [Abb. 11]

Wie beim manuellen Goldwaschverfahren setzt sich das schwere Gold in den Gefäßen unten ab. [7]

Schon im Mittelalter, um 1350, wurde das

Amalgamverfahren

angewandt. Als Amalgam bezeichnet man üblicherweise Quecksilberlegierungen. Die Goldgewinnung mittels des Amalgamverfahrens beruht auf einer Eigenschaft des flüssigen Quecksilbers, sich mit Gold zu verbinden. Feingemahlener Erzschlamm wird mit Quecksilber verarbeitet, damit sich das Gold im Quecksilber löst. Durch einfaches Erhitzen verdampft das Quecksilber, übrig bleibt reines Gold. Nachteilig ist jedoch das Freiwerden hochgiftiger Quecksilberdämpfe und, damit einhergehend, die Gefahr erheblicher Belastungen für Menschen, Tiere und Umwelt. [8]

Im 19. Jahrhundert wurde die

Zyanidlaugerei

entwickelt. Das Verfahren beruht auf einer chemischen Reaktion von Natriumzyanid mit einem goldhaltigen Stoffgemisch. Dabei wird das Gold zunächst in einem löslichen Komplex gebunden und anschließend mit Zinkstaub ausgefällt. Die Zyanidlaugerei ergibt ein wirtschaftlicheres Ergebnis als das Amalgamverfahren, birgt jedoch ebenfalls schwer beherrschbare Umweltrisiken. So gilt der Bruch des Baia-Mare-Staudamms in Rumänien im Jahr 2000, bei dem sich etwa 300.000 Kubikmeter mit Schwermetallen durchsetzter Natriumzyanidlauge unkontrolliert in die Umgebung ergossen, als die schwerste Umweltkatastrophe in Osteuropa seit der Reaktorkatastrophe von Tschernobyl. Der giftige Cocktail gelangte über die Flüsse Lapus, Somes und Theiß bis nach Ungarn und ins Donaudelta. [9] [10]

Eine moderne Methode ist das elektrochemische, auf der Elektrolyse beruhende

Anodenschlammverfahren,

bei dem sich das Edelmetall im Anodenschlamm ansammelt.[11] Bei industriell betriebener Goldgewinnung werden zur Erzielung eines bestmöglichen Resultats zumeist mehrere Verfahren nacheinander angewandt. Auch wenn die Beherrschbarkeit der dabei notwendigen giftigen Substanzen mit dem technischen Fortschritt ständig verbessert wurde, so sind die verbleibenden Risiken nicht zu übersehen, zumal in Ländern mit geringen oder gar keinen Umweltauflagen die Versuchung der Minenbetreiber, die für die Sicherheit von Mensch und Natur erforderlichen Maßnahmen der Kosten wegen einzusparen, durchaus verlokkend sein kann.

Fast so alt wie das Gold selbst ist der Traum, das Gold künstlich herzustellen. Generationen von Alchimisten versuchten sich an der

Goldsynthese,

unter anderem mit Hilfe des *Steins der Weisen*, einer Substanz, mittels derer unedle Metalle in Gold oder Silber umgewandelt werden können. Zwar wurden von den Chemikern in früheren Jahrhunderten bei ihrer chemischen Goldsuche mancherlei interessante Entdeckungen gemacht, so erfand der Alchimist Johann Friedrich Böttger um 1717 das europäische Pendant des chinesischen Porzellans, und der deutsche Apotheker Henning Brand entdeckte 1669 durch Eindampfen von Urin den Phosphor. Allerdings stellte sich mit dem Fortschritt der chemischen Forschung mehr und mehr heraus, daß die Umwandlung eines chemischen Elements in ein anderes durch chemische Reaktionen unmöglich ist. [12] Gold entsteht bei Kernverschmelzungsprozessen in riesigen intergalaktischen Explosionen, die man als Supernovae kennt. Auch alles auf der Erde vorhandene Gold ist vor Urzeiten auf diese Weise entstanden. Theoretisch, so haben Wissenschaftler herausgefunden, ist es möglich, diesen Prozeß auch auf künstliche Weise nachzuvollziehen.

Möglich ist dies einmal auf verschiedenen Wegen in Teilchenbeschleunigern. Wegen des immensen Energiebedarfs solcher Teilchenbeschleuniger und der geringen Effizienz ist dieses Verfahren wesentlich teurer als die herkömmliche Goldgewinnung.

Eine weitere Möglichkeit, die in den fünfziger Jahren des 20. Jahrhunderts in den USA zu Demonstrationszwecken tatsächlich funktioniert haben soll, ist die Goldsynthese in einem Kernreaktor. Dies ist ein Verfahren, bei dem Platin oder Quecksilber bestrahlt wird. Da Platin teurer ist als Gold, ist ein solches Verfahren von vornherein uninteressant. Aber auch die Bestrahlung von Quecksilber ist ein außerordentlich aufwendiger technischer Vorgang und wenig effizient. [13] Außerdem ist das bei der Quecksilberbestrahlung anfallende Thallium hochgiftig. [14]

Zwar erscheint es nicht ganz undenkbar, daß eines Tages verbesserte, wirtschaftlichere und ungefährlichere Wege der Goldsynthese erfunden werden. Jedoch kann man mit Sicherheit ausschließen, daß dies die derzeit den Erdball bevölkernden Generationen noch erleben werden. Der Traum vom Gold aus dem Reagenzglas bleibt bis auf weiteres Science Fiction.

Das Gold als Zahlungsmittel

Seit es Gold gibt, war sich der Mensch seines Werts bewußt. Seit es Menschen gibt, gibt es den Tauschhandel. Um einen Wert zu bekommen, muß man etwas Gleichwertiges hergeben. Und so kennt man das Gold seit Frühzeiten als Wertaufbewahrungs- und Tauschmittel. Um den Wert einer Ware oder Leistung möglichst genau begleichen zu können, war es oft unumgänglich, einen großen Betrag in einen kleinen zu wechseln. Im Zuge dieser Notwendigkeit gab es im Mittelmeerraum bereits um 700 v. Chr. Goldmünzen kleineren und größeren Gewichts, deren Echtheit durch die Stempel von Königen garantiert wurde. König Krösus von Lydien (Kleinasien, heutige Türkei) entwickelte um 600 v. Chr. eine Zweimetallwährung (12 Teile Silber, ein Teil Gold), die große Verbreitung erlangte und auch bei den Griechen und Römern „etwas galt". Um 50 v. Chr. ließ Cäsar die erste römische Goldmünze prägen. [15]

Der nach Kaiser Lucius Septimius Severus benannte „Aureus Septimius Severus" (um 200 n. Chr.), ca. 7,42 g Gold [Abb. 12]

Seit Kaiser Augustus (63 v. Chr. – 14 n. Chr.) ließen die römischen Kaiser ihre Portraits auf die Goldmünzen („Aureus") schlagen.

Der weltweite Siegeszug des Golds als über alle Grenzen hinaus anerkanntes Zahlungsmittel war fortan nicht mehr aufzuhalten. Durch seinen hohen Wert pro Einheit war es nicht nötig, große Mengen davon bei sich zu haben. Durch Vereinheitlichung von Abmessung und Gewichten begann das Zeitalter des Münzgelds. Um 312 n. Chr. führte Konstantin der Große den „Solidus" ein, dessen Wert 4,55 Gramm Gold entsprach. [16] Im oströmischen Reich besaß diese Münze fast ein Jahrtausend lang Gültigkeit und war sozusagen europäische Leitwährung. Die Begriffe „Sold", „Söldner" und „Soldat" gehen auf den Solidus zurück, aber auch die italienische Münze „Soldo", der französische „Sol" (später Sou), der spanische „Sueldo" und der österreichische Schilling. [17]

Erst unter den Komnenen, einer byzantinischen Adelsdynastie, wurde der Solidus um 1200 außer Kurs gesetzt. Dies war jedoch keine Folge einer Goldentwertung – eine solche gab es nie –, sondern die Folge eines wirtschaftlichen und machtpolitischen Niedergangs in den letzten 100 Jahren byzantinischer Geschichte.

Solidus des Konstantin II, ca. 4,55 g Gold. [Abb. 13]

Obwohl bereits vor 1000 n. Chr. in zahlreichen Ländern die geringwertigeren Silbermünzen auf dem Vormarsch waren, gab es im ausgehenden Mittelalter in den meisten Ländern Goldmünzen mit Geldwert, auf denen als Echtheitsgarant zumeist der König aufgeprägt war. Zu den bekanntesten zählten die französischen Münzen Ecu d'or und Louisdor, die spanische Pistole, aber auch der in ganz Europa verbreitete Dukaten oder der Goldgulden. Es gab noch eine große Anzahl weiterer über einen langen Zeitraum als Geld im Umlauf befindlicher Goldmünzen unterschiedlichen Reinheitsgrades und Goldgehalts. [18]

Viele davon haben heute – über ihren Goldgehalt hinaus – einen beträchtlichen Sammlerwert.

Das große Vertrauen der Nationen in das Gold als Zahlungsmittel beruht auf einem ebenso einfachen wie einleuchtenden Umstand:

*Nicht das **Geld** ist der Maßstab, sondern das **Gold!** Das Geld wird am Gold gemessen, nicht umgekehrt.*

Im Laufe der Geschichte wurde Geld immer gegen Gold abgewertet. Es mußten immer mehr Geldeinheiten gegen Gold hergegeben werden. Erst im späten 20. Jahrhundert – im Zeitalter fortlaufender Börsennotierungen – gab es auch umgekehrte Entwicklungen. Ein nachhaltig sinkender Goldpreis war indes nie das Ergebnis steigenden Geldwerts, sondern praktisch immer Ausdruck trickreicher Manipulationen. [19]

Aufgrund spezieller wirtschaftlicher und politischer Rahmenbedingungen in Mitteleuropa erwuchs im 19. Jahrhundert eine einzigartige Institution, die über einen langen Zeitraum ziemlich reibungslos funktionierte: der **Goldstandard**, bei dem das in Umlauf befindliche Geld durch Hinterlegungsvorschriften an den Goldpreis gekoppelt ist.

England hatte sich nach 1800 zur führenden Finanz- und Handelsmacht entwickelt. Damit wurde für alle mit England handeltreibenden Länder ein gemeinsames Währungssystem immer wichtiger, um den internationalen Handel zu erleichtern. Je mehr Länder sich dem System anschließen würden, um so größer schien der für die Beteiligten zu erwartende Nutzen. In der zweiten Hälfte des 19. Jahrhunderts nahmen die internationalen Handels- und Wirtschaftsbeziehungen erheblich zu. Damit wuchsen die finanziellen Verflechtungen der Staaten untereinander. Bei den Ländern im Zentrum des Goldstandards – England, Frankreich, Deutschland – hatte die Stabilität der Wechselkurse eine höhere Priorität als innenpolitische oder binnenwirtschaftliche Ziele.

Erst als die Prägungsprozesse in der Mitte des 19. Jahrhunderts dank dampfbetriebener Prägemaschinen hinreichend präzise funktionierten, war eine Massenproduktion von Goldmünzen und damit eine „flächendeckende“ Einführung des Goldstandards möglich. Vorher waren die kleinsten „von Hand“ geprägten Goldmünzen für den täglichen Gebrauch immer noch zu wertvoll. Deswegen mußte die Goldwährung durch das weniger wertvolle Silber ergänzt werden.

Umfangreiche Silberfunde in den USA nach 1870 ließen den Silberpreis weltweit stark sinken. Um die damit verbundene Silber-Entwertung zu umgehen, schlossen sich die meisten europäischen Länder dem Goldstandard an. Der teilweise gebräuchliche Silberstandard wurde abgeschafft.

Die Arten der Goldwährung

Bei **der reinen Goldumlaufswährung** sind Goldmünzen das einzige gesetzliche Zahlungsmittel. Bezahlt wird also unmittelbar mit dem materiellen Wert der Goldmünze. Goldmünzen, deren Wert durch das Metall, aus dem sie bestehen, bis auf geringe Abweichungen gedeckt ist, bezeichnet man als **Kurantmünzen**. Bei der **gemischten Goldumlaufswährung** sind neben Goldmünzen auch Scheidemünzen (Münzen, deren Metallwert geringer ist als der aufgeprägte Nennwert) sowie Banknoten im Umlauf. Der Banknotenumlauf ist durch Deckungsvorschriften an das Gold gebunden **(Gold- oder Goldhinterlegungsstandard)**. Das Papiergeld kann jederzeit zu einem festen Kurs in Gold zurückgetauscht werden. In der **Goldkernwährung** gibt es als Zahlungsmittel nur Zeichengeld (Papiergeld und Scheidemünzen). Die umlaufenden Banknoten sind durch einen entsprechenden Goldbestand bei der Notenbank ganz oder teilweise gedeckt. Dabei besteht in der Regel eine Einlösungspflicht des Zeichengelds in Gold zu einem bestimmten Kurs durch die Notenbank. Die Goldkernwährung ermöglicht durch Änderung des Deckungsverhältnisses geld- und konjunkturpolitische Maßnahmen. Bei der **Golddevisenwährung** (Golddevisenstandard) werden neben Gold auch in Gold konvertierbare Währungen zur Deckung der umlaufenden Banknoten zugelassen. Im allgemeinen besteht keine Einlösungspflicht der Notenbank. Der Golddollarstandard zwischen den beiden Weltkriegen ist ein Beispiel dafür. [20] [21]

Bei allen Goldwährungen können die Wechselkurse nur in engen Grenzen – dem oberen oder unteren Goldpunkt – von der Goldparität abweichen, da die Devisenströme, sobald die Kurssteigerung über die mit der Goldversendung verbundenen Versicherungs- und sonstigen Kosten hinausgeht, durch Goldtransfer ersetzt werden. Beim oberen Goldpunkt wird die Goldausfuhr, beim unteren die Goldeinfuhr lohnend. Dieser Goldautomatismus bewirkt bei einem Ungleichgewicht in der Zahlungsbilanz eine Tendenz zum Ausgleich.

Beispiel: Das Land A hat gegenüber dem Land B einen Warenexportüberschuß. Die Exporteure des Landes A können mit der Währung des Landes B nichts anfangen und tauschen dessen Währung bei der Bank des Landes B in Gold um. Zu Hause, im Land A, tauschen sie das Gold gegen die Währung des Landes A. Folge: Es fließt mehr Gold vom Land B ins Land A als umgekehrt. Im Überschußland A steigt die Geld- bzw. Goldmenge, während sie im Defizitland B sinkt.

Die dadurch ausgelösten Inflations- bzw. Deflationstendenzen bewirken eine Verschiebung der internationalen Preisrelationen. Damit geht eine Anregung zum Zahlungsbilanzausgleich einher: Das Land B muß, wenn es „sein" Gold wiederhaben möchte, mehr Waren ins Land A exportieren, was durch tendenzielle Preissteigerungen im Überschußland A und tendenzielle Preissenkungen im Defizitland B begünstigt wird. Zusätzlich unterstützt der Zinsautomatismus die Tendenz zum Ausgleich der Zahlungsbilanz: Die erhöhte Geld- bzw. Goldmenge im Überschußland A wirkt sich dort senkend auf das Zinsniveau aus. Das Umgekehrte gilt im Defizitland B, dort steigt das Zinsniveau wegen knapperen Geldes (Goldes). Dadurch entsteht ein Anreiz zum Kapitalexport vom Land A ins Land B. Die Kapitalbewegung mindert den Umfang der zum Ausgleich der Zahlungsbilanz erforderlichen Änderung der Leistungsbilanz. Da in der Goldumlaufswährung die Leistungsbilanz – bei stabilem Außenwert – durch Veränderungen des Innenwerts der betroffenen Währungen gesteuert wird, ist eine an binnenwirtschaftlichen Zielstellungen orientierte Geldpolitik weitgehend ausgeschlossen. [22]

Der Vollständigkeit halber sei erwähnt, daß es neben Gold auch Silber in erheblichem Umfang als Zahlungsmittel gab. Auch hier war der Metallwert das Äquivalent von Leistung und Gegenleistung. Nach mehreren Versuchen setzte sich im 17. Jahrhundert in Europa der Silberstandard als Vorläufer des Goldstandards durch. [23]

Schon zu Zeiten des Silberstandards war man zu der Feststellung gelangt, daß nie alle in Umlauf befindlichen Geldscheine gleichzeitig bei den Banken zum Umtausch in das Edelmetall vorgelegt wurden. Diese Erfahrung nutzte man sehr bald zu ersten Zeichen der Aufweichung der Währungsstabilität: Schon im 18. und 19. Jahrhundert brachten die Regierungen mehr Geldscheine in Umlauf, als es der Deckung durch das vorhandene Gold oder Silber entsprach und das in den Tresoren vorgehalten werden konnte. Das erste ungedeckte Papiergeld war in Umlauf! Dies war solange unschädlich, wie sich die Regierungen an eine strikte Ausgabendisziplin hielten und die öffentlichen Haushalte ausgeglichen waren. Ein erstes Hintertürchen zum Druck ungedeckten Papiergelds stand offen. Zur Not konnten die Regierungen nämlich per Gesetz die Umtauschpflicht ihrer Zentralbanken, die formaljuristisch meist noch Privatbanken waren, sofort aussetzen, was z. B. in England zur Zeit der napoleonischen Kriege (1804 – 1812) auch geschah. [24]

Schlüsseldaten in der Entstehung des internationalen Goldstandards

- 1717 legte Isaac Newton als Münzmeister in England einen zu niedrigen Goldpreis für Silber fest. Silber war demnach verhältnismäßig teurer und wertvoller als Gold. Gold verdrängte Silber aus dem Markt.

- 1774 wurde die praktisch bereits bestehende Goldwährung durch die teilweise Aufhebung des Status von Silber als legales Zahlungsmittel anerkannt: Nur noch Zahlungen unter 25 Pfund konnten in Silberwährung getätigt werden.

- Von 1797 bis 1819 setzte England den Goldstandard aufgrund des Krieges aus.

- 1819 wurde der Goldstandard in England durch den Peel´s Act wieder eingeführt.

- 1848 lösten Goldfunde in Kalifornien und 1851 in Australien eine Verzehnfachung der weltweiten Goldfördermenge aus. Der Preis für Gold fällt. Es entstehen große Probleme für Länder mit bimetallischem Standard.

- 1858 wurden Silberminen in Nevada erschlossen, so daß die Fördermenge von Silber erheblich anstieg und die Preise für Silber fielen.

- 1862 führte Italien eine Währungsreform durch. Italien führte kleine Silbermünzen mit einem Feingehalt von 836 ein, während der Feingehalt der Silbermünzen in Frankreich 900 betrug (Problem des Greshamschen Gesetzes, siehe Glossar).

- 1865 wurde in der Lateinischen Münzkonvention beschlossen, daß die Mitglieder der Konvention ihre Münzen mit einem Feingehalt von 835 prägen sollten, so daß der Verdrängungseffekt einzelner nationaler Münzen verhindert wird.

- 1873 übernahm Deutschland den Goldstandard offiziell.

- 1878 bis 1914 hatte Frankreich einen sogenannten hinkenden Goldstandard. Die Konvertierbarkeit von Banknoten in Gold war nicht gesetzlich garantiert, sondern unterlag der Kontrolle der Bank von Frankreich. Diese konnte so ihre Goldreserven schützen und größere Goldabflüsse verhindern.

- Bis 1878 hatten England, Deutschland, Belgien, Holland, Frankreich, die Schweiz und die Skandinavischen Länder den Goldstandard übernommen.

- 1892 übernahm Österreich den Goldstandard.

- 1897 übernahmen Rußland und Japan den Goldstandard.

- Nach 1900 führten auch Länder wie Siam, Ceylon, Argentinien, Mexiko, Peru und Uruguay den Goldstandard ein. [25]

Anfang der 1870er Jahre brauchte Deutschland dringend eine Währungsreform und eine neue gemeinsame Währung. Die Einführung des Goldstandards 1873 war deshalb folgerichtig. Etwa ein Drittel des umlaufenden Gelds war durch Gold gedeckt, der Rest durch andere Sicherungsmechanismen. [26] Die Aufblähung des Papiergeldumlaufs wurde durch Golddeckungsvorschriften, die auch eingehalten wurden („Goldanker“), gebremst. Die Markstücke waren aus 55,5555 Gramm Feinsilber, die höchsten Münzwerte – 10 und 20 Mark – waren in 900/1000-Feingold geprägt (90 % Gold, 10 % Kupferanteil). Zeitweilig gab es auch ein goldenes Fünfmarkstück. Durch Kaiserlichen Erlaß vom 27. Februar 1875 wurde für das Zehnmarkstück die offizielle Bezeichnung „Krone“

eingeführt. Die Zwanzigmarkstücke hießen „Doppelkrone", wurden aber wegen ihres Rotgolds auch „Goldfuchs" genannt. [27]

Der Goldstandard war bis zum Ausbruch des Ersten Weltkriegs ein Garant für internationale Stabilität, Vollbeschäftigung und stabile Preise.

Obwohl – oder gerade weil – es keine internationalen Aufsichtsgremien und Kontrollorgane wie IWF, Weltbank oder Zentralbanken (siehe Glossar) gab, herrschte dank strikter Einhaltung nationaler Gesetze und Deckungsvorschriften international ein praktisch uneingeschränktes Vertrauen der Finanzwelt in den Goldstandard als verläßlich funktionierendes System.

20 Goldmark Preußen (Friedrich III. und Wilhelm II.), „Doppelkrone" oder „Goldfuchs" 7,9649 g Gesamtgewicht, davon 7,168 g Feingold (der Rest ist Kupfer) [Abb. 14]

Die nationalen Währungen waren nur eine landestypische Bezeichnung für eine bestimmte Menge Gold. Der Goldpreis (pro Feinunze) war durch die Interventionspolitik der Bank of England am Londoner Goldmarkt festgelegt und betrug – fast ein Jahrhundert lang! – 3 Pfund 17 Schilling 9 Pence. Entsprechend ergab sich folgender Paritätskurs zur Deutschen Mark (damals abgekürzt „M"): **1 kg Gold = 136,57 £ = 2.790,00 M bzw. 1 £ = 20,43 M.** Ein Gramm Gold kostete mithin 2,79 Mark.

Da drängt sich ein Vergleich mit heute – Frühjahr 2007 – auf: **1 kg Gold kostet ca. 16.000 €,** 1 Gramm Gold kostet demnach 16,00 €. Eine Mark von 1900 entspricht somit etwa der Parität von 5,75 Euro.

Beeindruckend ist die lange Zeit, in der der Goldstandard den Ländern dieses Maximum an Stabilität bescherte:

Währung	Zeitraum	1814 Zeitstrahl 1914 1936	Stabilität
Französische Franc	1814 - 1914		100 Jahre
Holländischer Gulden	1816 - 1914		98 Jahre
Pfund Sterling	1821 - 1914		93 Jahre
Schweizer Franken	1850 - 1936		86 Jahre
Belgischer Franken	1832 - 1914		82 Jahre
Schwedische Krone	1873 - 1931		58 Jahre
Deutsche Mark	1875 - 1914		39 Jahre
Italienische Lira	1883 - 1914		31 Jahre

Abb. 15

Gemeinhin wird der Ausbruch des ersten Weltkriegs mit dem Ende des Goldstandards gleichgesetzt. Voraussetzung für das Funktionieren des Goldstandards war ein etwa gleich hoher Entwicklungsstand der teilnehmenden Länder, ebenso wie deren begrenzte Anzahl, daneben ein annähernder Gleichschritt von wirtschaftlichem Wachstum, Bevölkerungsentwicklung und Goldförderung. Wächst das Bruttosozialprodukt schneller als die Menge des zur Hinterlegung vorhandenen Golds, dann müßte entweder in regelmäßigen Abständen die Parität von Geld und Gold neu festgelegt werden, oder es gäbe durch die Geldverknappung deflationäre Entwicklungen, die alles andere als erstrebenswert sind.

Es gab jedoch schon im späten 19. Jahrhundert eine Reihe von Indizien, daß dieses so schöne und stabile System nicht für alle Zeiten anwendbar bleiben würde.

Hierüber schrieb die „Amtspresse Preußens“ [28] bereits im April 1894 in weiser Vorausahnung unter der Überschrift ***„Silber und Gold“***:

> *„Um in dem heftig hin und her wogenden Währungsstreite zu einem klaren Standpunkte zu kommen, ist es nöthig, eine Reihe thatsächlicher Voraussetzungen aufzuklären. Dahin gehören auch die Fragen, welche Vorräthe an Gold jährlich zu Tage geschafft werden, und in wie weit auf eine gewisse Stetigkeit in der Gewinnung dieses Edelmetalles gerechnet werden kann. Bekannt ist das Wort von der Decke, die einmal zu knapp werden könnte; das will sagen: hält die Goldproduktion mit dem Goldbedarf für Münzzwecke nicht gleichen Schritt, gründen immer mehr Staaten ihr Währungssystem auf Gold, ohne daß die Goldgewinnung ausgedehnt oder der Baarbedarf an Goldmünze durch wirthschaftliche Einrichtungen (vermehrten Check-Wechselverkehr) eingeschränkt wird, so entsteht die Gefahr einer Goldtheuerung und damit einer Verschiebung der Schuldverhältnisse und der Waarenpreise in den Goldwährungsländern.*
>
> *Die Silberproduktion ist im letzten Jahrzehnt ganz riesig gestiegen; es sind Verfahren für die Silbergewinnung erfunden worden, welche die Produktion selbst bei den außerordentlich gesunkenen Silberpreisen – einer Folge der vermehrten Leichtigkeit der Silbergewinnung – noch lohnend machen. Im vergangenen Jahre wird sich die Silberproduktion bei einem Silberpreise von nur 32 Pence noch auf der vorher erreichten Höhe von 800 bis 850 Millionen Mark erhalten haben. Bei den neueren Verhüttungsmethoden werden viele von der Natur bevor-*

zugte Gruben in Amerika und Australien auch noch bei einem weiteren Rückgange des Silberpreises mit Vortheil arbeiten können. In diesem Steigen der Silberproduktion liegt eine auch von den Bimetallisten nicht verkannte große Schwierigkeit, ein festes Werthverhältniß zwischen Gold und Silber gesetzlich herzustellen.

Früher glaubte man, daß mit der Erschöpfung der Alluviallager (siehe Glossar) *die Golderzeugung bedeutend zurückgehen werde. Indessen auch hier trat die Technik siegreich auf; sie brachte es durch Vervollkommnung der Methode, Gold aus Schwefelkiesen auszuziehen, dahin, daß ein blühender Quarzbergbau entstand. Schon jetzt ist die transvaalsche Republik nahe daran, Kalifornien den Rang abzulaufen. Transvaal hatte 1893 ein Jahreserzeugniß an Gold von 115 Millionen Mark. Dazu werden in absehbarer Zeit noch Produktionsmengen der Gebiete zwischen dem Limpopo und Zambesi hinzukommen mit sehr ausgedehnten Goldlagerstätten in Maschona- und Matabeleland. In den Vereinigten Staaten von Amerika hat sich die Goldproduktion seit 1887 stetig um 33 Millionen Dollars jährlich bewegt. In Australien sind die tiefer liegenden Waschgoldlager noch bei Weitem nicht erschöpft, und viele Gruben stehen dort für den Quarzbergbau zur Verfügung. Für Rußland rechnet Dr. Lexis, eine Autorität auch für die Bimetallisten, in einem Artikel der Conrad'schen Jahrbücher noch für eine lange Reihe von Jahren auf eine Produktion von durchschnittlich mindestens 90 Millionen Mark.*

Lexis schätzt für die nächsten fünfzig Jahre den Werth der jährlichen Golderzeugung auf etwa 580 Millionen Mark, das ist mehr als in den glänzendsten Zeiten des californischen Bergbaues in den fünfziger Jahren geliefert wurde. Weiter berechnet man den industriellen Bedarf an Gold auf höchstens 280 Millionen Mark, für die Zukunft vielleicht auf 300 Millionen Mark, und den mit der Bevölkerung wachsenden Bedarf der gesetzlich oder faktisch nach Gold rechnenden Staaten auf etwa 200 Millionen Mark, so daß jährlich 80 Millionen Mark zu Goldprägungen anderer Staaten übrig bleiben würden. Lexis schließt hieraus, daß die Staaten, die bereits im Besitze der Goldwährung sind, jedenfalls keinen Grund haben, Goldmangel und also auch Goldvertheuerung und Sinken der Waarenpreise als vorhanden anzunehmen oder zu befürchten. Wie es nach fünfzig oder hundert Jahren um die Goldproduktion bestellt sein wird, läßt sich nicht voraussehen. Selbst eine weitsichtige Politik wird sich aber nicht auf die Bedürfnis-

se späterer Jahrhunderte einzurichten brauchen. In demselben und zum Theil noch höherem Grade besteht die Möglichkeit, daß die Menschheit nach ein oder zwei Jahrhunderten um Kupfer, Blei, Kohle etc. in Verlegenheit gerathen kann. In dieser fernen Zeit würde natürlich auch, das fortschreitende Schwinden der Goldgewinnung vorausgesetzt, die Doppelwährung mit einem festen Verhältniß zwischen Gold und Silber ebenso unmöglich sein als die Goldwährung."

In der Tat werfen die Ausführungen der Amtspresse Preußens Aspekte auf, die uns bei der Frage, ob und inwieweit im 21. Jahrhundert ein neuer Goldstandard denkbar und sinnvoll ist, noch eingehend beschäftigen werden.

Die politischen Turbulenzen in Europa nach etwa 1910 und das Aufeinandertreffen unterschiedlicher Interessen und Machtansprüche führten 1914 zum Ausbruch des Ersten Weltkriegs. Der Mord am österreichischen Thronfolger Franz Ferdinand in Sarajewo am 28. Juni 1914 war nur der Zündfunken am Pulverfaß. Als im Juli 1914 der Kriegsausbruch immer wahrscheinlicher wurde, zog die deutsche Bevölkerung Goldmünzen im Wert von über 100 Millionen Mark von den Kassen der Reichsbank ab. Am 31. Juli 1914 stellte die Reichsbank die Einlösung von Banknoten gegen Gold ein. Im Wege eines „Ermächtigungsgesetzes" vom 4. August 1914 zum Schutz der staatlichen Goldreserven wurde der Goldstandard in Deutschland faktisch aufgehoben. [29]

Ein Krieg kann aber nur finanziert werden, wenn genügend Gelder für die Militärausgaben zur Verfügung stehen. Schon seit Beginn der Mobilmachung kostete der Kriegsapparat viele Milliarden Mark. Das Warenangebot stagnierte oder ging zurück. Für die gleiche Ware mußte nun immer mehr Geld bezahlt werden. Der Außenwert der Mark, vor allem gegenüber dem Dollar, schmolz zusehends. Ab 1916 wurden die Silbermünzen aus dem Verkehr gezogen, um mit dem Silber kriegswichtiges Material einzukaufen. Ähnlich verfuhr man mit den Goldmünzen. An deren Stelle trat Papiergeld ohne Materialwert. Es gab daneben Schatzanweisungen, Anleihen und Schuldverschreibungen, mit denen der Staat den Krieg finanzierte. Kommunale Körperschaften, aber auch viele Firmen hatten mit Duldung der Behörden eigenes „Notgeld", um den Zahlungsverkehr aufrechtzuerhalten. All diese Zahlungsmittel hatten eins gemeinsam: Sie waren nichts wert! Lebensmittel, Kleidung, Brennstoffe und vieles andere mußte streng rationiert werden und war nur gegen Bezugsscheine erhältlich. Der Schwarzmarkt blühte trotz drakonischer Strafen.

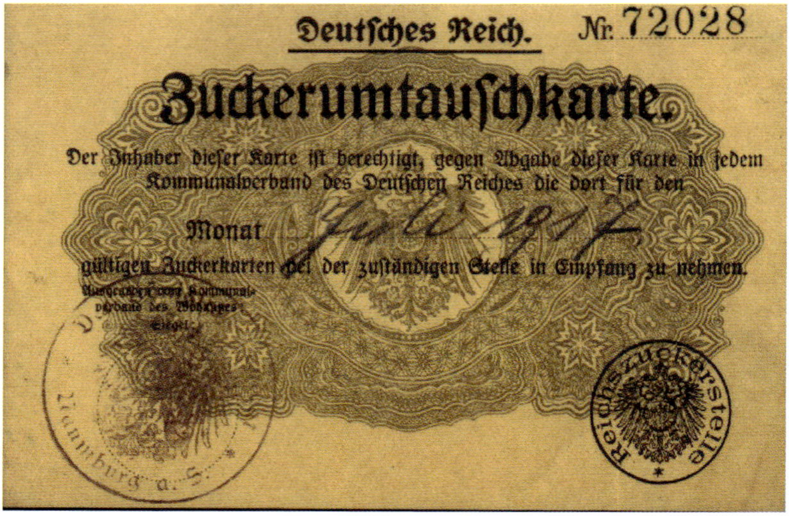

Deutsches Reich. Nr. 72028

Zuckerumtauschkarte.

Der Inhaber dieser Karte ist berechtigt, gegen Abgabe dieser Karte in jedem Kommunalverband des Deutschen Reiches die dort für den

Monat Juli 1917

gültigen Zuckerkarten bei der zuständigen Stelle in Empfang zu nehmen.

Reichszuckerstelle

Zuckerumtauschkarte des Deutschen Reiches von 1917 Abb. 16

Reichsfleischkarte

Königreich Preußen

Kreis Eckartsberga

Gültig vom 2. Oktober bis 29. Oktober 1916

Name: ....

Fleischmarke	Fleischmarke	Fleischmarke
1/10 Anteil	1/10 Anteil	1/10 Anteil
16.—22. Okt.	16.—22. Okt.	16.—22. Okt.
Preußen	Preußen	Preußen
K. Eckartsberga	K. Eckartsberga	K. Eckartsberg

„Reichsfleischkarte" des Kreises Eckartsberga von 1916 Abb. 17

Ohne Goldstandard wuchs die Geldmenge von 1914 bis 1918 allein in Deutschland von 9 Milliarden auf 52 Milliarden Mark an. Aber das war nur ein Vorgeschmack auf die Hyper-Inflation, die Deutschland bis 1923 in Atem hielt und für erhebliche politische Unruhen sorgte.

Ohne die Aufhebung des Goldstandards wären die kriegsführenden Länder nicht in der Lage gewesen, den Krieg über eine längere Zeit durchzuhalten. Der Krieg wäre wegen kurzfristig einsetzender Zahlungsunfähigkeit ziemlich rasch zu Ende gewesen. [30]

Zwischen den Kriegen

Die Hyper-Inflation 1923

Die militärische Niederlage Deutschlands 1918 ging mit einer totalen wirtschaftlichen Ausblutung einher. Die deutschen Kriegskosten konnten nicht, wie ursprünglich vorgesehen, den „besiegten Feinden“ auferlegt werden. Es kam umgekehrt, die Bestimmungen des Versailler Vertrags wiesen Deutschland die alleinige Kriegsschuld zu. Unter anderem waren 13 % des deutschen Reichsgebiets sowie sämtliche Kolonien an die Siegermächte oder an von diesen bestimmte Verwaltungen abzutreten, weitere Gebiete wurden dem auf amerikanischen Druck gegründeten Völkerbund unterstellt, eine weitgehende Demilitarisierung wurde angeordnet. Die schlimmsten Folgen für Deutschland bestanden in den Wirtschaftssanktionen, die Sach- und Geldleistungen an die Siegermächte in zunächst unbestimmter Höhe vorsahen. [31]

Beispielsweise wurden 5.000 intakte Lokomotiven, 150.000 Güterwagen und 5.000 LKW ins europäische Ausland abgefahren, 90 % der Hochsee-Handelsflotte waren abzuliefern. Daß sich die Requisiteure der Sieger nur mit Material vom Besten zufrieden gaben, versteht sich am Rande. Allein die Abtretung Elsaß-Lothringens bedeutete den Verlust von 70 % der deutschen Erzförderung, auch die Kohleförderung und die landwirtschaftliche Produktion waren in großem Umfang rückläufig. Dies führte zu erheblichem Importbedarf an praktisch allen Gütern, von Lebensmitteln über Rohstoffen bis zu industriellen Fertigprodukten. Diese Importe hätte Deutschland aber aus Exportüberschüssen, die neben den Reparationen zu leisten gewesen wären, bezahlen müssen. Hinzu kamen finanzielle Forderungen der Siegermächte, die erstmals im April 1921 mit 132 Milliarden Goldmark beziffert wurden, zahlbar in Jahresraten zu 2 Milliarden Goldmark. Später wurden diese Forderungen mit dem Londoner Ultimatum durchgesetzt. Ein Teufelskreis ohne Ausweg, Deutschland war zahlungsunfähig. Dies führte in Deutschland zu gravierenden politischen Unruhen und Versorgungsengpässen bei der Bevölkerung, vor deren Hintergrund die Notenpresse immer schneller ins Laufen kam. Papiergeld wurde gedruckt, für das es keinen Gegenwert mehr gab. Der Geldwert verfiel stündlich. Ausgezahlte Löhne wurden sofort in irgendeine Ware umgesetzt. Aber niemand wollte für Papiergeld noch etwas verkaufen! Das umlaufende Geldvolumen erfuhr eine gewaltige Aufblähung, die man zunächst als Inflation, dann aber treffender noch als Hyper-Inflation bezeichnete (lateinisch *inflare:*

einhauchen, hineinblasen, aufblähen), während die Bevölkerung Hunger und Not litt. Der einzige Brennstoff, den man sich noch leisten konnte, war Papiergeld!

Abb. 18

Die Katastrophe war eingetreten. Dies zwang die Reichsregierung unter Gustav Stresemann im Oktober 1923 zur Vorbereitung und raschen Durchführung einer grundlegenden Währungsreform. Am Ende der Hyper-Inflation stand die Papiermark zur alten Goldmark im Verhältnis eine Billion zu eins zu Buche. Im selben Tauschverhältnis (1 Billion : 1) wurde von der im Oktober 1923 gegründeten *Deutschen Rentenbank* ab dem 15. November 1923 die *Rentenmark* in Münzen und kleinen Scheinen ausgegeben. Die Rentenmark war zwar kein gesetzliches Zahlungsmittel, und deshalb bestand kein Zwang, sie als solches zu akzeptieren. Sie wurde jedoch als Übergangswährung von der Bevölkerung mit großer Zustimmung aufgenommen, die Inflation war schlagartig gestoppt. Mit Einführung der Rentenmark wurden nicht nur 12 Nullen von den Scheinen gestrichen. Die neue Währung war auch wieder gedeckt, und zwar durch Hypotheken auf Sachwerte (Immobilien von Handel, Landwirtschaft, Industrie, Gewerbe). Die Rentenmark stand im Verhältnis 4,2 : 1 zum US-Dollar. Damit war die Vorkriegsparität zum Golddollar wiederhergestellt und die Inflation zu Ende – allerdings um den Preis, daß jeder gewerbliche Immobilienbesitzer sechs Prozent seines Grundbesitzes zur Stützung der Rentenmark an den Staat abtreten mußte. Außerdem bedeutete diese Währungsreform eine Verschiebung des Staatsbankrotts auf die große Masse des Volkes, die um ihre Ersparnisse betrogen war. Es traf in erster Linie die arbeitende Bevölkerung, aber auch die Besitzer von ehemals hohen Geldvermögen hatten nichts mehr außer kümmerlichen Resten. [32]

Notgeldschein aus dem Jahr 1923, herausgegeben von der Kreissparkasse Bielefeld [Abb. 19]

10 Milliarden für einen Brief! Abb. 20

Die Generation unserer Großeltern wußte zu berichten, daß noch bis kurz vor der Währungsreform immer wieder Goldmark-Münzen gegen Papiergeld oder Lebensnotwendiges wie Brot, warme Kleidung oder Brennmaterial eingetauscht wurden. Jedoch wäre es reichlich zynisch, heute darüber zu schmunzeln oder die „Dummheit" der Altvorderen mit bissigen Kommentaren zu bedenken. Niemand trennte sich damals freiwillig von Gold. Die pure Not ließ keine andere Wahl.

Hauptprofiteur von Inflation und Währungsreform war der Staat: Seine gesamten Kriegsschulden von 164 Milliarden Mark waren am 15. November 1923 auf 16,4 Pfennige zusammengeschrumpft! [33]

Die Währungssysteme nach 1923

Ab dem 30. August 1924 wurde neben Rentenmark im Verhältnis 1:1 die *Reichsmark* eingeführt. Diese war jetzt gesetzliches Zahlungsmittel. Es konnte aber weiterhin mit der Rentenmark bezahlt werden. Die Rentenmark-Münzen und -Scheine blieben im Umlauf, jedoch galt fortan nur noch die offizielle Bezeichnung „Reichsmark". Diese neue Reichsmark war wieder durch Vermögen des Staates wie Kohle oder Gold gedeckt. Der Wechselkurs der Reichsmark war nun zumindest fiktiv im gleichen Verhältnis wie vor dem Krieg (2,79 RM je Gramm Feingold) [34] ans Gold fixiert, daneben mußte die Reichsbank eine Reserve von 40 % des umlaufenden Gelds in Gold oder in Gold umtauschbaren Devisen halten. [35]

Eine Zeitlang funktionierte das einigermaßen, Deutschland hatte vorübergehend wieder eine Art Goldstandard. Zu einer ursprünglich beabsichtigten weltweiten Rückkehr zum Goldstandard kam es jedoch nicht. Auch die neue Reichsmark war keine reine Goldstandardwährung, eine Einlösungspflicht der Reichsbank – Reichsmark gegen Gold – gab es nicht mehr. Deutschland geriet immer tiefer in die Krise. Das Gewerkschaftsmonopol, das keine Marktlöhne zuließ, und etwa 3.500 Kartelle, deren Monopolprämien der Markt nicht zahlen konnte, waren die Hauptgründe dafür. Die einsetzende wirtschaftliche Talfahrt wäre nur mit neuer, zusätzlicher Verschuldung unter Umgehung des Goldstandards zu verhindern gewesen. Die Folgen waren unter anderem hohe Dauerarbeitslosigkeit, Brüningsche Notverordnungen und die Reichstagsauflösung 1930 – ein explosiver Cocktail und ein geradezu idealer Nährboden für radikale politische Strömungen. 1931 kam es zu der durch Liquiditätsengpässe verursachten großen Bankenkrise, das Deutsche Reich mußte seine Zahlungen in Gold ans Ausland einstellen. Das Ergebnis war schließlich die Machtergreifung der Nazis.

Der amerikanische Finanzexperte Charles G. Dawes erkannte, daß Deutschland seine Reparationen nur leisten kann, wenn man die deutsche Wirtschaft am Leben erhält. Im Zuge des nach ihm benannten Dawes-Plans erhielt Deutschland einen Kredit über 800 Millionen Goldmark zur Wiederankurbelung der Wirtschaft. [36] Dafür erhielt er 1925 den Friedensnobelpreis.

Schon zu Beginn der 20er Jahre war der freie Waren-, Kapital- und Goldverkehr zwischen den europäischen Ländern praktisch zusammengebrochen. Auch bei den Kriegsgegnern des Ersten Weltkriegs war der Goldstandard aufgehoben worden, auch dort gab es Geldentwertung und Inflation, da sich Briten und Franzosen ihr Kriegsmaterial in erheblichem Umfang von amerikanischen Banken hatten finanzieren lassen. Aber die wirtschaftlichen Folgen waren dort in der Nachkriegszeit in Anbetracht der deutschen Reparationsleistungen bei weitem nicht so verheerend wie in Deutschland.

Andere europäische Länder wie Belgien, Frankreich und Italien stabilisierten zwischen 1923 und 1925 ihre Währungen ohne Währungsreform auf dem gerade bestehenden Niveau. Sie legten für ihre Währungen eine neue, niedrigere Parität zum Goldpreis fest.

Charles G. Dawes, 1865 – 1951 Abb. 21

Lediglich England litt als Kriegsgewinner am wenigsten unter der Inflation und kehrte 1925 zum Goldstandard mit Vorkriegsparität zurück. Der Verzicht auf die Abwertung des Pfundes – ein Alleingang des Schatzkanzlers Churchill mit Rücksicht auf die Geldpolitik der USA – erwies sich als wenig realistisch. Das Pfund war überbewertet und im internationalen Vergleich zu teuer, die Preise waren zu hoch. Dies führte zu wirtschaftlicher Rezession, Wirtschaftskrise und Streiks. England stand kurz vor einem Volksaufstand. [37] [38]

Auch die politischen und sozialen Voraussetzungen für den Goldstandard waren in vielen Ländern nicht mehr gegeben. Vor allem die USA hielten sich nicht an dessen Spielregeln. Dort wurde seit Beginn des Ersten Weltkrieges bis Mitte der 30er Jahre der größte Goldschatz aller Zeiten (ca. 14.000 Tonnen) angesammelt. Darunter befand sich viel Fluchtgold, aber auch Zahlungen für Kriegsmaterial. Da ein Großteil dieses Goldes jedoch nur geliehen war und die US-Regierung eine erhebliche Kapitalflucht befürchtete, wurde entsprechend dem Goldzufluß Bargeld aus dem Verkehr gezogen. Damit war das Gold „sterilisiert“ und für den Geldumlauf unwirksam gemacht. So konnten sich die Gold- und Zahlungsströme, die während des Ersten Weltkrieges einseitig Richtung Amerika geflossen waren, nicht wieder umkehren mit der Folge, daß auch die europäischen Wirtschaftssysteme davon nicht profitieren konnten. Die USA waren Kriegsgewinner und besaßen einen intakten Produktionsmechanismus in allen Bereichen. Eine auf totalen Protektionismus ausgerichtete Wirtschaftspolitik, die einseitig den Exportmarkt im Auge hat, wäre nicht nötig gewesen. Daß man sie dennoch betrieb, war eine Hauptursache für erhebliche Spannungen und Ungleichgewichte im gesamten internationalen Handel, vor allem im Handel mit Europa. Die damit verbundene strenge Deflationspolitik führte die Weltwirtschaftskrise 1929 mit herbei.

1933: Die USA verbieten privaten Goldbesitz

Gold in Privatbesitz, in Schließfächern und der staatlichen Kontrolle entzogen – das ist so etwas wie der Super-GAU eines jeden von Kapitalflucht bedrohten Regimes. Eine Regierung, die Kapitalflucht befürchtet, schreitet nicht selten zu drastischen Maßnahmen. Wenn die eigene Währung nichts mehr gilt, jedoch für die Volkswirtschaft notwendige Dinge nach wie vor importiert werden müssen, sind Devisenkontrollen ein erprobtes Mittel zur Durchsetzung dieser Ziele, das es bis in die heutigen Tage in vielen Ländern gibt. Parallel- oder Schattenwährungen sind den politischen Gralshütern ein Dorn im Auge. Eine Extremform der Devisenkontrolle im weiteren Sinne war die totale Eliminierung des privaten Goldes als „natürlichem" Zahlungsmittel im Jahre 1933 in den USA.

Die Weltwirtschaftskrise war in vollem Gange, als der amerikanische Präsident Franklin D. Roosevelt im Wege einer "Executive Order of The President of The United Staates" wegen vermeintlicher Gefährdung der Währungsreserve (Golddeckung) allen amerikanischen Staatsbürgern im In- und Ausland den privaten Besitz von Goldbarren, Goldmünzen und Goldzertifikaten per Gesetz verbot. Roosevelt verkündete in einer pathetischen Erklärung das Vorliegen eines nationalen Notfalls, angesichts dessen die private Hortung von Gold- und Silbervermögen „eine ernsthafte Bedrohung für den Frieden, die Gerechtigkeit und das Wohlergehen der Vereinigten Staaten" darstelle – ein heute kaum nachvollziehbarer Unsinn!

So grotesk, wie sich diese Maßnahme anhört, war sie auch. Denn damit war die Einlösbarkeit nichtgoldener Zahlungsmittel in Währungsgoldmünzen für Privatpersonen endgültig aufgehoben. [39] Das Gesetz trat am 5. April 1933 in Kraft. Bis zum 1. Mai 1933 mußte der gesamte Goldbesitz bis auf einen Rest im Nennwert von 100 Dollar pro Person an die amerikanische Notenbank FED (siehe Glossar) abgegeben werden. Die Eagle-Goldmünzen, zuvor noch gesetzliches Zahlungsmittel, wurden beschlagnahmt und eingezogen. Auf Zuwiderhandlungen stand eine Haftstrafe von bis zu 10 Jahren oder bis zu 10.000 US-$

Geldstrafe. Lediglich Schmuck und Münzsammlungen durften behalten werden.

UNDER EXECUTIVE ORDER OF THE PRESIDENT

all persons are required to deliver

ON OR BEFORE MAY 1, 1933

all GOLD COIN, GOLD BULLION, AND GOLD CERTIFICATES now owned by them to a Federal Reserve Bank, branch or agency, or to any member bank of the Federal Reserve System.

Executive Order

CRIMINAL PENALTIES FOR VIOLATION OF EXECUTIVE ORDER

Goldbesitzverbot: Die „Executive Order" von Franklin D. Roosevelt [Abb. 22]

Wer sich dem Verbot fügte, erhielt eine „äquivalente Menge anderer Münzformen oder Währungen", was im Regelfall auf eine Entschädigung von 5 US-$ je Feinunze hinauslief. Gold, das bei systematisch durchgeführten staatlichen Durchsuchungen gefunden wurde, wurde ersatzlos konfisziert. Bei der Suche nach Gold schreckte man in den USA auch vor gewaltsamem Aufbrechen privater Bankschließfächer nicht zurück. Während der Goldpreis mit Beginn des Goldverbots zu steigen begann, sanierte sich der Staat mit dem Gold seiner Bürger binnen kurzer Zeit.

Das Goldbesitzverbot für US-Bürger galt fast 40 Jahre lang. [40] [41]

Etwas war allerdings nicht verboten: Der Kauf von Goldminen-Aktien. Eine Goldminen-Aktie ist nichts anderes als eine Teilhabe an Gold im Boden. Die Goldminen-Aktien in den USA erlebten infolge dessen in den Jahren nach 1929 gewaltige Kursanstiege.

Der Raubzug der Nazis

Keine Diktatur ist im Umgang mit den ihr ausgelieferten Menschen besonders zimperlich. Das wohl trübste Kapitel der deutschen Geschichte ist die Zeit der nationalsozialistischen Diktatur von 1933 bis 1945. Es bedarf an dieser Stelle keiner Wiederholung, welch schlimme Beispiele der Menschenverachtung das NS-Regime in dieser Zeit lieferte. Diktaturen zeichnen sich insbesondere dadurch aus, daß es dem Volk am Nötigsten fehlt, während es sich die Machthaber gutgehen lassen. Ohne das Gold als weltweit anerkanntes, werthaltiges Zahlungsmittel wäre, soviel ist sicher, das NS-Regime zum Aufbau seiner gewaltigen Kriegsmaschine nicht in der Lage gewesen. Ohne weitere und praktisch während des ganzen Krieges andauernde "Beschaffung" des Edelmetalls wäre der gesamte Kriegsapparat zu einem wesentlich früheren Zeitpunkt zusammengebrochen. Deswegen soll an dieser Stelle der Umgang der Nazis mit dem Vermögenswert Gold besonders beleuchtet werden.

Nach außen hin betrieb die Deutsche Reichsbank in den Jahren vor dem Krieg eine Politik "weg vom Gold". Dies heißt, man tat so, als könne jedermann gut ohne Gold auskommen. Zumindest sollten breite Schichten der Bevölkerung mit der Zeit zu dieser Einsicht bekehrt werden. Damit verhielt sich die Deutsche Reichsbank genauso, wie das heute bei europäischen Notenbanken, aber auch bei der FED in New York, gang und gäbe ist. Während der NS-Zeit war eine solche Goldpolitik gar nicht so einfach zu vermitteln, denn damals erinnerten sich noch sehr viele an die stabile "Goldmark" vor dem Ersten Weltkrieg. Zwar waren die Goldmünzen des Kaiserreichs nach dem Staatsbankrott und der Währungsreform von 1923 offiziell wieder als Zahlungsmittel im Rahmen der neuen Reichsmark zugelassen worden. Staatlicherseits wurde die Neuprägung von Goldmünzen als Zahlungsmittel jedoch nie ernsthaft in Erwägung gezogen. Vielmehr verfolgte die Zulassung der alten Goldmünzen als Zahlungsmittel den Zweck, diese Münzen wieder aus privaten Verstecken heraus und in den Verkehr zu locken – mit dem Ziel, sie so leichter einziehen zu können. Schließlich waren die gewaltigen Reparationsauflagen des Versailler Vertrags zu erfüllen, der Deutschland unter anderem Geldzahlungen in Höhe von 112 Milliarden Goldmark auferlegte, das nach dem Young-Plan von 1929 bis 1988 zu bezahlen gewesen wäre. [42] Schon damals war jedem klar, daß das besiegte Kaiserreich dieses Geld einfach nicht hatte, was zu jahrelangen politischen Verwicklungen führte und auch den Aufstieg Hitlers entscheidend begünstigte.

Vor diesem Hintergrund kann nicht überraschen, daß die von der Reichsbank betriebene "Rezirkulierung" der Goldmünzen nicht gelang. Die meisten dieser Münzen waren schon 1914 aus dem Verkehr verschwunden und wurden von ihren Besitzern für bessere Zeiten und als Erinnerung an ebensolche gehütet. Daher wurden diese Goldmark-Münzen von der Reichsregierung 1938 offiziell außer Kurs gesetzt. Die Münzen mußten der Reichsbank zum Kauf angeboten werden. [43] Damit wurde der Eindruck erweckt, als sei das Gold als Zahlungsmittel endgültig überholt und für den Normalbürger wertlos. Die Reichsbank gab sich rechtsstaatlich: Wer der offiziellen Verpflichtung nachkam, wurde zum Nominalwert entschädigt. Die Außerkurssetzung und systematische Konfiszierung von Währungsgold im Tausch gegen Papier war demnach nur folgerichtig und eine von vielen Maßnahmen, um in den Besitz dieses Metalls zu gelangen.

Der britische Historiker Arthur Smith formuliert das sinngemäß so: *"Es ist eine Ironie, daß sich die Mächtigen der Nazis einerseits über den Gebrauch des Goldes als eine für die absolute Herrschaft unbedeutende Bezugsgröße lustig machten, während gleichzeitig das Gold zu Deutschlands wichtigstem Zahlungsmittel während des Krieges wurde."* (Übersetzung des Verfassers). [44]

Aus einer Denkschrift der Reichsbankdirektoren an Hitler persönlich vom 07.01.1939 geht hervor, daß das Reich aufgrund der enormen, durch Gelddrukken finanzierten Aufrüstungsmaßnahmen des Regimes praktisch pleite war. Weiter heißt es dort, daß, zumindest offiziell, zu diesem Zeitpunkt keine Gold- und Devisenreserven mehr vorhanden waren. Außerdem seien die Reserven, die aus der Angliederung Österreichs und aus dem Aufruf ausländischer Wertpapiere und inländischer Goldmünzen gebildet waren, aufgezehrt. Fest steht indes, daß die Deutsche Reichsbank bei Kriegsausbruch Goldreserven in Höhe von 500 bis 600 Millionen Reichsmark besaß, einschließlich des tschechischen und österreichischen Goldes. Ein Mehrfaches dieses Goldes wurde in den Folgejahren in die Schweiz verschoben. [45]

Der Präsident
des
Reichsbank-Direktoriums

Berlin SW111, den 7. Januar 1939.

Vertrauliche Reichsbanksache

An den
Führer und Reichskanzler,
Berlin

Die Reichsbank hat seit langem auf die für die Währung entstehenden Gefahren einer Überspannung der öffentlichen Ausgaben und des kurzfristigen Kredites hingewiesen. Am Ende des Jahres 1938 ist die Währungs- und Finanzlage an einem Gefahrenpunkt angelangt, der es uns zur Pflicht macht, Entschliessungen zu erbitten, die es ermöglichen, der drohenden Inflationsgefahr Herr zu werden.

Die Reichsbank ist sich von Anfang an darüber klar gewesen, dass aussenpolitische Erfolge nur erreichbar sein konnten auf Grund der Wiederaufrichtung der deutschen Wehrmacht. Sie hat deshalb die Finanzierung der Rüstung weitgehend auf sich genommen trotz der darin liegenden währungspolitischen Gefahren. Die Rechtfertigung hierfür lag in der alle anderen Erwägungen zurückdrängenden Notwendigkeit, sofort, aus dem Nichts und anfangs noch dazu getarnt, eine Rüstung aufzustellen, die eine achtungheischende Aussenpolitik ermöglichte.

Bei der Verwirklichung dieses Programms kam es entscheidend darauf an, Inflationserscheinungen zu vermeiden, weil eine Inflation nicht nur das Vertrauen in die nationalsozialistische Führung untergraben hätte, sondern auch weil mit einer Inflation materiell nichts gewonnen werden kann. Eine Inflation kann bestenfalls für eine ganz kurze Zeit die unerfahrene breite Masse über die schwindende Kaufkraft des Geldes betrügen, führt dann aber sehr rasch zu um so stärkerer Enttäuschung. In der Wirtschaft führt sie zur Vernichtung des

E518750 mobilen

Faksimileauszug des Schreibens des Reichsbankdirektoriums an Adolf Hitler vom 7. Januar 1939. [Abb. 23]

Aufgenommen			
Tag	Monat	Jahr	Zeit
Ausgef 10/1 2020			
von L/		durch An	

RK 717 B

Amt
Berlin
Haupttelegraphenamt

Telegraphie des Deutschen Reiches

S. Ang. v. 14.1.

Telegramm aus Berlin Fd 112/109 10 2002

An
den Führer und Reichskanzler

Frl. Büge

Berlin

Die gestern beendete Zeichnung auf die vierte Reichsanleihe von 1938 hat trotz besonderer Propaganda den erhofften Erfolg nicht gebracht. Von dem durch das Reichsanleihekonsortium übernommenen Betrage von RM 1500 Millionen konnte ein Teilbetrag von 415 Millionen im Wege der öffentlichen Zeichnung nicht untergebracht werden. Von diesem Fehlbetrag werden rund 275 Millionen von den Kreisen des organisierten Kredites der Spar=kassen und Genossenschaften übernommen. Die restlichen RM 140 Millionen hoffen die im Anleihekonsortium vertretenen Banken allmählich absetzen zu können. Das an sich schon unbefriedigende Ergebnis wird dadurch weiter beeinträchtigt, dass rund RM 160 Millionen früherer Anleihen während der Zeichnungsfrist wieder aufgenommen werden mussten.

Dr. Schacht.

9-10

Abb. 23 a

Da nicht anzunehmen ist, daß die Reichsbankdirektoren gegenüber ihrem "Führer" Lügen über die vorhandenen Goldbestände verbreiteten, muß es sich bei dem in die Schweiz transferierten Gold um solches handeln, das sich das Reich durch hoheitliche Maßnahmen oder gewaltsame Übergriffe angeeignet hat.

Denn in Wirklichkeit hatte das Gold, allen offiziellen Doktrinen zum Trotz, als Zahlungsmittel und Währungsmetall spätestens seit 1938 kriegswirtschaftliche Bedeutung als allgemeingültiges, währungsübergreifendes Tauschgut erlangt, insbesondere für Rohstoffe, die trotz aller Autarkiebestrebungen des Dritten Reichs nur im Ausland zu bekommen waren. Als Beispiele seien nur das in großen Mengen benötigte Eisenerz aus Schweden oder rumänisches Erdöl erwähnt. [46]

Zunächst war es für die Nazis selbstverständlich, daß mit der Annexion Österreichs und der Tschechoslowakei 1938 auch deren Gold- und Devisenbestände "heim ins Reich" kamen. Der Wert allein dieses "Raubzugs" wird auf 100 Millionen Vorkriegsdollar geschätzt. Die tschechische Währungsreserve gelangte auf Druck der Reichsbank "legal" in ein bei ihr angelegtes Golddepot, nicht minder "legal" wurde am 23. März 1938 gleich nach dem Anschluß an Deutschland die "Anbotpflicht" verkündet. Das Gold der österreichischen Nationalbank wurde gegen Reichsmark verkauft. [47]

Nach Ausbruch des Krieges ging die Treibjagd nach Gold in den besetzten Gebieten in eine neue Runde. "Devisenschutzkommandos" durchsuchten flächendeckend die Filialen von Banken und Sparkassen nach Gold in Barren, Münzen und Schmuck, ebenso nach Devisen. Zunächst wurde auch hier der Schein eines völkerrechtlich korrekten Verhaltens gewahrt. So wurde in Belgien und Frankreich im Sommer 1940 das Gold nicht einfach beschlagnahmt. Vielmehr erhielten die hilflosen Eigentümer neben einer Quittung eine Bar-Entschädigung, die bis zu 15 % über den Marktpreisen lag – allerdings in einer Währung, für die es bald nichts mehr zu kaufen gab. [48]

Anlag

Berlin, den 12. November 1941.

V e r m e r k . (der Devisenabteilung Goldgeschäfte)

Laut Note der Deutschen Waffenstillstandsdelegation v 11.1o.194o W.Frie 536/4o (unsere Nr.IIa 21o22/4o) soll das Gesa gewicht des in Afrika liegenden belgischen Goldes 236 to betrag

Es soll sich hierbei um

2989 Kisten	(Größe 32 1/2 x 22 x 15 1/2 cm)	mit je 53 kg=	kg 158
1955 "	" 33 1/2 x 3o x 14 1/2 cm)	" " 4o "=	" 78
1 "	mit Münzsammlungen	ohne Gewichte	
4945 Kisten			kg 236

= ca. 236 to handeln.

Dieses Gold stellt laut einem uns abschriftlich übers Schreiben des Kommissars bei der Nationalbank von Belgien an de Gouverneur der Nationalbank von Belgien vom 2.9.4o (Nr.IIa 1835 einen Gegenwert von bfrs 8.o44.497. dar.

Laut einem uns weiter abschriftlich übersandten Schreiben des Kommissars bei der Nationalbank von Belgien an die Deutsche Botschaft in Brüssel vom 2.9.4o (Nr.IIa 18382/4o) hat die Nationalbank von Belgien, die seinerzeit ihren Sitz im Auslande hatte, im Laufe des Monats Juni 194o Gold im Betrage von bfrs 1.523.647.9 an die Bank von Frankreich abgetreten. Der Wert des Golddepots, das danach der Nationalbank von Belgien noch zusteht, beträgt demnach bfrs 6.52o.849.2 (siehe auch Schreiben des Rbd. vom 27.Sept.194o Nr.IIa 17739/4o an das Auswärtige Amt Berlin).

Auf Grund des belgisch-französischen Goldabkommens vom 29.Okt.194o (Nr.IIa 22537/4o) wurden von der Bank von Frankreich zu Gunsten der Nationalbank von Belgien freigegeben: bfrs 463.ooo.o

Der Wert des Golddepots, der hiernach der Nationalbank von Belgien noch zusteht, beträgt ca.bfrs 6,984 Mi

Nach den vorstehend aufgeführten Beträgen errechnen s unter Zugrundelegung des Ankaufspreises der Nationalbank von Bel, von bfrs 33.o77,3o für 1 kgfein folgende Gewichte:

	bfrs	8.o44.497.139,36	= kgfein	243,2o2.9561
abzüglich	"	1.523.647.92o,65	= "	46,o63.2494
	bfrs	6.52o.849.218,71	= kgfein	197,139.7o67
zuzüglich	"	463.ooo.ooo,--	= "	13,997.5149

Originalprotokoll über belgisches Gold Abb. 24

Mit fortlaufendem Kriegsgeschehen und um sich greifendem Chaos verzichteten diese Devisenschutzkommandos – oft nichts anderes als SS- oder SA-Bataillone – mehr und mehr auf ihre anfangs geübte Zurückhaltung. Wer sein Gold nicht freiwillig herausgab, wurde erschossen. Deutsche Truppen beschlagnahmten während des weiteren Kriegsfortgangs an Gold praktisch alles, was ihnen in den besetzten Gebieten in die Hände fiel. Das Gold wurde in Berlin eingeschmolzen, in Barren gegossen und neu datiert. Es war zu anonymem Material geworden. Wem es gehörte, was es früher war, welche persönlichen Erinnerungen sich mit diesem oder jenem Schmuckstück verbanden, war dem Gold nicht mehr anzusehen. Es war damit später nur noch teilweise und unter großen Schwierigkeiten möglich, die Spuren des nach dem Krieg aufgefundenen Goldes zurückzuverfolgen.

Nach Kriegsbeginn verlor die Deutsche Reichsmark rasant an Wert und war Anfang der vierziger Jahre an den internationalen Devisenbörsen praktisch wertlos. Zunächst bekam der deutsche Durchschnittsbürger davon nicht allzu viel mit, denn die Preise für Lebensmittel und die meisten Gebrauchsgüter waren staatlich festgesetzt. Dennoch waren immer weniger Leute bereit, Sachwerte gegen wertloses Papiergeld einzutauschen. Je länger der Krieg dauerte, desto mehr grassierte die Mangelwirtschaft, das Geld verlor rasant an Wert. Es fehlte an allem und jedem. Die Folge war, daß immer mehr Dinge des täglichen Bedarfs nur noch auf dem Schwarzmarkt zu bekommen waren. Ware konnte man nur noch gegen Ware tauschen. Wieder einmal taugte Papiergeld am ehesten zum Heizen, die Bevölkerung litt in gleicher Weise Not wie 1923.

Um so mehr war für Hitlers Kriegsmaschinerie die fortlaufende "Beschaffung" des Rohstoffs Gold von immer größerer Bedeutung. Denn es gab während des Krieges nur zwei Alternativen, an die so dringend benötigten Rohstoffe zu gelangen: Gold und den Schweizer Franken als faktisch einzig konvertierbare Währung. Für Deutschland wurde die Schweiz damit zu einem der wichtigsten Geschäftspartner. Die neutrale Schweiz fügte sich mehr oder weniger gezwungenermaßen in diese Rolle. Die Schweizer hatten gesehen, daß Hitler jeden anzugreifen bereit ist, der sich seinen Plänen ernsthaft widersetzt. Deswegen schien die "gute Miene" zum bösen Spiel das vergleichsweise kleinere Übel. Damit wurde die Schweiz zur bedeutendsten Drehscheibe von Gold, dessen sich die Nazis auf unterschiedlichste Weise bemächtigt hatten, und das von der Schweiz gegen Franken abgekauft wurde.

Die folgenden Seiten geben Beschlagnahmeverfügungen bezüglich jüdischer Edelmetalle wieder:

Vermerk für SS-Standartenführer Baumert.

148/44 g

Nach Rücksprache mit SS-Obergruppenführer W o l f f ordne ich an, daß von dem vorhandenen Gold 3 kg an die Reichsbank abgegeben werden unter der Festlegung und Abmachung, sie wieder zu bekommen, falls wir sie für Bestechungs- oder sonstige Nachrichtenzwecke brauchen.

Der Rest von 1 kg 339 g bleibt bei uns.

25. Juni 1944
RF/M.

Abb. 25

Aktenvermerk

Für die Goldzuteilung für Ausfuhrzwecke verfügt die Reichsbank z.Zt. über diejenigen Goldmengen, die ihr durch die Reichsstelle für Edelmetalle bei verschiedenen Scheideanstalten zur Verfügung gestellt werden. Es sind dies Goldmengen, die z.Zt.

1) aus dem sog. "Fonds E" stammen, d.h. Gold, das bei den Scheideanstalten angefallen ist auf Grund der Ablieferung gewisser Goldposten von gewerbsmäßigen Be- und Verarbeitern sowie Groß- und Einzelhändlern, die unter die Beschlagnahme durch die Anordnung Nr.20 der Reichsstelle für Edelmetalle vom 13. September 1939 fielen,
2) aus dem sog. "Fonds J" stammen, d.h. Gold, das bei den Scheideanstalten angefallen ist auf Grund der Einlieferung durch die Zentralstelle der Städtischen Pfandleihanstalt, Abt.III, (Judengold)
3) aus den Beständen der Scheideanstalten stammen, soweit sie unter die Beschlagnahme durch die Anordnung Nr. 20 fallen.

Über diese Goldbestände verfügt die Reichsstelle für Edelmetalle unter Berücksichtigung der ihr vom Reichswirtschaftsministerium erteilten Richtlinien.

Die Scheideanstalten werden von der Reichsbank zunächst benachrichtigt, daß die Freigabe erfolgt ist und die Reichsbank die Verfügung über diese Goldmengen sich vorbehält.

Bei

Herrn
Reichsbankdirektor
W i l h e l m
Mitglied des
Reichsbankdirektoriums

Quelle: siehe Abb. 25

Bei eintretendem Bedarf der Reichsbankanstalten Pforzheim, Nürnberg und Gablonz, den wir aus den bankwöchentlichen Nachweisungen dieser Anstalten erkennen können, teilen wir den in Frage kommenden Scheideanstalten mit, daß wir Anweisung gegeben haben, Goldbezugsbescheinigungen bis zu einer bestimmten Höhe auszustellen und ersuchen um Einlösung. Von dieser Mitteilung erhält die betreffende Bankanstalt abschriftlich Nachricht, so daß sie Bezugsbescheinigungen in entsprechender Höhe ausstellen kann.

Die Ausfuhrfirmen leiten ihre Goldanforderungen mit den Auftragsunterlagen über die zuständige Prüfungs- bzw. Vorprüfungsstelle, die nach den Richtlinien des Reichswirtschaftsministeriums den Antrag prüft, an die in Frage kommende Reichsbankanstalt. Genügt das Ausfuhrgeschäft den Anforderungen, so wird der Antrag mit einem Prüfungsvermerk an die Reichsbank weitergereicht; Geschäfte, deren Ausführung die Prüfungsstelle nicht für vertretbar hält, lehnt sie von sich aus ab.

Die in den letzten Monaten von der Reichsstelle für Edelmetalle freigegebene Goldmenge betrug je Monat 120 kgfein.

Berlin, den 5. August 1941

Hauptkasse

Quelle: siehe Abb. 25

Berlin, den 20 Mai 1943 Nr. IIa 4754/43

1) An die
Deutsche Gold-und Silber-Scheideanstalt
vormals Roessler
F r a n k f u r t (Main)
Postfach 107

2) An die
Staatl.Sächs.Hütten- und
Blaufarbenwerke
F r e i b e r g (Sa.)

3) Firma
Wilhelm S c h u l e r
Scheide- und Legieranstalt
B e r l i n SW 11
Anhalter Str. 8

Betr.: Goldabgabe für Ausfuhrzwecke

Die Reichsstelle für Edelmetalle hat zur Deckung des Goldbedarfs für Ausfuhrgeschäfte eine Menge von

10 kgfein Gold	-	Fonds	"A"	(zu 1.)
78	"	"	-	" "H"	
50	"	"	-	" "F"	(zu 2.)
10	"	"	-	" "J"	(zu 3.)

aus Ihren Beständen freigegeben - von welcher demnächst durch die Reichsbankstelle Pforzheim

70 kgfein Gold

und durch die Reichsbankhauptstelle Nürnberg

18 kgfein Gold - (zu 1)

\+ von welcher demnächst durch die Reichsbankstelle Pforzheim

45 kgfein Gold

und durch die Reichsbanknebenstelle Gablonz

5 kgfein Gold = (zu 2)

\+ welche demnächst von der Reichsbankstelle Pforzheim durch Ausstellung von Goldbezugsbescheinigungen an Ausfuhrfirmen abgerufen wird.+ (zu 3)

durch Ausstellung von Goldbezugsbescheinigungen an Ausfuhrfirmen abgerufen werden.

Wir ersuchen, die von Ihnen eingelösten Bezugsbescheinigungen mit einer Aufstellung der Reichsbankstelle Pforzheim bzw. der Reichsbankhauptstelle Nürnberg - der Reichsbankstelle Pforzheim bzw. der Reichsbanknebenstelle Gablonz - der Reichsbankstelle Pforzheim - am 15. und Letzten eines jeden Monats einzusenden und uns unter Bezugnahme auf das obenstehende Aktenzeichen

von

Quelle: siehe Abb. 25

von dem erfolgten Verkauf der freigegebenen Gesamtmengen (zu 1.und 2.) - Gesamtmenge (zu 3.) sofort Mitteilung zu machen.

++ +

4) An die
Reichsbankstelle
Pforzheim

5) An die
Reichsbankhauptstelle
Nürnberg

6) An die
Reichsbanknebenstelle
Gablonz

ber
die Reichsbankstelle
Reichenberg (Sudetenland)

Abschrift -(von 1,2,3) an 4- (von 1) an 5- (von 2) an 6 - zur Kenntnis und weiteren Veranlassung.

Zusatz für 4), 5) und 6):

Von den bereitgestellten Feingoldmengen für die Reichsbankanstalten Pforzheim, Nürnberg und Gablonz sind insgesamt

40 kgfein Gold

zusätzlich für die Wirtschaftsgruppe Metallwaren und verwandte Industriezweige für den Export von Schmuckwaren und

8 kgfein Gold

zusätzlich für die Herstellung von Blattgold für den Export bestimmt.

Rbd. bgl.

Nach Abgang:

1. Hauptkasse
   Edelmetall
2. Devisenabteilung
   Ablieferungskontrolle
   zur Kenntnis

Quelle: siehe Abb. 25

Über die Rolle der Schweiz beim "Waschen" des deutschen Beutegolds liegt bis heute vieles im Dunkeln, was die Forschungsarbeiten erschwert. Aus streng vertraulichen Dokumenten der Schweizer Nationalbank und zuständigen Regierungsämtern geht hervor, daß während der Kriegsjahre Gold im Wert von 1,7 Milliarden Franken in die Schweiz transferiert worden sein soll, was der Menge von 1.716 Tonnen entspricht. Das kommt heute etwa einem Gegenwert von gut 28,1 Milliarden € gleich. [49]

> *In diesem Zusammenhang wollen Gerüchte nicht verstummen, daß der ab dem Jahr 2000 erfolgte, wirtschaftlich völlig unsinnige Verkauf von 1.300 Tonnen Gold aus Beständen der Schweizerischen Nationalbank (siehe Seite 82 f.) auf Druck der in den USA einflußreichen Jewish Claims Conference* (siehe Glossar) *erfolgte.* [50]

Zu besonders perfidem Vorgehen legalisierten sich die Nazis durch die Nürnberger Gesetze, in deren Folge Juden ab dem 21. Februar 1939 zur entschädigungslosen Ablieferung von Schmuck und Edelmetallen verpflichtet wurden, nach dem 30. Juli 1942 waren auch edelmetallhaltige Kultgegenstände aus jüdischen Gemeinden abzuliefern. [51] Mit den Judenverfolgungen der Nazis ging regelmäßig die Beschlagnahme der im Besitz der Juden befindlichen Sachwerte einher.

Tonnenweise eingeschmolzen wurden jüdische Kultgegenstände wie diese Menora. [Abb. 26]

Die unzähligen Juden, denen man vor dem Abtransport in die Konzentrationslager irgend etwas von Umsiedelung weisgemacht hatte, hatten in der Regel alles an Wertsachen dabei, was sie noch besaßen oder zumindest bei sich tragen konnten. Dies wurde ihnen spätestens bei der Ankunft im KZ systematisch abgenommen. Einen besonderen Stellenwert besaßen Schmuck, Uhren, Eheringe. Nach Ermordung der Häftlinge wurde selbst Zahngold den Leichen entnommen und gesammelt.

Die Reichsbank richtete ein Sonderkonto namens "Melmer" ein und fungierte als zentrale Sammelstelle für Gold und Devisen aus dem Vermögen von enteigneten Juden, Roma, Sinti und anderer, die mit dem Regime in Konflikt geraten waren. Ab 1942 belieferten die deutschen Konzentrations- und Vernichtungslager systematisch die zuständigen Reichsstellen. Ein ehemaliger "Zahnzieher" des KZ Treblinka berichtete, daß jede Woche zwei Koffer mit acht bis zehn Kilo Gold hinausgingen. [52]

Dies war zwar vergleichsweise wenig, läßt aber ein weiteres Mal die schrecklichen Dimensionen der Menschenvernichtung erahnen. Immerhin war Treblinka nur ein KZ von vielen. Bei Ende des Kriegs und danach wurden in den Salzminen von Merkers (Thüringen), in der Nähe von Salzburg, bei Spital am Pyhrn und im italienischen La Fortezza Goldbarren im Gesamtwert von damals 300 Millionen US-Dollar gefunden. Was davon den Toten abgenommen worden war, wird sich wohl nie mehr restlos klären lassen.

Das Geschehen jener Jahre wird die Historiker noch über lange Zeit beschäftigen. Die Rolle, die das Gold als Krisenmetall und Schattenwährung dabei spielte, füllt Bände. Dieses Kapitel will lediglich deutlich machen: **Obwohl vom Regime immer klein geredet, war die Bedeutung des Goldes immens!** Das war sie in Krisenzeiten immer und bleibt es auch, selbst wenn Deutschland – gottlob – derzeit nicht unmittelbar in kriegerische Auseinandersetzungen verwickelt ist. Aber selbst das kann sich, siehe Hindukusch, unter Umständen ganz kurzfristig ändern.

Die Zeit nach 1945 und das Bretton-Woods-Abkommen

Noch während der Endphase des Zweiten Weltkrieges, als in Europa die Invasion der Alliierten in vollem Gange war, machte man sich anderswo bereits Gedanken über eine Ordnung des Weltwirtschafts- und Finanzsystems für die „Zeit danach".

In Bretton Woods, einem Badeort in New Hampshire (USA), konferierten 44 Staaten im Juli 1944 mit dem Ziel einer umfassenden Neuordnung der Weltwirtschaft unter Vermeidung der durch den Protektionismus der 1930er Jahre offenbar gewordenen Schwächen. Angestrebt wurde ein reibungsloser, von unnötigen Barrieren befreiter Welthandel bei festen Wechselkursen und ohne die nach dem Ersten Weltkrieg gemachten Fehler.

Das Mount Washington Hotel in Bretton Woods, Tagungsort der Konferenz
Abb. 27

Nach umfangreichen Beratungen wurde am 22. Juli 1944 der „White-Plan" beschlossen. In dessen Mittelpunkt stand der US-Dollar, dessen Wert mit 35 $ je Feinunze Gold festgelegt war. Die US-Notenbank war gegenüber anderen Notenbanken verpflichtet, zu diesem Kurs Dollars gegen Gold einzutauschen.

Nur in besonderen Ausnahmesituationen sollte dieser Kurs anpaßbar sein. Dies war der dritte und vorläufig letzte Versuch, eine Art internationalen Goldstandard einzuführen. [53] [54]

Die an dieses System angeschlossenen Staaten vereinbarten einen festen Wechselkurs zum US-Dollar. Deren Währungen waren gedeckt durch Gold oder Devisenreserven der Zentralbanken. Nur der US-Dollar und das britische Pfund waren als Reservewährungen zugelassen. So entstand ein Gold-Dollar-Standard, dessen Kern nach wie vor das Gold bildete. Die Zentralbanken waren untereinander verpflichtet, zum festen Kurs Währung gegen Gold (1 Feinunze Gold entspricht 35 US-$) einzutauschen. Das Funktionieren dieses Systems sollte durch den hierzu ins Leben gerufenen Internationalen Währungsfonds (IWF, siehe Glossar) überwacht werden. Zu keinem Zeitpunkt bestanden Zweifel daran, daß die USA die Bedingungen des Abkommens bestimmten, um eine für sie vorteilhafte Nachkriegsentwicklung zu gewährleisten. In den ersten Nachkriegsjahren erwies sich das Konstrukt jedoch auch für viele andere Staaten als durchaus vorteilhafte Einrichtung, um nach den Zerstörungen des Zweiten Weltkriegs wirtschaftlich wieder auf die Beine zu kommen.

> Vor allem Deutschland profitierte davon bis in die 1960er Jahre hinein. Nach dem Zusammenbruch 1945 war die Lage ähnlich wie in den Jahren nach 1918. Die große Masse des Volks saß auf wertlosem Papiergeld, während Chaos, Mangelwirtschaft, Bezugsscheine und Schwarzmarkt die Anfänge eines zögerlichen Wiederaufbaus begleiteten. Die Deutsche Mark war am 23. Juli 1948 in der westlichen „Trizone“, der späteren Bundesrepublik, an die Stelle der wertlosen Reichsmark getreten. Die Deutsche Mark stand in einem festen Kurs zum amerikanischen Dollar (1 US-$ = 4,20 DM). Damit war die D-Mark „mittelbar“ an den Goldpreis gekoppelt, der Preis für 1 Feinunze Gold lag demnach bei 147,00 DM.
>
> Trotz des noch lange anhaltenden Elends großer Teile der Bevölkerung war diese mittelbare Golddeckung die Grundlage für das berühmte „Wirtschaftswunder“ in Deutschland. Das ursprünglich als Stigma gedachte „Made in Germany“ wurde bald zum Qualitätsbegriff. Die deutsche Bundesbank wies in ihrer Eröffnungsbilanz 1948 keinerlei Goldbestand auf, denn was den einmarschierenden amerikanischen Truppen an restlichem Reichsbankgold in die Hände fiel, wurde beschlagnahmt und in die USA gebracht. Zehn Jahre später jedoch besaß die Bundesbank wieder Gold im Wert von 11,1 Milliarden DM. Deut-

sche Überschüsse innerhalb der Europäischen Zahlungsunion, einem von 1949 bis 1958 vor Einführung der Konvertibilität bestehenden Beistands- und Verrechnungskreditsystem zwischen 14 westeuropäischen Ländern, waren von den europäischen Partnern zur Hälfte in Gold beglichen worden. Dieses Gold wurde von Anfang an zum größten Teil in New York eingelagert.

Das Bretton-Woods-System funktionierte solange recht gut, wie der Außenhandel mit den USA ausgeglichen und der Dollar knapp war. Genau dies waren die Voraussetzungen, den US-Dollar als „so gut wie Gold“ anzusehen. Jedoch war das System von Beginn an „asymmetrisch“ angelegt: Während die USA in der Gestaltung ihrer Finanz- und Wirtschaftspolitik praktisch keinen Einschränkungen unterworfen waren, mußten die dem Bretton-Woods-System angeschlossenen Staaten ihren Wechselkurs zum US-Dollar laufend durch Devisenmarktinterventionen anpassen. Eine umgekehrte Pflicht der USA, schwächelnde Währungen der Mitgliedsstaaten durch Käufe zu stützen, gab es nicht! Darin war der Keim des späteren Scheiterns des Systems gelegt. [55]

Die Vormachtstellung der USA wäre nur durch eine streng disziplinierte Haushaltspolitik auf die Dauer zu erhalten gewesen. Die Verwicklung der USA in den Vietnamkrieg jedoch kostete Geld – Geld, das nicht vorhanden war. Der Vietnamkrieg, aber auch so kostspielige Projekte wie das Apollo-Mondprogramm, verursachten ein riesiges Haushaltsdefizit, das nur durch das Drucken von Geldscheinen geschlossen werden konnte. Damit war Geld im Umlauf, für das es keine Deckung gab. Die Notenbanken, unter anderem die Deutsche Bundesbank, waren gezwungen, Milliarden von US-Dollars durch „Stützungskäufe“ aus dem Markt zu nehmen. Der Wert des US-Dollar hatte sich im Verhältnis zur D-Mark bis 1970 annähernd halbiert. Inzwischen überstiegen die Dollarreserven aller nichtamerikanischen Zentralbanken die amerikanischen Dollarreserven bei weitem.

Die Gold - Dollar - D-Mark-Parität nach Bretton Woods (1948 – 1971):

entspricht

oder

Abb. 28

Das Bretton-Woods-Abkommen und die damit verbundene Festlegung des Goldpreises auf 35 $ je Feinunze führte, je länger desto mehr, zu einer Verzerrung des Goldpreises. Denn mit der Inflation der 1960er Jahre in den USA hätte der Goldpreis deutlich angehoben werden müssen. Dies wäre jedoch dem Eingeständnis der Schwäche durch die Amerikaner gleichgekommen, einer Kapitulation vor anderen, stabileren Wirtschaftsmächten. Daher lag es im politischen Interesse der USA, den Goldpreis so lange wie irgend möglich auf einem längst als zu niedrig erkannten Niveau zu halten. Ein Ansteigen des Goldpreises hätte bei vielen Bretton-Woods-Vertragspartnern unbequeme Begehrlichkeiten gegenüber den USA auslösen können, überschüssige Dollarreserven in Gold eintauschen zu müssen. Dies bereitete den USA zunehmende Schwierigkeiten.

Alle Staaten, die dem Bretton-Woods-Abkommen beigetreten waren, beobachteten diese Entwicklung mit Sorge. Auch in Deutschland war das Gold wieder in das Interesse der Währungspolitik gerückt. Die Amerikaner verlangten damals eine stärkere Beteiligung der Deutschen an den Stationierungskosten der US-Truppen in Deutschland. Deutschland war zahlungsunwillig. Der damalige Bundesbankpräsident Karl Blessing sicherte in einem geheimen Brief den Amerikanern zu, deutsche Goldreserven, die in Amerika lagern, so lange nicht abziehen zu wollen, wie die Amerikaner Stützpunkte in Deutschland unterhalten. Diese Überlegung machte zu Zeiten des Kalten Krieges auch durchaus Sinn, da deutsche Goldreserven in New York sicherer untergebracht schienen als in der Bundesrepublik, praktisch unmittelbar vor der sowjetischen Haustür. Niemand wird ernsthaft bestreiten, daß die Schutzmacht USA der wirkungsvollste Garant einer gewissen Stabilität in Mitteleuropa war, vor allem um West-Berlin. Nach dem Ende des klassischen Ost-West-Konflikts und der nahezu völligen Schließung der amerikanischen Stützpunkte in Europa gibt es jedoch keinerlei Grund mehr, deutsches Gold in den Tresoren ausländischer Banken zu lagern. Warum also holt man das Gold nicht in deutsche Tresore nach Frankfurt oder Berlin? Wenn behauptet wird, man lasse das Gold in New York zur Vermeidung unnötiger Transport- und Lagerkosten, dann ist das kompletter Unfug. [56]

Jeder treusorgende Hausvater würde sein Vermögen dort lagern, wo er auch darauf zugreifen kann. Warum also tut das die Bundesbank nicht mit dem deutschen Gold? Die Deutsche Bundesbank gibt sich über die Lagerorte ihres Goldes – Ende 2006 angeblich noch 3.422 Tonnen – merkwürdig bedeckt. Es gibt verläßliche Hinweise darauf, daß nur rund 2 Prozent davon in deutschen Tresoren lagern, der Rest bei der Bank of England, der Banque de France und der weitaus größte Teil bei der FED in New York. Dort kann es für Deutschland kaum irgendwelche Effekte monetärer Sicherheit entfalten, da niemand in Deutschland darauf unmittelbaren Zugriff hat. Außerdem kann es ohne weiteres mit Rechten Dritter behaftet sein, aber damit wäre es für Deutschland wertlos! [57]

Ausgesprochen pikant wird die Angelegenheit aber dadurch, daß die Bilanz der Deutschen Bundesbank seit 1999 in ihren Aktiva nicht die tatsächlichen Goldbestände, sondern lediglich den Posten „Gold und Goldforderungen" ausweist. Jedem Bilanzbuchhalter stehen bei einem solchen Posten die Haare zu Berge, denn es ist laut Handelsgesetzbuch strafbar, Aktiva wie Gold, Bankguthaben und Forderungen in einer Position auszuweisen. Goldforderungen sind etwas völlig anderes als Gold, im Extremfall ein uneinbringlicher Posten heißer Luft! Wieder machen wir eine erstaunliche Feststellung: Die Strafvorschriften des Handelsgesetzbuchs gelten für jeden deutschen Unternehmer, aber nicht für die Bundesbank!

Der Umstand, daß die Bundesbank keine klaren Angaben darüber macht, wo wieviel Gold tatsächlich lagert, muß den Verdacht der Vertuschung nähren. Warum sollte man so etwas geheimhalten? So verhält sich im allgemeinen nur, wer etwas zu verbergen hat. Und im verborgenen liegen Dinge von hohem allgemeinem Interesse, die nur die Bundesbank wissen kann: Wieviel Gold hat sie tatsächlich (noch)? Über wieviel Gold kann sie überhaupt verfügen? Wieviel davon ist verliehen? Besonders peinliche Frage: Werden die Goldleiher ihren Einlösungspflichten je nachkommen können? [58]

Mit einer wahrheitsgemäßen Offenlegung dieser Fragen, wie sie von dem inzwischen aus der CDU ausgeschlossenen Bundestagsabgeordneten Martin Hohmann im August 2002 von der Bundesregierung erfolglos eingefordert wurde, könnte die Bundesbank wertvolle Aufklärungsarbeit leisten und unsinnigen Gerüchten entgegenwirken. [59] Genau dies tut sie nicht. An einer Offenlegung der Wahrheit zeigt die Bundesbank keinerlei Interesse. Sie könnte dadurch ebenso in Bedrängnis geraten wie der Finanzminister. Gibt es da womöglich einflußreiche Kreise, die dieses Faß nur allzu ungern geöffnet sehen?

Frankreich, das sich unter Präsident Charles de Gaulle schon immer einen von den USA weit unabhängigeren Kurs leisten konnte als Deutschland, wollte im Jahre 1969 seine angehäuften Dollarreserven in Gold umtauschen und das Gold nach Frankreich verlagern. [60] General de Gaulle schickte zu diesem Zweck eigens eine Fregatte über den Atlantik. Da die Aktion legal war, waren die USA zur Herausgabe des Golds verpflichtet – zumindest theoretisch. Wahrscheinlich gelangte das Gold auch nach Frankreich. Dies ist aber angesichts widersprüchlicher Angaben und offiziell verordneter Geheimhaltung nicht sicher. De Gaulles Vorgehen jedoch löste eine handfeste politische Krise aus.

Anderen Quellen zufolge fand die französische Kriegsschiff-Aktion bereits 1968 statt, kurz vor den Mai-Unruhen in Paris. Ein Schelm, wer den US-Geheimdienst CIA als Strippenzieher hinter denselben vermutet. [61] Die USA trugen sich sogar mit militärischen Überlegungen gegen Frankreich, wäre de Gaulle nicht im Mai 1969 wegen eines verlorenen Referendums sowieso zurückgetreten. [62]

Beobachtern war fortan klar: Weitere „Gold-Feldzüge" dieser Art würden die USA nicht durchstehen. Die USA waren sozusagen bankrott. Präsident Richard Nixon kündigte das Bretton-Woods-Abkommen am 15. August 1971 einseitig auf. Damit war zugleich die Bindung des US-Dollars an das Gold endgültig aufgehoben. In den Jahren bis 1973 brach das Bretton-Woods-System vollends zusammen. Die Währungen der einzelnen Länder waren ebenfalls nicht mehr durch feste Wechselkurse aneinander gekoppelt. Letztere unterlagen fortan dem Wechselspiel der Märkte („Floating").

Der Wert des US-Dollars im Verhältnis zur D-Mark schwankte beispielsweise lange Zeit um das Verhältnis 1:2, mal darunter, mal darüber. Damit wurde offenbar, was Insider längst wußten: Jahrelang hatte die Bundesbank US-Dollars zum doppelten Preis aufgekauft.

Doch selbst ohne Vietnamkrieg und Apollo-Programm wäre das Bretton-Woods-System auf die Dauer gescheitert. Es hätte funktioniert, wenn sich alle angeschlossenen Volkswirtschaften in einem annähernden Gleichschritt entwickelt hätten. Berücksichtigen wir aber, daß nach dem Krieg so unterschiedlich wachsende Volkswirtschaften wie Japan oder Deutschland einerseits und Staaten Lateinamerikas andererseits in einer festen Relation zum US-Dollar – und damit indirekt auch untereinander – standen, so wird klar, daß die bereits erwähnte Asymmetrie zugunsten der USA das System früher oder später zum Einsturz bringen mußte.

Vereinfacht ausgedrückt: Der Goldstandard war nach dem Ersten Weltkrieg zugrunde gegangen, weil die Anpassung der Währungen an den Goldpreis nicht stattfand und es deswegen zu Deflation und Weltwirtschaftskrise kam. Der Gold-Devisen-Standard von Bretton Woods ging zugrunde, weil sich vor allem die USA nicht an die eigenen Spielregeln hielten und eine ungezügelte Inflation betrieben.

Der aus den Fesseln des Bretton-Woods-Abkommens befreite Goldpreis hatte erstmals seit langem die Chance, sich den Gesetzen des Markts anzupassen. Er tat es nur ein paar Jahre lang. Ab 1980 wurde der Goldpreis zum Gegenstand ausgeklügelter Manipulationen, die bis in die Gegenwart andauern.

Die künstliche Manipulation des Goldpreises

Wenn wir an dieser Stelle die künstliche Manipulation des Goldpreises erörtern, dann steht allem voran die Frage, wer daran überhaupt ein Interesse haben könnte. Gewiß, die einen wollen teuer verkaufen, also einen hohen Preis erzielen, die anderen billig einkaufen und dazu den Preis drücken. Der ganz normale Markt also – so weit, so gut. Wäre Gold ein x-beliebiger Werkstoff, würde wohl auch niemand dem freien Spiel des Markts etwas entgegensetzen. Aber beim Gold liegen die Dinge ganz offensichtlich anders.

Schon bei den historischen Betrachtungen im ersten Kapitel hat sich als über die Jahrhunderte immer wiederkehrende Faustregel herauskristallisiert:

Niedrige Inflationsraten bremsen den Goldpreis, hohe Inflationsraten treiben den Goldpreis nach oben.

Diese plakative und etwas simplifizierende Aussage liefert zugleich die Begründung dafür, weshalb die großen „Macher der Notenbanken" ein ausgeprägtes Interesse an einem niedrigen Goldpreis haben könnten:

Ein niedriger Goldpreis suggeriert eine Inflationsrate, die niedriger aussieht als sie ist!

Daneben bedeutet ein niedriger Goldpreis in der Finanz-Psychologie ein – zumindest relativ – geringes Interesse an dem Edelmetall. Das wiederum könnte den Finanzpolitikern sehr gelegen kommen: „Kein Mensch will Gold haben, seht her, wie stabil unser schönes Papiergeld ist...". Die Zentralbanken ziehen mit schöner Regelmäßigkeit am gleichen Strang, denn im Gegensatz zum physischem Gold, das „nur in den Tresoren herumliegt", lassen sich mit Papiergeldprodukten wunderbare Geschäfte machen. Und wenn eine Zentralbank die Politik bei der Erhaltung des Währungssystems loyal unterstützt, ist es schließlich selbst dann gut fürs eigene Image, wenn dieses Währungssystem durch nichts gedeckt ist.

Niedrige Zinsen, fester Dollar, geringe Inflation – das sind die leicht nachvollziehbaren, jedoch nicht unbedingt realitätsnahen Wunschvorstellungen jeder Regierung, insbesondere der amerikanischen. Wie störend dabei ein steigender Goldpreis sein kann, hat sich während der Laufzeit des Bretton-Woods-

Systems gezeigt. Also kann es nicht verwundern, wenn die latente Versuchung, der Realität ein wenig nachzuhelfen, erfinderisch macht.

Der Begriff der Manipulation ist ein hartes Wort. Viele sprechen deswegen auch – etwas verharmlosend – von Intervention. Lassen wir deshalb zunächst zwei Männer zu Wort kommen, „die es eigentlich wissen müssen“: Warren Buffett und Alan Greenspan.

> ***Warren Buffett*** *gilt nach Bill Gates als einer der vermögendsten Männer der Welt. Buffett sagte einmal, daß die 99%ige Wahrscheinlichkeit, mit geliehenem Geld eine höhere Rendite zu erzielen als mit eigenem, nicht das eine Prozent Risiko rechtfertige, durch die Schulden in unvorhergesehene Schwierigkeiten zu geraten. Von Buffett stammt auch die Aussage, ein ans Gold angelehnter Währungsstandard sei ein Wachhund für ausgabefreudige Politiker.* [63] [64]
>
> ***Alan Greenspan,*** *von 1987 bis 2006 Chef der US-Notenbank (United States Federal Reserve Board, abgekürzt FED), wird von den einen als geldpolitischer Zauberlehrling, von den anderen als Hexenmeister in derselben Disziplin charakterisiert. In jedem Fall dürfte die Feststellung zutreffen, daß er nicht immer Dinge tat, von deren Richtigkeit er auch überzeugt war. Oft waren es Gründe der politischen Opportunität, die ihn zwangen, gegen eigene – bessere – Einsichten zu handeln. Auch wenn während seiner Amtszeit die Geldmenge in den USA schier unermeßliche Ausmaße annahm, äußerte er sich doch immer wieder „pro Gold“. Am signifikantesten tat er das bereits 1966 in seinem denkwürdigen Artikel „Gold und wirtschaftliche Freiheit“, in welchem er das Gold als unverzichtbares Mittel zum dauerhaften Erhalt von Wert und Kaufkraft bezeichnet. Ohne Goldstandard gäbe es auf die Dauer keinen wirksamen Schutz vor Inflation.* [65]
>
> *1996 wiederholte er seinen Standpunkt in seiner Äußerung: „Ein an das Gold angelehnter Standard verhindert konfiskatorische Maßnahmen auf das Privateigentum.“* [66]
>
> *Es ließen sich weitere Fundstellen anführen, die diese wohl wahrhafte Denkweise Greenspans belegen.*

Wenn also selbst der langjährige Chef der US-Notenbank im tiefsten Grunde seines Herzens Anhänger eines (wie auch immer) goldgedeckten Währungssystems ist, dann muß es – gerade und vor allem in Amerika – sehr mächtige Kräfte geben, die am genauen Gegenteil interessiert sind und den Goldpreis in ihrem Interesse beeinflussen.

Erste Manipulation: das Bretton-Woods-Abkommen

Wir haben es bereits bei Bretton Woods gesehen: Die USA als größte Wirtschaftsmacht der Welt hatten in der Nachkriegszeit ein ausgeprägtes Interesse an einem großen Vertrauen der Weltwirtschaft in den Dollar. Die Korrelation „1 Feinunze Gold entspricht 35 Dollar" mußte um jeden Preis gehalten werden. Alles andere wäre nicht nur gleichbedeutend mit dem Eingeständnis von Schwäche gewesen, sondern hätte zugleich das Ende eines Systems bedeutet, mit Hilfe dessen die USA sich ein Vierteljahrhundert lang mit Waren aller Art auf dem Weltmarkt stark verbilligt eindecken konnten. Aber schon der in Bretton Woods festgelegte Goldpreis, mag er 1944 auch annähernd marktgerecht gewesen sein, lief infolge der späteren Inflation der Währungen auf eine langanhaltende Manipulation hinaus.

Ende 1949 hatten die amerikanischen Goldreserven mit ca. 21.770 Tonnen ihren historischen Höchststand erreicht. Durch Dollar-Konvertierungen der Zentralbanken – hierzu waren diese ja laut Bretton-Woods-Abkommen befugt – waren die Reserven bis Ende 1960 bereits um rund ein Drittel auf 15.550 Tonnen gesunken. Die bereits damals stark angewachsenen Zahlungsbilanzdefizite der Amerikaner hatten einen Ansturm auf das Gold bewirkt und dessen Preis auf allen Märkten hochschnellen lassen. Die Wahl von John F. Kennedy zum Präsidenten der USA förderte das Mißtrauen der Finanzmärkte in den US-Dollar zusätzlich. Am freien Markt in London war der Goldpreis zeitweise auf 40 Dollar geklettert. Dies spiegelt den für die US-Zentralbank höchst beunruhigenden Vertrauensverlust in den Dollar wider und hätte nach allen Marktgesetzen zu einer Abwertung des Dollars im Verhältnis zum Goldpreis führen müssen. Aber der Druck der Amerikaner bewirkte einen anderen Weg.

Zweite Manipulation: der Gold-Pool von 1961

Durch eine konsequente Deckelung des Goldpreises sollte das Vertrauen in den Dollar wiederhergestellt werden. Und das ging so: Die amerikanische Zentralbank gründete Anfang 1961 zusammen mit sieben europäischen Zentralbanken den sogenannten „Gold-Pool“, der den Goldpreis in der Nähe von 35 Dollar halten sollte.

Die Zentralbanken der USA, Belgiens, Deutschlands, Frankreichs, Großbritanniens, Italiens, der Niederlande und der Schweiz bildeten ein Konsortium, das einen gewissen Betrag an Gold in den Pool einzahlte. Der Goldpreis sollte so bei 35 Dollar stabilisiert und das Vertrauen in die Papierwährungen erhalten werden. Bei Bedarf verkaufte man eine bestimmte Menge Gold am freien Weltmarkt. Dabei war vorgesehen, bei niedrigerem Goldpreis Gold am Weltmarkt zurückzukaufen. [67] [68] Im Laufe der 1960er Jahre jedoch liefen die Mechanismen des Gold-Pools und die Gesetze des Marktes immer mehr auseinander. Die Länder des Gold-Pools verkauften nämlich mit der Zeit weit mehr Gold, als sie wieder zurückkaufen konnten.

Die dadurch für die Zentralbanken eingetretenen Verluste wuchsen ins Uferlose. Dies führte dazu, daß der Gold-Pool 1968 wieder aufgelöst wurde. Der Gold-Pool – und damit nach dem Zweiten Weltkrieg der erste großangelegte Versuch, den Goldpreis nach unten zu manipulieren – war an den Gesetzen des Markts gescheitert, weil nicht genug Gold zur Verfügung stand. Ohne den Gold-Pool wäre das Bretton-Woods-Abkommen nicht erst 1971, sondern bereits 10 Jahre früher zusammengebrochen.

Nach dem endgültigen Kollaps des Bretton-Woods-Abkommens hätte sich der Goldpreis, den Gesetzen des Marktes folgend, eigentlich frei bewegen müssen. Dies heißt, die Güte einer Währung wäre direkt an ihrem Kurs im Verhältnis zum Goldpreis meßbar. Zunächst sah es auch ganz nach einem ungehinderten Spiel der Marktkräfte aus. Bis 1980 lief der Goldpreis fast ungebremst seinem historischen Höchststand von 850 Dollar je Feinunze entgegen.

Doch von nun an ging 's bergab mit dem Goldpreis, und das nach den Charts 20 Jahre lang. Zunächst einmal ist selbst eine kräftige Korrektur nach einem Boom wie seit 1977 völlig normal, allerdings hätte unter Berücksichtigung der Inflationszahlen der Goldpreisrückgang – wenn überhaupt! – erst später einsetzen dürfen. Es müssen also noch andere Kräfte am Werk gewesen sein.

Ein Blick auf eine vom IWF herausgegebene graphische Darstellung der Inflationsentwicklung in den USA und Europa macht dies deutlich.

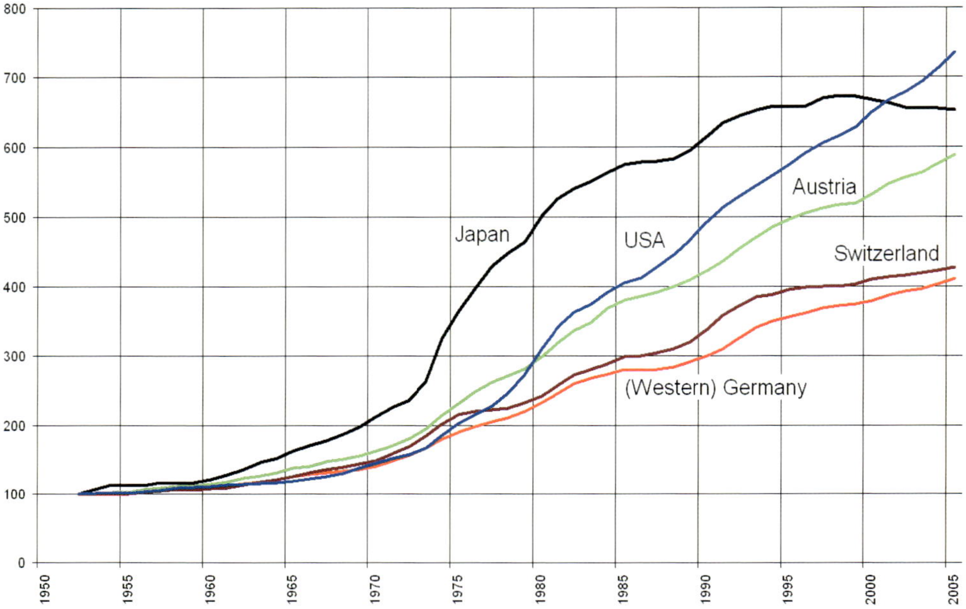

Abb. 29

Auch wenn die Zahlen des IWF bezüglich ihrer genauen Höhe mit einigem Recht zu hinterfragen sind, so geben sie doch die Tendenz zutreffend wieder (zur tatsächlichen Höhe der Inflation siehe Seite 98 ff.). Die empirische Gleichung „steigende Inflation = steigender Goldpreis" schien einmal mehr außer Kraft gesetzt. Denn die Goldpreis-Jongleure hatten noch ganz andere Pfeile im Köcher.

Dritte Manipulation: Goldleihgeschäfte der Zentralbanken

Im Zeichen weltweit grassierender Staatsverschuldung haben sich clevere Zentralbankchefs die Frage gestellt, was man denn mit dem Gold so alles anstellen kann. Gold, das nur in Tresoren lagert, kostet Geld für seine sichere Verwahrung, aber es erwirtschaftet keins, so die offizielle Lesart. Was also tun? Die

Idee war schnell gefunden: Man stellt anderen das Gold „leihweise" zur Verfügung und kassiert dafür Geld!

Daraus wurde ab 1980 ein höchst wirkungsvolles Instrument entwickelt und zunehmend praktiziert, das sich zugleich vorzüglich dazu eignete, den Goldpreis nach unten zu manipulieren: die **Goldleihe**.

> *Der Begriff „Goldleihe" hat sich in Sprachgebrauch und Schrifttum eingebürgert, weshalb der Verfasser ihn auch im gebräuchlichen Sinn verwendet. Gleichwohl ist er juristisch und begrifflich falsch. Bei einer Leihe handelt es sich um die unentgeltliche Gebrauchsgestattung an einer Sache. Diese ist vom Entleiher nach Ablauf der Leihzeit wieder zurückzugeben. Bei den „Goldleihgeschäften" wird Gold gegen einen Zins zur Verfügung gestellt. Zurückzugeben ist typischerweise ein anderes (gleichartiges) Gold. Es handelt sich also um ein Darlehensgeschäft.*

Mit der Zeit haben sich verschiedene Varianten der Goldleihe entwickelt.

Die Urform der Goldleihe beruht auf der an sich plausiblen Idee, daß Gold am Markt genutzt werden kann, das sonst in den Tresoren von Banken ungenutzt herumliegt. Dieses Gold wird zu einem Leihzins an Minen verliehen (ein klassisches Darlehen), die das Gold ihrerseits verkaufen und mit dem Erlös weitere Explorationsvorhaben finanzieren. Die Minengesellschaften fördern neues Gold und bedienen damit die Verpflichtungen gegenüber der verleihenden Bank. Da die Rückgabeverpflichtung auf Gold und nicht auf Währung lautet, ist dieses Geschäft vom Goldpreis unabhängig. Allerdings profitieren die Minengesellschaften nicht von einem steigenden Goldpreis – eine durchaus zweischneidige Angelegenheit. [69]

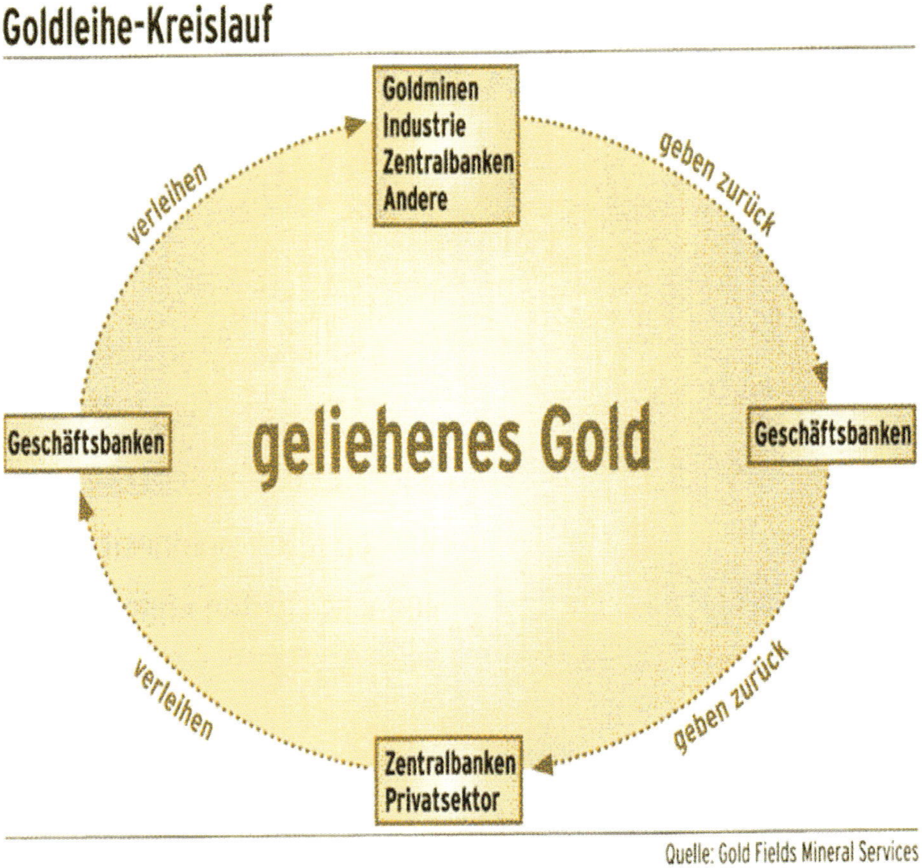

Abb. 30

Ein riskanteres System ist der **Gold Carry Trade**: Eine Geschäftsbank verkauft am Markt eine bestimmte Menge Gold zu einem Preis von – zum Beispiel – 550 Dollar je Feinunze, ohne diese selbst besitzen zu müssen, durch Abschluß eines Verkaufskontrakts. Die Geschäftsbank ist in Sachen Gold „bearish" eingestellt, spekuliert also auf den „Bären am Goldmarkt", sprich fallende Kurse. Das Gold, das die Geschäftsbank jetzt liefern muß, „leiht" sie sich bei der Zentralbank gegen einen Zins aus. Zu einem vereinbarten späteren Zeitpunkt muß die Geschäftsbank dieselbe Menge Gold wieder an die Zentralbank liefern. Sinkt nun inzwischen der Goldpreis auf 500 Dollar je Feinunze, so hat die Geschäftsbank 10 Prozent Gewinn (abzüglich Zins) gemacht, und zwar mit

Gold, das sie nie besessen hat. Steigt jedoch der Goldpreis, so muß der Dekkungskauf der Geschäftsbank zu einem höheren Kurs erfolgen, und die Bank macht entsprechenden Verlust. Also hat die Geschäftsbank ein massives Interesse an einem fallenden Goldpreis.

Bei den Goldleihgeschäften stellen also Banken dem Markt – neben den Verkäufen der Zentralbanken – physisches Gold gegen einen Zins (ca. 1 – 2 %) zur Verfügung. Das scheint nicht viel, lohnt sich aber aufgrund des Volumens. Vermittelnde Banken verdienen selbstverständlich Provision. Der Entleiher kann mit dem Gold nach Belieben verfahren und es (auch) verkaufen. Hiervon wird in der Praxis rege Gebrauch gemacht. Dieses Gold, das dem Markt zusätzlich zur Verfügung steht, drückt den Marktpreis. Der Zentralbank könnte der Goldpreis im Prinzip egal sein, denn sie kassiert zum einen den Zins und bekommt die „geliehene" Goldmenge zum Termin zurück. Dem ist jedoch nicht so!

Denn dies alles funktioniert für Zentral- wie Geschäftsbanken bestens, solange der Goldpreis nicht steigt. Bei steigendem Goldpreis sind jedoch für die Geschäftsbanken die erzielten Zinsgewinne schnell dahin. Im Extremfall kann die Existenz der Geschäftsbank gefährdet sein. Daraus resultiert auch ein Interesse der Zentralbanken an einem zumindest nicht steigenden Goldpreis. Würden nämlich Geschäftsbanken wegen des gestiegenen Goldpreises pleite gehen, ginge den Zentralbanken nicht nur der Zinsertrag verloren, auch das „verliehene" Gold wäre uneinbringlich auf Nimmerwiedersehen.

Das eigentliche Problem bei diesen Goldleihgeschäften besteht daher in dem Risiko der Geschäftsbanken, daß das von der Zentralbank geliehene Gold bei immer knapperem Angebot gar nicht wiederbeschafft werden kann. In solchen Fällen bleiben die Zentralbanken letztendlich auf Forderungen sitzen, die allenfalls mit Papiergeld zu begleichen sind.

Vierte Manipulation: Goldverkäufe

In den Tresoren der Staatsbanken lagern mehr oder weniger große Bestände an Gold. Da dieses Gold angeblich nicht oder nur noch in geringerem Umfang als früher „benötigt" wird, setzten neben den in großem Umfang praktizierten Goldleihgeschäften ab Mitte der neunziger Jahre auch umfangreiche Goldverkäufe der Nationalbanken ein. Dies kann nur eine Zeitlang funktionieren, denn irgendwann ist kein Gold mehr da, das man verkaufen könnte. Angesichts der geringen Marktkapitalisierung reicht jedoch schon eine relativ kleine Menge Gold aus, den Preis zu drücken, zumindest in einem Markt, der ohnehin „bearish" gestimmt ist.

Rückenwind bekamen (und bekommen) die Notenbanken immer wieder durch Äußerungen von Politikern, die Notenbanken sollten ihr „überflüssiges" Gold verkaufen, um den Erlös in weitaus „attraktiveren" (Papiergeld-) Fonds anzulegen und damit Renditen zu erwirtschaften. Dahinter steht freilich die mehr oder weniger offen ausgesprochene Absicht, das den Goldverkäufen entstammende Geld von den „unabhängigen" Notenbanken letztendlich doch in den jeweiligen Staatshaushalt zu überführen. In Deutschland sind die an den Bundeshaushalt abzuführenden Bundesbankgewinne das beste Beispiel dafür. Nach dem Gesetz fließen Erlöse aus Goldverkäufen dem Bundesbankgewinn zu. Das erklärt die Begehrlichkeiten des jeweiligen Finanzministers nur zu gut. Verschwiegen wird dabei allerdings, daß die Aufgabe der Zentralbanken in der bestmöglichen Sicherung der Währungsstabilität besteht und nicht in der Maximierung von Erträgen. Ausgesprochen zynisch mutet es an, wenn mit dem Argument „Dieses Gold ist Volksvermögen und gehört allen!" ausgerechnet zum (Aus-) Verkauf desselben aufgefordert wird. Seit Einsetzen dieser Verkäufe sackte der Goldpreis von 400 Dollar Anfang 1996 auf 260 Dollar Mitte 1999 ab.

Allerdings begaben sich damit die Notenbanken in eine Zwickmühle:

- Keine Zentralbank kann ein Interesse daran haben, ihr Gold „zu billig" zu verkaufen.

- Ein gleichzeitiger, unkoordinierter Goldverkauf mehrerer Notenbanken könnte einen ungewollt tiefen Preissturz auslösen.

Um in die Goldverkäufe eine gewisse Ordnung zu bringen, einigten sich die meisten europäischen Zentralbanken, einschließlich der EZB und der Schweizer Nationalbank, im September 1999 im „Washington Agreement on Gold" auf den Verkauf eines Kontingents von 2.000 Tonnen Gold. Das größte Kontingent davon – 1.300 Tonnen – entfiel auf die Schweiz, die sich damit zwischen 2000 und 2005 von etwa der Hälfte ihres Goldschatzes trennte, genauer gesagt: trennen mußte!

Dieser Schweizer Goldverkauf war ein Skandal der besonderen Art! Denn die Schweiz trennte sich keineswegs freiwillig von der Hälfte ihres Goldbestandes. Vielmehr hatte der Internationale Währungsfonds, dem die Schweiz 1992 auf amerikanischen Druck beigetreten war, die Golddeckung von Währungen als völkerrechtswidrig bezeichnet und schlicht verboten. **Das Völkerrecht ist also das Recht des Stärkeren und wird, wenn 's sein *muß*, auch mal vom *IWF* gemacht!** *Diese ebenso neue wie erstaunliche Feststellung kann indes nicht verwundern, wenn man weiß, wer im IWF das Sagen hat: eine illustre Gesellschaft höchster Repräsentanten der Finanzwelt entlang der amerikanischen Ostküste. Die in der schweizerischen Verfassung und darüber hinaus tief im schweizerischen Nationalbewußtsein verankerte Golddeckung des Schweizer Franken wurde sang- und klanglos aus der Verfassung getilgt und von vielen Schweizer Bürgern überhaupt nicht bemerkt. Über den genauen Hintergründen dieser Aktion liegt ein Mantel des Schweigens, der Schweizer Bundesrat wahrt strikte Geheimhaltung, was zu immer neuen, leider auch oft falschen Spekulationen Anlaß gibt. Fest steht nur, daß dieses Gold zu für die Schweiz sehr unvorteilhaften Preisen verkauft wurde, und wahrscheinlich ist es in durchaus dankbare Kanäle geflossen.* [70] *Mitte Juni 2007 wurde bekannt, daß die Schweiz bis Ende September 2009 weitere 250 Tonnen Gold verkauft.* [71] *Wie es heißt, werden damit „die Devisenreserven der Schweiz entsprechend aufgestockt“. Weiter heißt es, „durch den markanten Goldpreisanstieg sei der Anteil des Goldes an den Währungsreserven seit Mitte 2005 um rund ein Viertel von 33 Prozent auf gegenwärtig 42 Prozent angestiegen.“ Die Schweizerische Nationalbank suggeriert dem unbefangenen Leser, hier müsse eine durch den Goldpreisanstieg bedrohlich gewordene Situation korrigiert werden. Bedrohlich ist die Situation vielleicht wirklich – aber höchstens für die USA. Jedem aufrechten Schweizer müssen sich bei so viel Unsinn die Nackenhaare sträuben. Was die Schweizerische Depeschenagentur in so blumige Worte kleidet, bedeutet nichts anderes als ein neuerliches Einknicken vor dem Diktat des IWF, Gold gegen wertlose Papierdollars herauszugeben.*

Das Washingtoner Goldabkommen wurde im September 2004 nochmals – im wesentlichen unverändert – um fünf Jahre verlängert, allerdings ohne weitere Mitwirkung der Bank of England.

Man bezweckte damit mehrere Dinge auf einmal:

- Zum einen waren die Erlöse aus dem Goldverkauf höchst willkommen, um – direkt oder indirekt – Haushaltslöcher in den Staatskassen zu stopfen.

- Daneben sollte der durch die Verkäufe unter Druck geratene Goldpreis einer weiten Öffentlichkeit glaubhaft machen, daß Gold – im Gegensatz zur jeweiligen Landeswährung – laufend an Wert verliert.

- Drittens – und das war der Schachzug besonders cleverer Zentralbankchefs, so des Deutschen Ernst Welteke – könnte man Geld, das man nicht direkt in den Staatshaushalt leitet, in festverzinslichen Anleihen parken. Aus dem Erlös sollte beispielsweise ein „Bildungsfonds“ finanziert werden.

Der World Gold Council (siehe Glossar) nennt per Dezember 2006 für die nationalen Goldreserven folgende offizielle Bestände, hier die 20 bedeutendsten Länder:

Goldreserven in Tonnen		
1	USA	8.133,5
2	Deutschland	3.422,5
3	IWF (Internationaler Währungsfonds)	3.217,3
4	Frankreich	2.748,6
5	Italien	2.451,8
6	Schweiz	1.290,1
7	Japan	765,2
8	EZB (Europäische Zentralbank)	662,9
9	Niederlande	653,9
10	China	600,0
11	Spanien	425,0

12	Taiwan	423,3
13	Rußland	394,1
14	Portugal	382,6
15	Indien	357,7
16	Venezuela	356,8
17	Großbritannien	310,3
18	Österreich	288,7
19	Libanon	286,8
20	Belgien	227,7

Abb. 31

Die Gesamtmenge der weltweiten Währungsgoldreserven wird mit 30.345 Tonnen Gold angegeben.

Es darf allerdings nachhaltig bezweifelt werden, ob diese Zahlen stimmen. Die letzte amtlich durchgeführte Überprüfung der amerikanischen Goldreserven hat 1955 stattgefunden. Wer über wieviel Gold tatsächlich verfügt, wissen letztendlich nur die beteiligten Zentralbanken selbst.

Die Analysten des Hauses Cheuvreux haben die Recherchen verschiedener Experten, die sich intensiv mit der Manipulationsthematik auseinander gesetzt haben – wie Frank Veneroso, James Turk, Reginald Howe – sowie das Datenmaterial der Bank für Internationalen Zahlungsausgleich (BIZ, siehe Glossar) ausgewertet und kommen zu dem Schluß, daß es sich um eine Größenordnung von mindestens 10.000 bis möglicherweise 15.000 Tonnen Gold handelt, das in den Büchern der Zentralbanken steht, aber nicht mehr in ihren Tresoren liegt. Das ist ein gutes Drittel bis fast die Hälfte der gesamten Zentralbankbestände weltweit. [72]

Auch wenn immer wieder von verschiedenster Seite Zahlen über bis 2009 vorgesehene Goldverkäufe in die Welt gesetzt werden, so fällt doch eine merkwürdige Zurückhaltung der Deutschen Bundesbank bei den Goldverkäufen auf. Anders als Ernst Welteke scheint dessen Nachfolger Axel Weber die langfristige „vertrauens- und stabilitätssichernde" Bedeutung der Goldbestände erkannt zu haben, weshalb laut offizieller Mitteilung im Jahre 2005 außer 8 Tonnen für ein Goldmünzenprogramm des Bundesfinanzministeriums („Gold-Euro") kein Gold verkauft worden sei. [73] Beobachter halten es jedoch für durchaus möglich, daß der wahre Grund für die Verkaufszurückhaltung in der mangelnden Zugriffsmöglichkeit der Bundesbank auf die in den USA lagernden deutschen Goldbestände zu suchen ist. Eventuell sind diese längst weg, und die Deutsche Bundesbank kann sich mit Goldforderungen gegen die USA trösten.

Es ist schwer abzusehen, wie lange die Zentralbanken noch die Möglichkeit haben, über Goldverkäufe den Goldpreis zu manipulieren. Spätestens wenn kein Gold mehr vorhanden ist, ist Ende der Party. Und das könnte früher sein, als mancher vermutet.

Fünfte Manipulation: Papiergoldhandel

Soweit ist dies noch einigermaßen nachvollziehbar. Es haben sich aber alsbald Techniken der Goldleihe entwickelt, die das Vorhandensein physischen Golds überhaupt nicht erfordern.

Als eine der ersten spekulativen Begleiterscheinungen wurde ab dem 31.12.1974 an der New York Commodity Exchange (COMEX) der Handel mit Gold-Future-Kontrakten eingeführt. In der Regel werden die Kontrakte mit Gegenkontrakten ausgeglichen, nicht hingegen mit physisch existenter Ware.

Verliehen wird Gold, das gar nicht existiert, also reines Papiergold, und das gleich mehrfach. Das funktioniert, solange die Wahrscheinlichkeit gering ist, daß alle Zeichner solcher Goldanleihen gleichzeitig ihren Lieferanspruch geltend machen. Gedrückt wird der Preis des physischen Golds, da eine weitaus größere Menge suggeriert wird als tatsächlich vorhanden ist.

Völlig unüberschaubar ist inzwischen die Zahl von Gold-Derivaten und Hebelprodukten, die zumeist auf Termin gehandelt werden. So geistern Meldungen durch das Internet, wonach Gold-Derivate von über zehn Millionen Tonnen Gold im Umlauf sein sollen! [74]

Es mag dahinstehen, wie glaubhaft diese Quellen sind. Jedoch deuten zahlreiche Fakten darauf hin, daß das Volumen des auf dem Papier verkauften Goldes die tatsächlich vorhandenen Mengen bei weitem übersteigt.

Die gesamte weltweit existierende Menge an gefördertem Gold beläuft sich auf gerade mal ca. 154.400 Tonnen. An den amerikanischen Edelmetallbörsen wurde 1999 ein Handelsvolumen von 64.339.152 Gold-Future-Kontrakten je 100 Feinunzen abgewickelt. Das sind ca. 200.117 Tonnen. [75]

Die Angaben decken sich mit den Zahlen, die Ferdinand Lips in seinem Buch „Die Goldverschwörung“ nennt: Demnach ist das Volumen an Gold-Future-Kontrakten von 23,2 Tonnen 1974 auf über 200.000 Tonnen Ende der 1990er Jahre angestiegen. Dies läßt einerseits die Bedeutung, andererseits aber auch die Manipulationsmöglichkeiten dieser Terminmärkte deutlich werden. Ein weiteres Mal wird das Spannungsverhältnis zwischen tatsächlich vorhandener Goldmenge und diesen auf dem Papier abgewickelten Geschäften deutlich. [76] [77]

Der Handel mit diesen ungedeckten Derivaten muß nach Ansicht nahezu aller Analysten früher oder später in sich selbst zusammenbrechen und wird sich als das entlarven, was er ist: ein Handel mit Seifenblasen.

Sechste Manipulation: der zeitversetzte Goldhandel

Dimitri Speck beschreibt in seinem Artikel “Die Goldpreismanipulation” ein sehr bemerkenswertes “Verhaltensmuster” der New Yorker Terminbörse Comex seit dem 5. August 1993. Genutzt wird dabei der Umstand, daß Gold weltweit praktisch rund um die Uhr an irgendeinem Finanzplatz handelbar ist.

Dabei fällt auf, daß ein tendenziell steigender Goldpreis immer wieder während der Handelszeiten der Comex gedrückt wird.

Ohne ersichtlichen Grund fällt der Goldpreis binnen Sekunden um 10 Dollar – einen „technischen Verkaufsblitz“ nennt man das. So wird jeder aufkommende Optimismus unterdrückt, Käufer werden abgeschreckt. Dimitri Speck analysiert sogenannte „Intraday-Charts“, also Kursverläufe innerhalb eines Tages, über den Zeitraum von 1998 bis 2003 und gelangt zu dem Ergebnis, daß immer wieder und mit konsequenter Regelmäßigkeit während der Comex-Handelszeiten niedrigere Goldpreise zu verzeichnen sind als an den übrigen Handelsplätzen der Welt. Zu psychologisch wichtigen Zeiten wie etwa den Fixings oder dem Tagesschlußkurs sind die Kursdrückungen besonders auffällig.

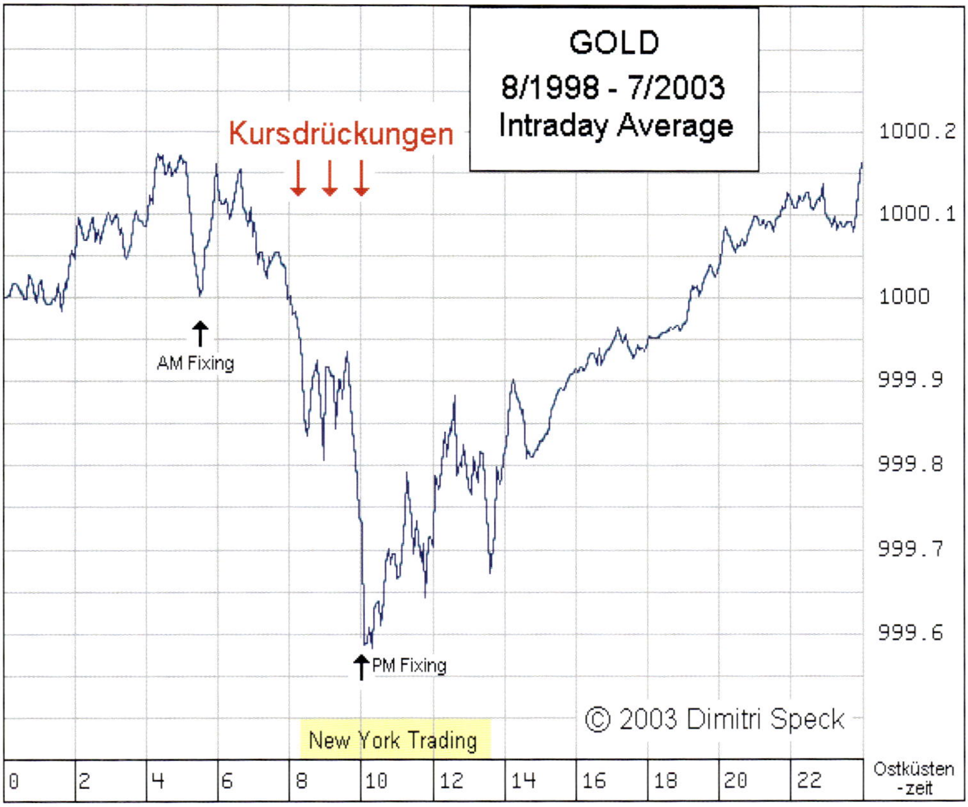

Durchschnittlicher Intraday-Verlauf der Jahre 1998 – 2003 Abb. 32

Man erkennt deutlich, daß der Goldkurs während der New Yorker Sitzung tendenziell fällt. Dies deutet darauf hin, daß eine Kursdrückung in den USA organisiert ist, aber auch, daß jeder aufkommende Optimismus im Keim erstickt werden soll, um jeden potentiellen Käufer von der Versuchung, in Gold zu investieren, abzuhalten. [78]

Betrachten wir vor diesen Hintergründen den Goldpreis-Chart ab 1970 etwas genauer: [79]

Goldpreis in US-$/Feinunze vs. EUR/Feinunze; London Fixing p. m. tgl; ab 1973
Stand: 07.09.2007

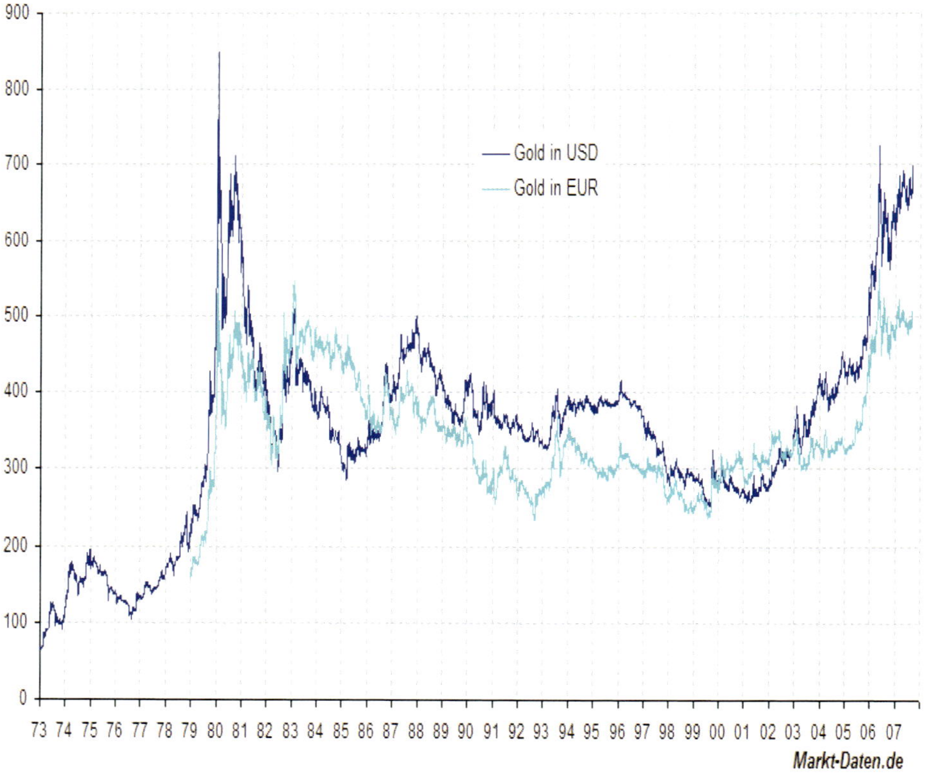

Abb. 33

Der Boom bis 1974 ist eine Folge des Platzens des Bretton-Woods-Abkommens, das Nachgeben 1976 eine technische Reaktion. Jeder schroffen Marktbewegung folgt eine mehr oder weniger schroffe Korrektur. So gesehen, ist die 1975er-Korrektur ein „Non-Event". Bei näherem Hinsehen auf die Inflationsraten jener Jahre ist aber auch ein direkter Zusammenhang mit der Entwicklung des Goldpreises offensichtlich. Die hohen Inflationsraten der späten 1970er Jahre, verbunden mit einer relativ niedrigen Realverzinsung, erklären zugleich die Fahnenstange beim Goldpreis bis 1980. Mit ausschlaggebend war daneben eine durch Spekulationen verstärkte Hausse, die sich eine Zeitlang selbst ernährte.

Aber was danach folgte, ist mit üblicher Markttechnik nicht mehr zu erklären. Alles spricht dafür, daß die zuvor erörterten Manipulationsmöglichkeiten der Reihe nach zum Einsatz kamen. Allerdings verdichten sich die Indizien, daß die verschiedenen Instrumente der Kursmanipulation langsam an Wirkung verlieren. Ab 2002 steigt der Goldpreis wieder, und dies, obwohl sich die Interessenlage der USA an einem niedrigen Goldpreis ganz bestimmt nicht geändert hat! Ein Grund hierfür könnte sein, daß einfach nicht mehr genug Gold zur Verfügung steht, das man gezielt auf den Markt werfen kann. Das hieße im Umkehrschluß: Die Zentralbanken haben ihr Pulver verschossen und sitzen mehr oder weniger auf leeren Tresoren.

Goldreserven der Zentralbanken 1955 Abb. 34

„Ob das Gold im Tresor wohl wieder nachwächst?" *– Goldreserven der Zentralbanken 2007* [Abb. 35]

Goldreserven der Zentralbanken 2010? [Abb. 36]

Zweiter Abschnitt:

Das Gold im Gefüge des 21. Jahrhunderts

Im ersten Abschnitt haben wir uns mit der geschichtlichen Rolle des Goldes beschäftigt und dabei das labile Gleichgewicht der weltweit operierenden wirtschaftlichen Systeme beleuchtet. Im zweiten Abschnitt befassen wir uns mit der Rolle des Goldes gerade und vor allem zum jetzigen Zeitpunkt und in den kommenden Jahren. Welche Bedeutung könnte es für jeden einzelnen wieder erlangen? Wie geht es weiter mit diesem teils vergötterten, teils verteufelten Metall, das aus dem Bewußtsein der Bevölkerung, von den Auslagen in Juweliergeschäften abgesehen, weitgehend verschwunden ist?

Aktuell leben auf der Erde 6,7 Milliarden Menschen. Bis 2025 soll es 7,9 Milliarden Erdenbürger geben, über 9 Milliarden könnten es bis 2050 sein. [80] Mehr Menschen, dies bedeutet aber auch mehr Wachstum sowie mehr Bedarf an knapper werdenden Ressourcen aller Art. Jeder Rohstoff ist endlich. Die Endlichkeit des Rohöls ist täglich in aller Munde, obwohl im Westirak gerade erst, zusätzlich zu den bekannten Vorkommen, weitere 100 Milliarden Barrel entdeckt wurden. [81] Ähnlich umfangreiche neue Ölfunde werden aus China gemeldet. [82]

Wenngleich die zu Schulzeiten des Verfassers gelehrte Auffassung, der Ölstrom werde ewig fließen, sicher so nicht haltbar ist, ist die Endlichkeit eines anderen Rohstoffs nahezu völlig dem täglichen Bewußtsein entschwunden. Wie es aussieht, geht das Gold bei weitem früher zu Ende als das heißbegehrte Öl. Was beim Öl die Emotionen nur so schürt, spielt sich beim Gold weitgehend im verborgenen ab.

Es soll uns an dieser Stelle nicht darum gehen, den Leser mit einem Sammelsurium weltwirtschaftlicher Zusammenhänge zu langweilen, zumal diese Thematik ganze Bibliotheken füllt. Die wenigen Schlaglichter, die wir in den folgenden Kapiteln aufgreifen, werden jedoch deutlich machen, warum das Gold nach seinem Schattendasein der letzten Jahre in Zukunft wieder im Blickpunkt des globalen Interesses stehen und in einem neuen, alten Glanz erstrahlen sollte.

Die immer mehr an Fahrt gewinnende **Inflation**, eine mit „Bankrott“ nur euphemistisch beschriebene weltweite **Staatsverschuldung**, eine immer hastiger die Erde umkreisende **Geldblase** als Folge des ungebremsten Geldmengenwachstums – das sind die allgegenwärtigen Rahmenbedingungen, die auf der Suche nach einem Ventil wie eine Hypothek auf der Zukunft lasten und ohne Zweifel gravierende Spuren auf den Kapital- und Rohstoffmärkten hinterlassen werden, wenn der Korken von der Flasche knallt und der wütende Dämon ohne Fesseln von Manipulationen entweichen kann. Sehen wir uns diese Themen der Reihe nach an.

Abb. 37

Inflation

Das Thema **Inflation** haben wir im historischen Kontext bereits mehrfach gestreift. Betrachten wir sie nun unter dem Aspekt ihrer gegenwärtigen Existenz und Bedeutung für die Rolle des Goldes in Gegenwart und Zukunft.

> *„Der Betrug am Sparer ist die Inflation". – Hans-Lothar Freiherr v. Gemmingen-Hornberg*
>
> *„Inflation geht immer gegen die Schwachen". – Hans Tietmeyer*
>
> *„Eine stabile Währung ist nicht alles, aber ohne stabile Währung ist alles andere nichts". – Karl Schiller*
>
> *„Auf keine andere Weise als durch Inflation können in so kurzer Zeit so wenige reich und so viele arm gemacht werden". – Fritz Leutwiler*

Man könnte diese Zitatenreihe nahezu beliebig fortsetzen.

Als „stabil" gilt eine Währung gemeinhin dann, wenn die Kaufkraft des im Umlauf befindlichen Geldes über einen bestimmten Zeitraum keinen oder nur minimalen Schwankungen unterliegt. Dies ist nur zu gewährleisten, wenn die Menge des in Umlauf befindlichen Geldes mit dem Wachstum der Volkswirtschaft in Einklang steht. Wächst die Geldmenge stärker als die Volkswirtschaft, so spricht man von **Inflation** (lateinisch *inflare*, aufblasen, aufblähen). Ebenso gibt es den umgekehrten Fall, daß die Menge des in Umlauf befindlichen Geldes im Verhältnis zur Entwicklung der Volkswirtschaft zurückgeht. Dann liegt eine **Deflation** vor (im Lateinischen ist das Verb *deflare* nicht definiert, wird jedoch, etymologisch richtig, gelegentlich als das Gegenteil von *inflare* gebraucht). Bei einer Inflation sinkt der Geldwert im Verhältnis zu den Sachwerten, als Folge der Inflation werden die Waren „teurer", der Geldumlauf beschleunigt sich ohne ein Mehr an erbrachter Leistung, es kommt zur Flucht in die Sachwerte. Eine Deflation bedeutet ein Defizit an umlaufendem Geld, die Preise für angebotene Waren sinken infolge der Deflation. In Wirklichkeit aber fallen die Preise nicht, es wird nur Geld vernichtet! Der Geldumlauf verlangsamt sich ohne ein Weniger an erbrachter Leistung. Die Erwartung, dieselbe Ware wenig später „billiger" einkaufen zu können, wirkt lähmend auf jeden Handel. Wer möchte heute schon etwas kaufen, von dem er weiß, daß er es morgen billiger bekommt?

Inflation und Deflation sind Gift für jede Wirtschaft und Demokratie, das eine ebenso wie das andere. Sowohl Inflation wie Deflation schaffen den Nährboden für soziale Spannungen, aber auch für Unausgewogenheiten aller Art – bis hin zu Unruhen. Eine stabile Währung und die Begrenzung der Staatsausgaben sind indes Voraussetzung für die Vermeidung solcher Verteilungsprobleme. Besonders gefährlich ist, daß jede Inflation Auslöser einer Deflation sein kann, da bei immer noch steigenden Preisen und weiter wuchernden Schulden die Arbeitslosigkeit bestenfalls gleichbleibt und die Zahl der Pleiten steigt. Vereinfacht gesagt: Der Inflation folgt eine Deflation, die Spirale kehrt sich um. Das scheint zunächst paradox, ist jedoch logisch, da das Zuviel in allen Bereichen wieder verschwinden und abgebaut werden muß. [83] Nach dem Chaos einer Inflation vollzieht sich so etwas nicht in geregelten Bahnen.

Zunächst aber müssen wir zwei weitverbreitete Mißverständnisse aus dem Weg räumen:

- Nicht jede Preiserhöhung ist gleichbedeutend mit Inflation,
- nicht jede Preissenkung bedeutet Deflation.

Beispiel: Wegen eines trockenen Sommers fällt die Kartoffelernte schlecht aus, es gibt weniger Kartoffeln, und die Kartoffelpreise steigen. Im nächsten Jahr gibt es wegen guter Ernte überdurchschnittlich viel Kartoffeln, die Preise fallen.

Dasselbe Beispiel kann man auf Rohöl oder Gold anwenden. Diese Art von Preisschwankungen haben weder mit Inflation noch mit Deflation etwas zu tun. Das sind normale Marktbewegungen, und die Preisschwankungen signalisieren Knappheit oder Überangebot. Aber die Märkte bleiben im Gleichgewicht.

Weiteres Beispiel: Vor fünf Jahren hat ein hervorragender Computer für den Hausgebrauch 1.000 € gekostet. Heute kostet ein wesentlich leistungsfähigerer Computer 800 €. Technischer Fortschritt hat eine billigere Produktion und die Leistungssteigerung ermöglicht. Auch dies ist kein Fall von Deflation. [84]

Inflation ist schlichtweg eine Erhöhung der Geldmenge durch Geldschöpfung aus dem Nichts. Da dem neu geschöpften Geld kein Mehr an Waren oder Dienstleistungen gegenübersteht, verschiebt sich das Verhältnis von vorhandener Ware und zu erbringender Dienstleistung zu vorhandener Geldmenge. Für die gleiche Ware oder Dienstleistung muß jetzt mehr bezahlt werden. In Wirklichkeit ist aber nicht die Ware teurer geworden, sondern das Geld schlechter!

Die folgende Graphik veranschaulicht die Zyklen der Geldwertvernichtung seit 1900:

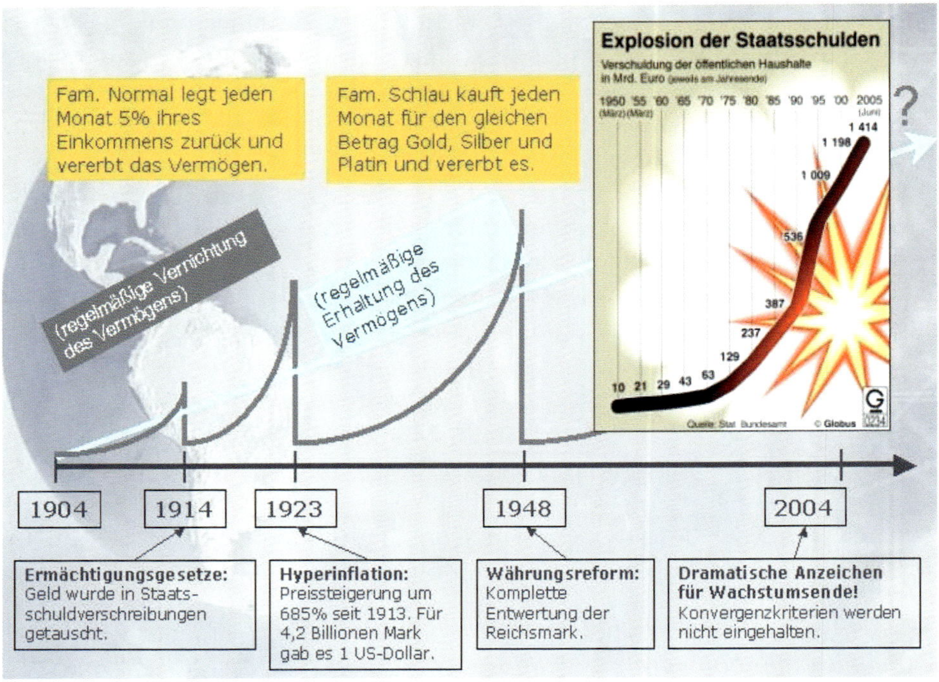

Abb. 38

Inflation und Deflation sind also nichts anderes als ein von Staats wegen gelenktes Auf- oder Abblähen der umlaufenden Geldmenge. Bei Inflation wird Geld aus dem Nichts geschöpft, bei Deflation verschwindet es dort, wo es herkommt, im Nichts, ohne daß sich am Vorhandensein von Waren dadurch irgend etwas ändert. Wenn durch Konkurse Schulden gestrichen, sprich: Geld vernichtet wird und dadurch weniger Geld in Umlauf ist, entsteht der Eindruck eines im Wert gestiegenen Geldes – ein Trugschluß!

Sachwerte im allgemeinen, Gold jedoch im besonderen, können einen wirkungsvollen Schutz vor Inflation wie vor Deflation darstellen, denn deren immanenter Substanzwert an sich wird durch das Auf und Ab solcher „Währungsblähungen“ nicht berührt.

Die Berechnung der tatsächlichen Inflationsrate war seit jeher Gegenstand zahlreicher und oft bewußt geschürter Tricks und Irrungen.

Sobald eine „offizielle" Statistik eine niedrige Inflation bescheinigt, wächst die Versuchung der Politiker zur Durchsetzung „maßvoller" Steuererhöhungen, weil es der Markt „mal wieder herzugeben" scheint. Ein alter Spruch, angeblich von Winston Churchill, scheint sich neu zu bestätigen: „Glaube keiner Statistik, die du nicht selber gefälscht hast!"

So suggeriert uns das Statistische Bundesamt einen in zwölf Abteilungen gegliederten Verbraucherpreis-Gesamtindex für Deutschland, der im Schnitt der letzten Jahre um weniger als zwei Prozent gestiegen ist. Vollkommen harmlos, so könnte man meinen.

Merkwürdigerweise haben die meisten Menschen das unterschwellige Gefühl, daß da irgend etwas nicht stimmt. Die Rechnungen für Leistungen im Gesundheitswesen, das Benzin an der Tankstelle, die Autowerkstatt, Dienstleistungen, Versicherungsprämien, Steuern und Abgaben im allgemeinen und im besonderen – das alles spricht eine andere Sprache und will nicht so recht in den Rahmen der offiziell verkündeten zwei Prozent Preissteigerungsrate hineinpassen.

Bei näherem Hinsehen kommt Licht ins Dunkel. Die Frage ist nämlich immer, wie man die Inflation berechnet und was man in den Waren- und Dienstleistungskorb alles hineintut. Benzin und Heizöl haben sich verteuert, dafür sind Computer und das Telefonieren billiger geworden, also haben wir eine stabile Währung, ein Rechenexempel à la Baron Münchhausen. Es sind noch eine Menge solcher Milchmädchenrechnungen mit unterschiedlichsten Gewichtungen in Umlauf.

Selbstverständlich gibt es neben diesen Taschenspielertricks eine Reihe von Ansatzpunkten, wie man Inflationsraten richtig berechnet. Aber was heißt hier „richtig"? Als richtig möchte der Verfasser all jene Rechenansätze gelten lassen, die das Verhältnis von Geldmengenzuwachs und Sozialproduktzuwachs in einem bestimmten Zeitraum, unbeschadet zeitlich begrenzter Sondereinflüsse, berücksichtigen. Und so kann man sich auf relativ einfache Weise an diese Wirklichkeit herantasten:

Die Gesamtproduktion der zu Marktpreisen bewerteten Volkswirtschaft eines Jahres bezeichnet man als Sozialprodukt (siehe Glossar). [85]

Steigt die im Umlauf befindliche Geldmenge M3 (Summe aus Bargeld, Giralgeld, Termineinlagen und Spareinlagen, siehe Glossar) im Verhältnis zum Wachstum des Sozialprodukts, besteht Inflation.

Das ergibt die einfache Formel:

I = Δ M3 - Δ SP

Dabei sind I = Inflation, M3 = Geldmenge M3, SP = Sozialprodukt, das mathematische Symbol Δ steht für Differenz.

Wenn Δ M3 kleiner ist als Δ SP, dann ist $I < 0$, es liegt eine Deflation vor.

Das Geldmengenwachstum M3 stieg von Januar 2006 bis Januar 2007 um 9,9 %, das Sozialprodukt um 2,7 %. [86] [87]

Für 2006 folgt daraus diese reale Rechnung:

	Δ M3	9,9 %
./.	Δ SP	2,7 %

Dies bedeutet eine tatsächliche Inflation von 7,2 % !

Im Klartext heißt das: Ein realer Geldwertspeicher müßte eine Kapitalanlage darstellen, deren Ertrag nach Steuern diese Inflationsrate übersteigt.

Die Deutsche Bundesbank bestätigt die langfristige und empirische Richtigkeit dieser Faustformel in ihrem Monatsbericht vom Januar 2005. **Unter der Annahme einer konstanten Veränderung der Umlaufsgeschwindigkeit führt eine Erhöhung des Geldmengenwachstums zu einer entsprechenden Steigerung der Inflationsrate, sofern sich die reale Produktion nicht ändert.** [88] Der einzige Unterschied zu obiger Faustformel besteht in der Verwendung anderer Kürzel und der Einbeziehung der Geldumlaufgeschwindigkeit. Die Formel der Deutschen Bundesbank lautet:

$$\Delta m + \Delta v = \Delta p + \Delta y$$

Also entspricht

$\Delta p = \Delta m + \Delta v - \Delta y$

In dieser Formel bedeuten Δp die Inflationsrate, Δm das Wachstum der Geldmenge, Δv die Veränderung der Umlaufgeschwindigkeit und Δy das reale Wirtschaftswachstum.

Zu einer ähnlichen Berechnungsweise gelangt Jürgen Müller in seinem Buch „Generation Gold“ in dem Kapitel „Wie hoch ist die wahre Inflation?“ [89]

Zwar soll nicht verkannt werden, daß eine Erhöhung der Geldmenge kurzfristige Impulse für eine Steigerung des Wirtschaftswachstums geben kann. Da jedoch bei praktisch allen Aktionen dieser Art hinterher mehr Geld im Umlauf bleibt, als es dem dadurch erreichten Wirtschaftswachstum entsprechen würde, hat ein über die Geldmenge stimuliertes Wirtschaftswachstum langfristig inflationäre Folgen.

Eins ist allen seriösen Berechnungsmethoden gemeinsam: Die reale Inflation spielt sich in ganz anderen Größenordnungen ab als die offiziell bekanntgegebenen Verlautbarungen des Statistischen Bundesamts und anderer zur Gesundbeterei verpflichteten Instanzen. Zu den besonderen Kuriositäten darf man den Umstand zählen, daß das Statistische Bundesamt anhand einer Vielzahl komplizierter Erhebungen seit dem Spätjahr 2005 auch die „gefühlte Inflation“ ermittelt. Das ist die Inflation, mit der sich der Durchschnittsverbraucher im Alltag konfrontiert glaubt. Mit festgestellten 7,4 Prozent (2005) kommt das Statistische Bundesamt erstaunlich genau an den nach obiger Formel berechneten Wert heran! [90] Aber wen wundert ’s: Mit dieser Erkenntnis ist das Amt nicht gerade hausieren gegangen!

Der liberale österreichische Wirtschaftswissenschaftler Ludwig von Mises bemerkte dazu bereits 1922 in der Neuen Freien Presse:

> *„Man darf sich daher nicht wundern, daß wir bei aller Vermehrung des Notenumlaufs an Geldknappheit leiden. Geldknappheit herrscht nicht trotz der Inflation, sondern gerade wegen der Inflation.“* [91]

Es ist unstreitig, daß auch eine Deflation verheerende Folgen hat. Viele namhafte Volkswirte vertreten daher die Auffassung, eine moderate Inflation sei besser als eine noch so leichte Deflation. Da jedoch aus jeder „moderaten“

Inflation irgendwann eine grassierende Inflation wird, kann jede Form der Inflation selbst bei wohlwollender Betrachtung bestenfalls das kleinere Übel sein. Näheres im Kapitel „Der Zinsturm zu Babel“, Seite 137 ff.

Sehen wir uns das tatsächliche Geldmengenwachstum in Europa und den USA noch mal graphisch an:

Dollar (blau), Euro (magenta), Angaben in Milliarden

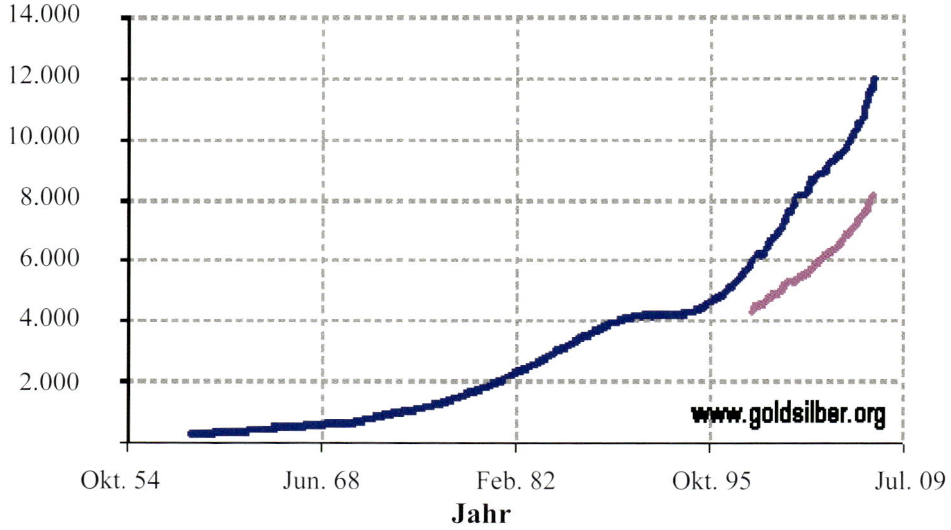

Abb. 39

Nach inoffiziellen Meldungen hat sich die Geldmenge M3 in Europa seit Einführung des Euro (1. Januar 2002) verdoppelt. Ähnliches gilt für die USA – auf wesentlich höherem Niveau. Die Geldmenge M3 steigt in Europa gegenwärtig um ca. 11,7 % (Stand September 2007), die in den USA liegt die (geheimgehaltene!) Steigerungsrate mit Sicherheit noch deutlich höher. Das Wirtschaftswachstum in Europa liegt bei ca. 2,5 %, in den USA bei etwa 3,5 %. Da fällt eine Prognose nicht schwer, wohin die Reise mit einer ganz erheblichen Wahrscheinlichkeit gehen wird.

Staatsverschuldung

Kennen Sie den?

> *Herr Schlaumeier geht ins Gasthaus zum Essen, der Preis für seine Zeche beträgt 20 €. Beim Zahlen sagt Herr Schlaumeier zum Wirt: „Ich komme jetzt jeden Tag, aber dafür bitte Sie um einen kleinen Gefallen: könnten Sie mir gerade bis morgen die 20 € noch mal leihen?" Der Wirt weiß nicht recht, was er sagen soll und leiht schließlich dem Herrn Schlaumeier die 20 €. Am nächsten Tag passiert genau dasselbe, der Wirt leiht dem Herrn Schlaumeier wieder die 20 €, mit denen der zuvor bezahlt hatte. Das Spielchen wiederholt sich noch eine Weile. Eines Tages steht Herr Schlaumeier vor verschlossenen Türen, draußen hängt ein Schild: „Wir sind pleite."*

Zugegeben, dieser Scherz ist weder neu noch besonders originell. Aber er ruft sich in Erinnerung, wenn wir uns dem Thema **Staatsverschuldung** zuwenden. Der Steuerzahler als der geprellte Wirt und Finanzminister Schlaumeier, der täglich wiederkommt und zweimal kassiert – zuerst über die Steuern und dann noch mal über immer neue Staatsanleihen. Kommt uns das nicht irgendwie bekannt vor?

Der Bundesrepublik Deutschland eilte trotz in den 1960er Jahren einsetzender schleichender Inflation der Ruf voraus, eine zumindest relativ solide und belastbare Volkswirtschaft zu besitzen. Die D-Mark galt nach dem Schweizer Franken als eine der „härtesten" Währungen Europas. Dies sollte, zumindest allen offiziellen Verlautbarungen zufolge, auch mit der Euro-Einführung 2002 so bleiben. Mit dem Vertrag von Maastricht einigten sich die EG-Mitgliedsstaaten 1992 auf einen Stabilitäts- und Wachstumspakt, auch Euro-Stabilitätspakt genannt. Durch sogenannte Konvergenzkriterien, die alle EU-Staaten erfüllen müssen, sollten auch Länder mit traditionell schwachen Währungen wie Italien oder Griechenland in die Pflicht genommen werden, durch strikte Disziplin der öffentlichen Haushalte ihre Inflationsraten denen der stabileren Länder anzugleichen. So würden auch Länder mit ehedem schwachen Währungen von der neuen „starken" Währung, dem Euro, profitieren können, ohne daß die bisher starken Währungen in den Sog zusätzlicher Inflation geraten würden.

Auf deutschen Druck wurden damals zwei Kriterien festgeschrieben, die die Mitgliedsländer auf Dauer und auch nach der Euroeinführung erfüllen müssen. Bei Nichteinhaltung drohen Sanktionen in Form beträchtlicher Strafzahlungen.

Das erste Kriterium betrifft das jährliche öffentliche Defizit, die Nettoneuverschuldung der Staatshaushalte, die nicht mehr als 3 Prozent des Bruttoinlandsprodukts betragen darf. Dieses Kriterium wurde bei den „Euro-schwangeren" Mitgliedsländern sehr strikt ausgelegt. **Allerdings wurden schon im Vorfeld der Euro-Einführung die Haushalte der Euro-Staaten von Regierungen und Notenbanken ohne jede Hemmungen und in einer Weise manipuliert, daß sich die Balken biegen!**

So haben nach neuesten Erkenntnissen Italien und vor allem Griechenland das 3-%-Kriterium von Anfang an verletzt, was aber im Falle Griechenlands aufgrund statistischer Beschönigungen nicht an die EU gemeldet wurde. Italien erhob 1997 eine weitgehend rückzahlbare Euro-Steuer, die im konvergenzrelevanten Jahr das Haushaltsdefizit von 3,6 % auf genau 3,0 % drückte (beschlossen wurde die Steuer vom damaligen Ministerpräsidenten Prodi). Frankreich übernahm von der privatisierten France Télécom die Pensionsverpflichtungen und erhielt als Gegenleistung 37,5 Milliarden Franc (5,72 Mrd. Euro), wodurch das staatliche Defizit um etwa 0,5 % gesenkt wurde. Deutschland erlag ebenfalls der Versuchung der manipulativen Methoden, indem der damalige Finanzminister Theodor Waigel von der Deutschen Bundesbank eine Neubewertung ihrer Goldreserven forderte. Der Gewinn sollte nach dem Willen des Ministers als Buchgewinn an die Bundesregierung ausgeschüttet werden und so zu einer Senkung der Nettoneuverschuldung führen. Waigel ist damals allerdings am Widerstand des Zentralbankrats gescheitert.

Dem zweiten Kriterium entsprechend, darf der öffentliche Schuldenstand nicht mehr als 60 Prozent des Bruttoinlandsprodukts ausmachen – es sei denn, es ist eine deutlich rückläufige Tendenz ersichtlich.

Sollte ein Mitgliedstaat die Defizitkriterien nicht erfüllen, so erstellt die Europäische Kommission zunächst einen Bericht. Auch wenn die Kriterien *de iure* eingehalten werden, kann die Kommission tätig werden, wenn sie der Auffassung ist, es bestehe die Gefahr eines übermäßigen Defizits. Auf Grund des Berichtes und der Empfehlung der Kommission sowie des eventuellen Kommentars des betreffenden Mitgliedstaates entscheidet schließlich der Rat der Europäischen Union mit qualifizierter Mehrheit, wie weiter zu verfahren ist.

Wenn das Einhalten der Defizitkriterien trotz Bericht der europäischen Kommission für den betroffenen Staat nicht möglich ist, können hohe Geldstrafen drohen. [92]

Die Androhung von Geldstrafen gegen ein Land, das kein Geld hat, das ist, wie wenn man einem Ertrinkenden den Rettungsring wegreißt und ihn vollends unter Wasser zieht. Gäbe es die Sanktionen aber nicht, käme das einer Extra-Einladung zum Schuldenmachen gleich. Dieses Paradoxon ist eins der besonders absurden Phänomene der Europäischen Währungsunion.

Die Maastricht-Kriterien waren, wir wollen es mal glauben, von ihren geistigen Vätern gut gemeint. Sie sind jedoch, wie man immer wieder sieht, nahezu wirkungslos, solange bei deren Umsetzung und Einhaltung alle denkbaren Tricks und Beschönigungen an der Tagesordnung sind.

Zwar scheint Deutschland, falls die offiziellen Meldungen stimmen, die Maastricht-Kriterien 2007 zu erfüllen. Das langfristige Ziel der Geldwertstabilität könnte jedoch nur dann erreicht werden, wenn alle Staaten ihre Neuverschuldung nicht nur auf null zurückfahren, sondern auch nachhaltig ihre Altschulden abbauen würden. Die Wirklichkeit ist davon Lichtjahre entfernt.

Der internationale Vergleich der Staatsverschuldung in entwickelten Ländern zeigt folgendes Bild:

Staatlicher Schuldenstand im Verhältnis zum nominalen Bruttoinlandsprodukt 2005 **ausgewählte Staaten**	**Schuldenstandsquote**
Japan	161,9 %
Italien	108,6 %
Belgien	94,9 %
Deutschland	68,6 %
USA	66,6 %
Österreich	64,3 %
EU-25	64,1 %
Schweiz	55,5 %
Niederlande	54,0 %
Schweden	50,6 %
Spanien	44,2 %
Großbritannien	43,1 %

Quelle: Bundesministerium für Finanzen, Monatsbericht des BMF 2006, Januar; Eurostat

Abb. 40

Die Tabelle gibt den staatlichen Schuldenstand (im Gegensatz zur jährlichen staatlichen Neuverschuldung) relativ zum jeweiligen Bruttoinlandsprodukt aus dem Jahre 2005 wieder.

Aufschlußreich ist weiter die **Entwicklung der deutschen Staatsverschuldung:**

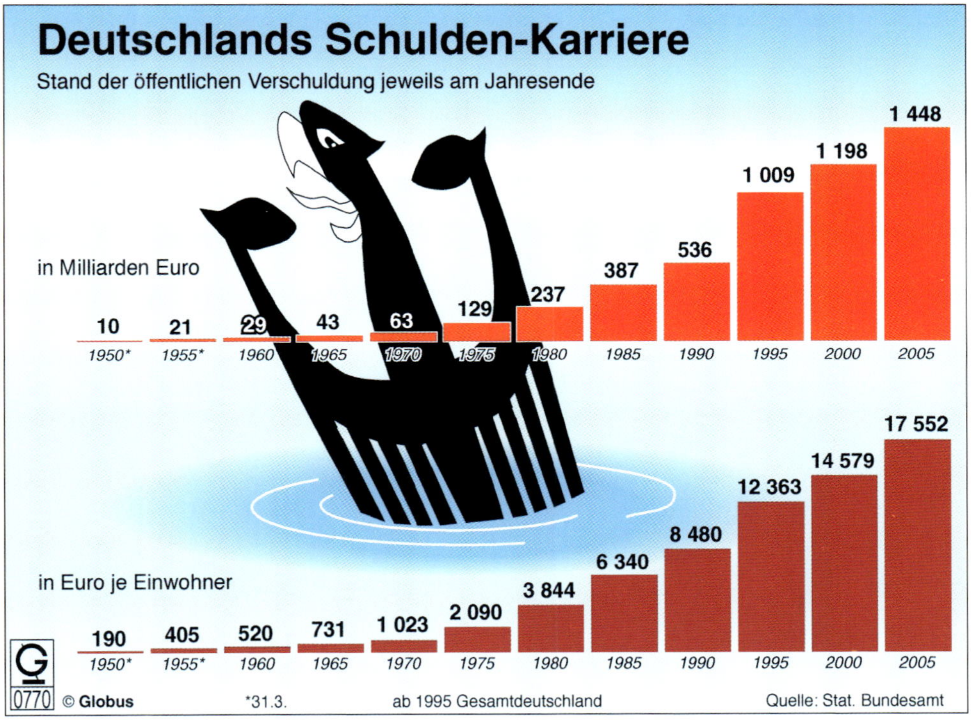

Abb. 41

Auch wenn in dem dargestellten Zeitraum seit 1950 allerlei Sonderfaktoren zu berücksichtigen sind, insbesondere die deutsche Wiedervereinigung 1990 oder der Verkauf der UMTS-Mobilfunk-Lizenzen 2000, wird der exponentielle Charakter des Schuldenwachstums in dieser Darstellung mehr als deutlich. Inzwischen wurde mit 1.500 Milliarden € eine neue „Schulden-Schallmauer“ durchbrochen.

Der Bund der Steuerzahler in Berlin prangert diese Entwicklung mit einer Schuldenuhr am Eingang seiner Zentrale an. Diese zeigt am 29. Juli 2006 einen Schuldenzuwachs von 2.113 € pro Sekunde an! Es gibt bundesweit noch mehrere solcher Schuldenuhren.

Abb. 42

Das statistische Bundesamt meldet die Kreditzahlen **nur für den Bund** (Bruttokreditaufnahmezahlen 2003 – 2005 ergänzt durch Angaben des Bundesfinanzministeriums):

Jahr	Bruttokredit-aufnahme (Mrd. €)	Nettokredit-aufnahme (Mrd. €)	Staats-verschuldung (Mrd. €)	Defizitquote (% des BIP)
1998	120,4	32,7	1.153	2,2
1999	150,3	31,7	1.183	1,5
2000	132,4	19,8	1.198	-1,3
2001	134,1	6,5	1.203	2,8
2002	179,1	51,7	1.253	3,5
2003	228,0	62,9	1.326	4,0
2004	227,1	61,7	1.395	3,7
2005	223,8	49,6	1.448	3,3
2006	225,4	27,9	1.486	1,7

Abb. 43

Die Bundesrepublik Deutschland sowie die deutschen Bundesländer erhalten von den internationalen Rating-Agenturen regelmäßig die höchstmögliche Kreditwürdigkeit mit dem Rating AAA zugesprochen. [93] Dies ist ausgesprochen erstaunlich und wirft ein bezeichnendes Licht auf Sichtweise und wohl auch Absichten dieser Institutionen. Das Schönreden der Bonität eines Staats zählt zu den ebenso alten wie durchsichtigen Manövern zur Verschleierung der Wahrheit, sprich des Bankrotts.

Da Deutschland, das die Maastricht-Kriterien mit erfunden hatte, mehrfach nicht in der Lage war, diese Kriterien einzuhalten, wären Bußgelder in Milliardenhöhe fällig gewesen. Die deutschen Finanzminister haben es mit allen Tricks und Engelszungen verstanden, diese Bußgeldzahlungen abzuwenden.

Aus der Tabelle werden erneut die gewaltigen, ja unvorstellbaren Summen deutlich, mit denen allein der Bund verschuldet ist. Länder und Gemeinden sind darin noch gar nicht enthalten. Laut Bundesfinanzminister Peer Steinbrück ist die Bundesrepublik Deutschland Anfang 2007 mit 1,5 Billionen Euro verschuldet!

Und laut Maastricht-Kriterien hat jedes EU-Land den Freibrief zu einer weiteren jährlichen Netto-Neuverschuldung von bis zu 3 Prozent des Bruttoinlandsprodukts.

Denn:

Das Wirtschaftswachstum muß nicht zum Abbau der Staatsverschuldung eingesetzt werden – im Gegenteil: Bei einem Wirtschaftswachstum von 3 %, einer Neuverschuldung von ebenfalls 3 % und einer Staatsverschuldung von 60 % wird sich die Pro-Kopf-Verschuldung innerhalb von 26 Jahren verdoppeln, weiteren 14 Jahren verdreifachen und weiteren 9 Jahren vervierfachen, ohne die Stabilitätskriterien zu verletzen. [94]

Das einzig Stabile an diesen Kriterien ist also das weitere Schuldenwachstum!

Von Finanzpolitikern wird immer mal wieder die Vision einer „Netto-Neuverschuldung Null" in den Raum gestellt. Ein Finanzminister, der – erstmals seit Fritz Schäffers „Juliusturm" 1957 – einen Bundeshaushalt mit „Netto-Neuverschuldung Null" vorlegt, würde als Nationalheld in die deutsche Nachkriegsgeschichte eingehen und sich womöglich entsprechend feiern lassen. Dabei ist bei einer „Netto-Neuverschuldung Null" noch kein Cent der bestehenden Schulden zurückgezahlt, allein die Akkumulation neuer Schulden wäre gestoppt.

Unterstellen wir beispielsweise, der Bundeshaushalt würde jedes Jahr mit einem Überschuß von jährlich 10 Milliarden Euro abschließen – eine völlig unrealistische Vorstellung! –, dann würde es 150 Jahre dauern, bis der Bund seine Schuldenlast los wäre.

Das Schlimme daran ist: Sobald einmal die Steuereinnahmen etwas stärker als erwartet sprudeln – mit dem Ergebnis, daß günstigstenfalls die Nettoneuverschuldung etwas langsamer wächst! –, werden aus allen politischen Ecken neue Wünsche und Begehrlichkeiten laut, was man mit dem Geldsegen alles anstellen könnte. Das ist die täglich zu beobachtende Realität, siehe Krippenplätze, Bildungsnotstand und Klimaschutz. Dabei werden diese immer neuen Wechsel auf die Zukunft spätestens dann platzen, wenn die „brummende" Konjunktur wieder in flacheren Bahnen verläuft.

Immer wieder hört man aus berufenem Munde, mithin zumeist von Politikern und Volkswirten in deren Gefolge, die Staatsverschuldung müsse im richtigen Verhältnis zur Arbeits- und Leistungskraft der Bevölkerung gesehen werden. Eben diese Arbeits- und Leistungskraft des Volkes sei ja gerade die Deckung der Staatswährung. Im Ansatz ist das noch nicht einmal falsch. Das Dumme und Verheerende daran ist nur, daß Politiker in Vergangenheit und Gegenwart in ihrem dem Wohlfahrtsstaat huldigenden Schuldenrausch diese Arbeits- und Leistungskraft von mindestens zwei nachfolgenden Generationen bereits verbraucht und verfrühstückt haben. Unsere Kinder und Enkel werden, ob sie wollen oder nicht, die Folgen der jetzigen, schon lange nicht mehr leistbaren sozialen Wohltaten abzuzahlen haben, daran führt überhaupt kein Weg vorbei. Wie eigentlich wollen wir unseren Nachkommen in die Augen sehen, wenn wir ihnen nichts hinterlassen außer Schulden, Staatsbankrott und der Notwendigkeit einer substanzverzehrenden Währungsreform? Wie sollen denn unsere Enkel ihren Sozialstaat aufbauen und am Leben halten, wenn sie schon an den Zinsen und Erblasten der jetzigen Generation ersticken?

Man kann indes in Deutschland mit dem Versprechen von Steuererhöhungen sogar Wahlen gewinnen, wenn man dem Bürger nur lang genug eintrommelt, wie anständig und notwendig das sei. Gerhard Schröder nannte die massiven Mineralölsteuererhöhungen ab 1999 euphemistisch „Ökosteuer", Angela Merkel erhöhte die Mehrwertsteuer gleich um drei statt der versprochenen zwei

Prozent. Beide Steuererhöhungen werden einzig den Staatsbankrott noch etwas hinauszögern.

Der Kabarettist Jürgen von Manger (1923 – 1994) formulierte das so:

„Politik ist die Kunst, die Leute so zu bescheißen, daß sie glauben, sie hätten es immer so gewollt".

Das Tragische daran ist nur, daß die Politiker diese Kunst immer besser beherrschen, ohne daß die Leute ihren Glauben verlieren.

Politiker aller Couleur setzen sich – nicht nur in Deutschland – täglich aufs neue unter Zugzwang, indem sie im Hinblick auf ihre spätere Wiederwahl bestimmte Wahlkampfversprechen geben. In aller Regel sind das staatliche Leistungen oder soziale Wohltaten, die Geld kosten. Geld, das man der politischen Klientel der Wahlkampfgegner durch Steuern und Abgaben abzuknöpfen verspricht. Sobald nach dem Wahltermin die Rückkehr zur Realität angesagt ist, zeigt sich die fehlende Realisierbarkeit dieser Vorhaben, zumindest dann, wenn die Öko- oder Mehrwertsteuerschraube bis auf weiteres ausgereizt ist. Um nicht als Lügner dazustehen, bleibt der Ausweg, die Versprechungen über Schulden zu finanzieren. Davon bekommt der Bürger zunächst einmal nichts mit. Schulden werden gemacht, weil es die anderen genauso machen. Die Kreditfinanzierung der öffentlichen Haushalte ist längst zum Selbstläufer ohne jeden fiskalpolitischen Sinn entartet.

Der Finanzwissenschaftler Horst Zimmermann nennt diesen Fall, daß sich Wähler über die Folgebelastung durch den Schuldendienst nicht im klaren sind, die „Schuldenillusion der Bürger". Er fordert ein völliges Verbot der Neuverschuldung und mahnt Überschüsse als budgetären Normalfall an. [95]

Mit Worten werden ihm die meisten Politiker spontan beipflichten. In Wahrheit ist Horst Zimmermann leider ein eher einsamer Prophet in der Wüste. Erinnert nicht der Ruf nach einem völligen Verbot der Neuverschuldung an den Bürgermeister von Schilda, der bei Androhung der Todesstrafe das Sterben verbieten wollte, weil auf dem Friedhof kein Platz mehr war?

Da Deutschland im internationalen Vergleich sogar noch vergleichsweise gut dasteht, dürfte eine Erkenntnis nicht zu widerlegen sein: **Kein Industriestaat wird seine Schulden je zurückzahlen können. Es gibt keinen geordneten Rückzug aus der Schuldenfalle.** Ausnahmen bilden allenfalls Zwergstaaten wie Liechtenstein und die Ölförderländer des nahen und mittleren Ostens. Sollten die Ressourcen dort jedoch zur Neige gehen, wird sich das Blatt schlagartig wenden.

Noch weitaus besorgniserregender ist jedoch ein Blick in die USA, der größten Wirtschaftsmacht der Welt. Werfen wir deshalb einen Blick auf die Entwicklung des US-Haushalts:

Jährliche US-Haushaltsdefizite und -überschüsse 1981 – 2005 in Prozent vom Bruttoinlandsprodukt (Gross Domestic Product, siehe Glossar):

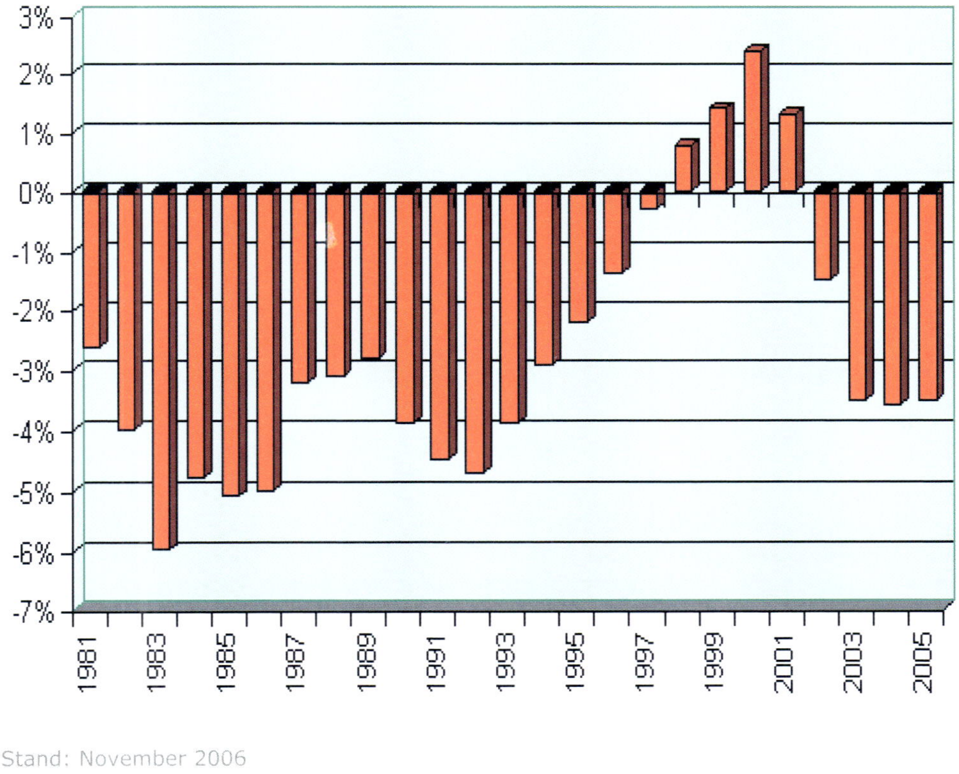

Abb. 44

Zunächst einmal sehen wir in dieser „offiziellen Version“ etwas Erstaunliches:

Allen Unkenrufen zum Trotz hatte der amerikanische Gesamtstaat in den Jahren 1998 bis 2001 beträchtliche Haushaltsüberschüsse erwirtschaftet. Dies war zumindest der offiziell erweckte Anschein. Erst seit 2002 kommt es demnach wieder zu hohen Defiziten. Das freilich bedarf einer eingehenderen Betrachtung.

Noch mancher wird sich an Bill Clintons medienwirksame Präsentation der „Nullverschuldung der USA“ erinnern. In obiger Tabelle fallen die Jahre 1998 bis 2001 tatsächlich positiv aus dem Rahmen. Bei Licht besehen ist das nichts als eine Luftnummer. Wie das zustande kommt, beleuchtet Armin Hurz in seinem bemerkenswerten Aufsatz „Dem Finanzkollaps entgegen“:

Die Antwort zu den Haushaltsüberschüssen!

Am 7. Februar legte Präsident Clinton den Haushaltsplan 2001 vor, den letzten seiner Präsidentschaft.

(Anmerkung des Verfassers: **„Nach mir die Sintflut!“**)

Und weiter:

Vor dem Kongreß wiederholte er dabei eine grandiose Vorhersage, die er kurz zuvor schon auf dem Weltwirtschaftsforum in Davos gemacht hatte: Die USA könnten in den kommenden 15 Jahren mit ihren "Haushaltsüberschüssen" die gesamten Staatsschulden von 3,6 Billionen Dollar auf Null abbauen. Das Weiße Haus habe ausgerechnet, daß der "Haushaltsüberschuß" bis 2015 auf 4,5 Billionen Dollar an wachsen werde. Für das Jahr 2000 erwartet Clinton nach dem Rekordergebnis 1999 von über 124 Mrd. Dollar eine weitere Zunahme des "Haushaltsüberschusses" auf 167 Mrd. Dollar.

Eindrucksvolle Zahlen. Mit der Realität haben sie jedoch wenig zu tun.

1999 kamen mehr als 99 % des sogenannten "Überschusses" gar nicht dem laufenden Haushalt zugute, sondern waren Einzahlungen der Arbeitnehmer in den staatlichen Rentenfonds "Social Security Trust

Fund"; von den 124 Mrd. Dollar "Überschuß" waren das 123 Mrd. Dollar. Von den projizierten 167 Mrd. "Überschuß" im laufenden Jahr sollen 148 Mrd. Dollar aus dem Fonds kommen.

Wie das Weiße Haus selbst zugibt, gehen 60 Prozent der projizierten "Überschüsse" bis 2015 (2,8 Billionen Dollar) auf diesen Sozialversicherungsfonds zurück. Dessen "Überschüsse" ergeben sich aus den Einzahlungen der geburtenstarken Jahrgänge 1945 – 1967.

("Babyboomer"), die jetzt ihre höchsten Einkommen erzielen und daher auch die höchsten Sozialabgaben auf zukünftige Rentenleistungen zahlen. Nach 2015 wird dieser "Überschuß" natürlich rasch verschwinden, da dann die entsprechenden Rentenzahlungen fällig werden.

Und die übrigen 40 % der „Überschüsse"? ... sind ebenfalls Luftschlösser, nämlich eine simple statistische Extrapolation der jetzigen Steuerlage. Die Regierung sagt: „Das Bruttoinlandsprodukt (siehe Glossar, „Sozialprodukt") *wächst derzeit um den Rekordwert von 5,8 %. Deshalb tun wir jetzt einfach so, als würde das in den nächsten 15 Jahren genauso weitergehen."*

Das kann natürlich jeder behaupten.

Witzbolde erinnern an das Ehepaar, das in den ersten beiden Jahren nach der Hochzeit zwei Kinder bekommt und nun hochrechnet, daß es in 30 Jahren 30 Kinder haben wird, und schon mal anfängt, das Kindergeld zu beantragen.

Die Steigerung des Bruttoinlandsprodukts um 5,8 % für 1999 und die hohen Einnahmen der Regierung beruhen einzig und allein darauf, daß die Notenbank wie nie zuvor Geld druckt und auf die Börsen und Geldmärkte wirft, weil sonst das amerikanische (und damit das globale) Finanzsystem längst zusammengebrochen wäre.

Nun können wir alles zusammenaddieren: 60 % der „Überschüsse" sind nicht existent, weitere 40 % sind Luft, das macht zusammen... [96]

Welch absurde Dimensionen das amerikanische Haushaltsdefizit inzwischen angenommen hat, wird – unter anderem – aus dem „Schulden-Portrait der USA“ deutlich, herausgegeben von der „Internet Publikation für Allgemeine und Integrative Psychotherapie“.

Diese Aufstellung mag beim ersten Ansehen plakativ und provozierend erscheinen, und man mag dem Verfasser die Frage stellen, warum er gerade dieses Elaborat in das vorliegende Buch aufgenommen hat. Antwort: um zu zeigen, wo die Reise hingeht!

Es gibt eine Vielzahl von Quellen, die in ihrer Substanz dasselbe aussagen. Die hier gewählte Hochrechnung geht von 5,4 % jährlicher Schuldenwachstumsrate aus. Das ist über 2 % weniger als das, was George W. Bush 2006 „hingelegt“ hat. Das bisherige Tempo wäre noch weitaus verheerender! Es spricht nichts, aber auch gar nichts dafür, daß amerikanische Finanzpolitiker dieser tollwutartigen Schuldensucht abschwören könnten. **Ein paar Billionen Dollar hin oder her, das sind buchstäblich „Peanuts“, auf die es nicht ankommt**. [97]

Motto der US-Regierung: Wir müssen 's ja nicht selber zahlen.

Bush junior bringt es seit Beginn seiner Präsidentschaft bis zum 30. Sep. 2006 auf 8 Billionen (amerikanisch Trillionen) und 506 Millarden (amerikanisch Billionen) und 974 Millionen Dollar Staatsverschuldung. Das entspricht nach der Zinseszins-Wachstumsformel einer durchschnittlich-jährlichen Rate von **7,63 %.**

Das alles scheint für die US-Notenbank kein Problem zu sein, hat doch deren Präsident Ben Shalom Bernanke erklärt, daß man so viel Geld drucke, wie gebraucht werde, und daß man es, wenn nötig, mit dem Hubschrauber abwerfen würde. [98]

Anmerkung des Verfassers: Für wie dumm hält Herr Bernanke eigentlich seine eigenen Landsleute? Hätte Herr Bernanke mal in den Militärarchiven seines Landes nachsehen, wäre er wahrscheinlich fündig geworden: Der Abwurf von Falschgeld zählte bereits zu den Kriegslisten der Alliierten während des Zweiten Weltkrieges. Einziges Ziel: Zerstörung der deutschen Wirtschaft – wobei umgekehrt den Deutschen ähnliche Tricks nachgesagt werden.

Und so stellt sich das prognostizierte US-Schuldenwachstum im 21. Jahrhundert im einzelnen dar (Hochrechnung 2007 - 2100) bei einer Wachstumsrate von 5,4... %: [99]

2007:	8.966.562.836.494 $
2050:	86.141.871.429.488 $
2100:	1.196.076.189.028.080 $

Wie viele Billionen oder Trillionen sind das jetzt eigentlich? Diese Denksportaufgabe sei dem Leser überlassen. Auf die komplette Darstellung des trostlosen Zahlenfriedhofs sei aus Platzgründen verzichtet, die Zahlen würden dadurch um keinen Deut besser.

„Wer Banknoten nachmacht oder verfälscht, oder nachgemachte oder verfälschte sich verschafft und in Verkehr bringt, wird mit Zuchthaus nicht unter zwei Jahren bestraft.“ – So stand es bis 1963 auf jedem deutschen Geldschein. Würde gleiches Recht für alle gelten, dann gehörte die komplette (und nicht nur die amerikanische) Finanz-Administration hinter Schloß und Riegel, denn der „Green Back“ ist längst ungedecktes „Paper Back“, mit anderen Worten: Falschgeld pur, ein Geldschein, dem nur noch der Schein von Geld anhaftet.

In Deutschland wird aufgefundenes Falschgeld bei unverzüglicher Einschaltung der Staatsanwaltschaft ohne Ersatzleistung aus dem Verkehr gezogen. Und was passiert in den USA höchst offiziell und mit dem Segen von Ben Bernanke? **Das genaue Gegenteil!**

Was wir hier an den Beispielen Deutschland und USA dargestellt haben, ließe sich nahezu beliebig fortsetzen, denken wir nur an die Staaten Lateinamerikas oder des Fernen Ostens. Der Tabelle auf Seite 108 entnehmen wir, daß Japan noch viel schlimmer dran ist, ja sogar die Negativliste anführt. Eigentlich müßte an dieser Stelle ein ausführliches Kapitel über die Haushalts- und Währungssituation in Japan als führender Wirtschaftsmacht des pazifischen Raums folgen. Der Verfasser verzichtet darauf, um das Thema nicht ausufern zu lassen. Nehmen wir es als gesicherte Erkenntnis: **Auch die Überschuldung Japans ist schlichtweg verheerend**. Japan sitzt nach dem Platzen von Aktien- und Immobilienblasen auf –zig Milliarden fauler Kredite und steht an der Schwelle von Inflation zur Deflation, trotz oder gerade wegen jahrzehntelanger Niedrigzinspolitik. Der japanische Yen sinkt sogar im Verhältnis zum US-Dollar immer weiter.

Domino-Effekte

Die "Domino-Theorie" ist ein Begriff aus dem Vokabular des Kalten Krieges. Sie wurde formuliert vom amerikanischen Präsidenten Dwight D. Eisenhower am 7. April 1954.

Zugrunde liegt die bildhafte Vorstellung, daß Dominosteine, die in einer Reihe aufgebaut sind, auch der Reihe nach umfallen, wenn man nur ein Steinchen anstößt.

Die wesentliche Aussage dieser Theorie besteht darin, daß der Kommunismus von einem Land, dessen er sich bemächtigt hat, aufgrund seiner populistischen Ideologie auch auf die Nachbarländer übergreifen würde. Diese würden gleichsam wie Dominosteine "kippen" und dem Kommunismus in die Hände fallen. Die Entwicklung in Europa und Südostasien schien dieser Theorie zunächst Recht zu geben.

Eisenhower wollte dies als nachhaltige Warnung vor dem weltweiten Siegeszug kommunistischer Systeme verstanden wissen. Daß sich die Domino-Theorie im ursprünglichen Eisenhowerschen Sinn nicht bewahrheitet hat, ist ein anderes Thema.

Die Domino-Theorie in ihrem ursprünglichen Sinne läßt sich auf eine ganze Reihe weiterer Beispiele anwenden.

Domino-Day: Eine harmlose Unterhaltung... *Abb. 45*

oder ein Versicherungsfall. – Solange es nicht schlimmer kommt... !

Abb. 46

„Geld regiert die Welt – und Heißluft die Finanzmärkte!“

Aus zunächst rein mechanischen Vorgängen des globalen Geldtransfers resultieren zunehmend unberechenbare, unbeherrschbare Entwicklungen. Solche Entwicklungen sind immer gefährlich, schon allein deswegen, weil nahezu jeder in Sekundenschnelle auf Bewegungen reagieren kann. Wer meint, bei den globalen Milliardenbewegungen etwas zu verpassen, drückt selbst auf den Knopf und schickt Milliarden hinterher. Das ist nichts anderes, als wenn ein harmloser Schneeball eine Lawinenkatastrophe auslöst. Da sind Domino-Effekte quasi vorprogrammiert. Ein winziger, kaum wahrnehmbarer Auslöser kann genügen, und die Welt steht Kopf.

An den internationalen Finanzmärkten haben wir es mit dem Phänomen zu tun, daß sowohl finanzstarke, daneben aber auch immer mehr nur finanzstark scheinende Marktteilnehmer das Geschehen mit fiktiven Bewegungen riesigen Ausmaßes bestimmen.

Mehr als einmal wurden auf diese Weise Wertpapier- oder Rohstoffmärkte in immer schwindelerregendere Index-Höhen getrieben, mehr als einmal folgte, was kommen mußte: der globale Crash. Bisherige Crashs hatten, jedenfalls in der Zeit seit dem Zweiten Weltkrieg, immer die Eigenschaft, daß die Märkte irgendwann zur Tagesordnung übergingen, und danach herrschte „Business as usual“. Aber das internationale Finanzgefüge zeigt immer mehr Risse, und niemand vermag zu sagen, ob das Ganze eines Tages zerknallt wie ein Riesenballon oder ob es zu einer wie auch immer gearteten „weichen Landung“ kommt. Daß es so nicht weitergehen kann, ist übereinstimmende Meinung sehr vieler, international angesehener Fachleute, darunter – ausgerechnet! – Alan Greenspan!

Bedenklich wird es spätestens dann, wenn das Marktgeschehen nicht mehr von Sachwerten, sondern von gekonnt in Szene gesetzten Luftnummern dominiert wird. Daß dies so ist, dafür mehren sich in den letzten drei Jahrzehnten die alarmierenden Anzeichen.

Hexenmeister oder Zauberlehrling? Alan Greenspan Abb. 47

An den Märkten sind Terminkontrakte, Handel mit Derivaten, Carry Trades, Arbitragegeschäfte, Leerverkäufe, Optionen und noch vieles andere zu bestimmenden Größen geworden – Instrumente, die für den Normalverbraucher schon lange nicht mehr zu durchschauen sind. In einem schier unvorstellbaren Ausmaß werden Rechte und Anrechte gehandelt – weit mehr als an realer Substanz dahintersteht. Die Hebeleffekte des Börsenhandels würde man zutreffender als Nebeleffekte bezeichnen. Auch Fachleute tappen über das tatsächliche Tagesvolumen dieser weltumspannenden Geschäfte weitgehend im Dunkeln. In letzter Zeit spielen die zahlreich auftretenden Hedgefonds eine immer größere, aber auch undurchsichtigere Rolle.

Betrachten wir von den eben genannten Instrumenten die Hedgefonds mal ein bißchen näher:

So ein Hedgefonds (englisch: *to hedge* – absichern) funktioniert im Prinzip wie ein elektrischer Gleichrichter: Die Wellenbewegungen des Markts werden – im Idealfall – in nur eine Richtung gepolt, nämlich nach oben. Gewinne werden angestrebt bei sinkenden wie steigenden Kursen, indem von Fall zu Fall auf steigende oder sinkende Kurse gesetzt wird. Dabei können alle Arten von Hebeleffekten, wie sie Termingeschäfte und Derivate in zahllosen Varianten bieten, zur Anwendung kommen. Entsprechend vielfältig sind die unterschiedlichen Ausgestaltungen und Strategien der Hedgefonds. Auch kreditfinanzierte Termingeschäfte sind an der Tagesordnung. Der Erfolg solcher Hedgefonds ist in hohem Maße von Geschick, Strategie und richtigem Timing des Fondsmanagers abhängig. Was auf den ersten Blick so aussieht, als sei das eine Idealinvestition für den Kleinanleger – nur hohe Gewinne, aber keine Verluste – ist in Wirklichkeit natürlich keineswegs risikolos. Die Tätigkeiten der Hedgefonds sind weitgehend unreguliert, also keinen Kontrollinstanzen oder Aufsichtsbehörden unterworfen. Das macht sie so flexibel und einfallsreich, aber auch unberechenbar. Bricht ein Hedgefonds zusammen, kann es zu Domino-Effekten bei den kreditgebenden Banken kommen und diese in ungeahnte Turbulenzen mitreißen.

Mit den Jahren sind weltweit an die 10.000 Hedgefonds entstanden, viele davon sind wieder verschwunden und pleite. Durch die unüberschaubare Zahl dieser Hedgefonds kommt es zu erheblichem Gedränge am Markt, bei dem immer mehr Fondsmanager mit immer weniger Geld immer höhere Gewinne erwirtschaften wollen. Und wie das so ist in einem dichten Gedränge: Man tritt sich gegenseitig auf die Füße. So etwas führt leicht zur Massenpanik – auch eine Form von Domino-Effekt. Treten bestimmte Spekulationen nicht oder nicht zum erwarteten Zeitpunkt ein, ist das Fiasko vorprogrammiert, insbesondere, wenn mehrere Fondsmanager zu einem bestimmten Zeitpunkt das gleiche tun, mithin bestimmte Hebeleffekte zeitgleich mehrfach ausgelöst werden. Hohe Gewinne und Totalverluste liegen nicht selten dicht beieinander. Die einen sehen in diesen Hedgefonds eine Anlageform der Zukunft, andere eher eine finanzielle Massenvernichtungswaffe.

An dieser Stelle sollen Hedgefonds nicht pauschal dämonisiert werden. Wie die Risiken der Hedgefonds für Anleger reduziert werden können, ist in Deutschland gerade Gegenstand intensiver Überlegungen des Gesetzgebers. Was im Ergebnis an Kontrollmechanismen herauskommen wird und wie diese funktionieren, bleibt abzuwarten.

Hedgefonds sind in aller Regel Global Player und nutzen alle weltweit zur Verfügung stehenden Instrumente, soweit sie für ihre Ziele geeignet scheinen. Nicht anders machen das die Anlagestrategen der international tätigen Großbanken, unzähliger Kapitalanlagegesellschaften und sogar Pensionskassen, die ihrerseits Gelder in Hedgefonds anlegen. Da nun aber der Handel von Anrechten auf Realwerte weit umfangreicher ist als die vorhandenen Realwerte selbst, ist ein Großteil dessen, was an täglichem Geldvolumen um den Erdball transferiert wird, nichts anderes als fiktives Kapital, man könnte auch sagen: „kapitalisierte Heißluft". Laut Mitteilung der Frankfurter Allgemeinen Zeitung vom 24. Februar 2007 verwalteten die Hedgefonds 1998 weltweit rund 50 Milliarden Dollar. Derzeit – im Frühjahr 2007 – wird dieses Vermögen auf 1,5 Billionen Dollar geschätzt, eine glatte Verdreißigfachung (!), was die Ausmaße dieses Blähbauchs sichtbar macht. [100]

„Wer Heißluft sät, wird einen Tropensturm ernten", so könnte man ein bekanntes Sprichwort abwandeln. Das Prekäre daran ist: Weltbank, FED, IWF (siehe Glossar), die nationalen Notenbanken, aber auch Politiker, die ihre Wiederwahl im Auge haben, sitzen mit den institutionellen Anlegern längst in demselben Boot. Staatsbankpräsidenten und Politiker wissen nur zu genau, daß ihre monetären Strategien nur aufgehen, wenn die Geldmenge immer noch weiter wächst, und dies in einem Tempo, das jedem Fachmann die pure Angst einjagt.

Dazu bemerkt Hubert Günter von der Liechtenstein Global Trust Bank (LGT-Bank):

> *„Der Markt – wer oder was ist das? Schaut man auf das vergangene Jahr* (2006, Anmerkung des Verfassers) *zurück, drängt sich der Eindruck auf, dies könne nur eine Veranstaltung von Irren sein. Der distanzierte Beobachter registriert staunend, wie der Markt fast über Nacht von einem Extrem ins andere fällt, wie noch so zufallsträchtige und revisionsanfällige statistische Zahlen weit in die Zukunft extrapoliert werden und heftigste Kursreaktionen auslösen.*
>
> *Wie paßt das zu der Behauptung von der Überlegenheit des Markts als Informationsverarbeiter, ... wenn Risiken zugunsten momentanen Gewinns verdrängt werden und wenn es ... nichts Wichtigeres zu geben scheint, als Prognosen für die nächsten statistischen Daten oder das nächste Quartalsergebnis zu generieren?"*

Hubert Günter weiter: *„Fakt scheint mir, daß der Markt ... heutzutage weiter denn je entfernt ist von dem, was sich dessen geistige Väter darunter vorstellten. Alle hatten sie über dem Markt eine regulierende, dem Gemeinwohl verpflichtete starke Hand für nötig gehalten. Doch Washington hat vor drei Jahrzehnten für das Währungssystem alle bindenden Regeln abgeschafft* (einseitige Aufhebung der Einlösungspflicht der amerikanischen Zentralbank von Dollar in Gold durch Präsident Nixon am 15.08.1971 ohne Anhörung der beteiligten Staaten [Anmerkung des Verfassers]) *und sich selbst als Dominator eingesetzt. Die fünf großen US-Investmentbanken und deren europäische Mitläufer haben über die letzten zehn Jahre die absolute Herrschaft über die Finanzmärkte errungen. Die Systeme pervertieren und werden von ihren Dominatoren ausgebeutet. ... Natürliche Korrekturmechanismen werden unterdrückt und tendieren oft über lange Zeit hin zu einem Extremzustand – um dann quasi in einem revolutionären Akt zu kollabieren.“* [101]

Dasselbe formuliert Robert H. Hemphill, Credit Manager der Federal Reserve Bank, Atlanta, wie folgt:

„Wir sind völlig abhängig von den Geschäftsbanken. Jeder Dollar, der umläuft*, sei es als Bargeld oder Buchgeld,* ***muß von jemandem geborgt sein. Wenn die Banken reichlich Geld aus dem Nichts erzeugen, geht es uns gut, wenn nicht, verhungern wir.*** *Es gibt kein wirklich dauerhaftes Geldsystem. Wenn man das erst einmal wirklich verstanden hat, erscheint das Absurde dieser hoffnungslosen Situation fast unglaublich, aber so ist es. Es ist wohl der wichtigste Sachverhalt, über den intelligente Menschen sich jetzt klar werden und nachdenken müssen. Es ist so wichtig, daß ein Zusammenbruch unserer gegenwärtigen Zivilisation auf dem Spiel steht, wenn es nicht allgemein verstanden wird und die Fehler rasch korrigiert werden.“* [102] (Hervorhebung durch den Verfasser).

Das muß man sich wirklich auf der Zunge zergehen lassen: Robert H. Hemphill, ein herausragender Manager der FED, sagt das hier ganz offen: Der US-Dollar als Reservewährung der Welt funktioniert nur (noch) so lange, wie immer mehr Geld aus dem Nichts erzeugt wird, wie die USA sich alle Güter der Welt mit wertlosen Papierdollars einkaufen können. Der Luftballon wird immer weiter aufgeblasen. Gewiß, der Luftballon wird mit Weichmachern, sprich: immer neuem Geld, schön geschmeidig gehalten. Um so größer der

Knall, den ein noch so kleiner Nadelstich auslösen kann, um so unabsehbarer die globale Kettenreaktion, die weltweiten Domino-Effekte.

Ein Mann zeitloser Erkenntnisse: Voltaire (1694 – 1778) Abb. 48

Wozu das eines Tages führen muß, wußte schon der französische Philosoph Voltaire vor 250 Jahren: „Früher oder später kehrt Papiergeld zu seinem inneren Wert zurück: **Null**!"

Domino-Beispiele

Wer aufmerksam Fernsehsendungen wie die „Telebörse" beobachtet oder den Wirtschaftsteil der Tagespresse studiert, wird alsbald ein sich wiederholendes Phänomen feststellen: Regelmäßig äußern sich Anlageberater oder Finanzspezialisten mit dem Tenor, internationale Finanzcrashs könnten, wodurch auch immer ausgelöst, mit dem heute verfügbaren Instrumentarium von FED und Zentralbanken ohne größere Flurschäden für die Weltwirtschaft abgefedert werden. Leider ist die Wirklichkeit eine andere.

Sehen wir uns zunächst das bekannteste Beispiel einer solchen Domino-Krise an, die **Weltwirtschaftskrise von 1929**, in deren Strudel die Volkswirtschaften aller Industrienationen gerieten. Es gab Kettenreaktionen von Unternehmenszusammenbrüchen, Deflation, Massenarbeitslosigkeit. Auslöser war – an dem berühmten Schwarzen Donnerstag, dem 24. Oktober 1929, – ein aus heiterem Himmel einsetzender Panikverkauf von Aktien an der New Yorker Börse. Vorangegangen war ein über zehn Jahre andauernder, scheinbar nicht aufzuhaltender Wirtschaftsboom in den USA, der in eine „Fahnenstange" gelaufen war. Bezüglich weiterer Details sei auf die umfangreiche Literatur verwiesen. Das Platzen einer Aktienblase hatte eine weltweite ökonomische Katastrophe ausgelöst. Traut man den Gelehrten der Finanzwelt, so sind solche Abläufe heute praktisch ausgeschlossen. Das möge glauben, wer will.

Vielen ist der **Börsencrash von 1987** noch in lebhafter Erinnerung. Durch die inzwischen weltweite Vernetzung der Börsensysteme krachten zeitgleich alle Börsen weltweit ein. Ursache auch hier: ein kleiner Funken an der Börse, dem ein jahrelanger, sich selbst verstärkender Aktienrausch vorangegangen war, zusätzlich angefacht durch 1982 eingeführte Leverage-Geschäfte mit großer Hebelwirkung. Inzwischen sorgten zur Risikoabsicherung installierte Computerprogramme für automatische Verkaufsaufträge mit „autokatalytischer" Wirkung. Der Rest ist bekannt. Die FED unter Alan Greenspan versorgte die Wirtschaft massiv mit Geld. Dadurch wurden Deflation und andere Erscheinungen wie 1929 zwar weitgehend vermieden. Viele sehen aber gerade darin einen ungedeckten Wechsel auf die Zukunft, nämlich den Beginn einer gigantischen, irgendwann zwangsläufig außer Kontrolle geratenden weltumspannenden Geldblase. [103]

Ebenfalls spektakulär verlief der **Zusammenbruch des amerikanischen Hedge-Fonds Long Term Capital Management (LTCM)** im Jahre 1998, eines Fonds, der ausgerechnet von Nobelpreisträgern der Ökonomie gegründet wor-

Die Welt-Geld-Blase

Jeder kennt es aus den Finanzmarktberichten des täglichen Fernsehens, das eifrige Treiben in den Sälen der Börsen. Broker, Händler und Finanzmanager überbieten sich in ohrenbetäubender Lautstärke gegenseitig in Betriebsamkeit und Hektik, so als könne man nur hier und heute gute Geschäfte machen. Jeder der Beteiligten hält sich für besonders gewieft und glaubt, anderen um ein paar Nasenlängen voraus zu sein. Wer nicht am Geschehen beteiligt ist, beneidet die Akteure um das Tempo, mit dem da der Reichtum gescheffelt wird. Des einen Gewinn ist des anderen Verlust – diese Erkenntnis unserer Väter scheint im Orkus der Vergessenheit zu schlummern und nicht mehr zu gelten. Zumindest möchte keiner daran erinnert werden. Verluste, wenn sie schon eintreten, gönnt man den anderen, über eigene spricht man nicht. Dabei weckt das Marktschreier-Ambiente der Börsensäle inzwischen schon nostalgische Gefühle. Der weitaus größte Teil des Marktgeschehens wird längst im Computerhandel abgewickelt. Und wie!

Das weltumspannende Computernetzwerk der Banken und Brokerhäuser hat die Geldströme fest im Griff. Milliardenbeträge werden per Knopfdruck in Sekundenschnelle zwecks Geldschöpfung von New York nach Tokio, von Tokio nach Hong Kong, von Hong Kong nach Singapur, von Singapur nach Zürich, von Zürich nach Frankfurt, von Frankfurt nach London und von London wieder nach New York transferiert, und bei einer solchen Weltumrundung verzigfacht sich der Betrag, der anfangs auf die Reise geschickt wurde. Die bereits erörterten Hebel- und Nebeleffekte machen es möglich. Das ist keine Szene aus dem Märchenbuch, sondern ein eingespieltes globales Turboroulette aus dem Tollhaus.

Fiat Money, fiant monetae: Es werde Geld!

> *„Mit Papiergeld ist das wie beim Schwarzen Peter: Wer am Schluß am meisten davon hat, ist der Dumme.“ (Hans-Georg von Rantzau)*

Die Überschrift dieses Kapitels erweckt den Eindruck einer wundersamen Geldvermehrung. Genau das ist auch gemeint.

Lassen wir zunächst der Phantasie freien Lauf, machen wir einen Ausflug zu den „Sterntalern“ in der Märchenwelt der Gebrüder Grimm: Der Himmel tut sich auf, und das kleine, kirchenmausarme Mädchen wird mit Goldstücken überhäuft. Vom Märchen springen wir in die Gegenwart des 21. Jahrhunderts: Stellen wir uns vor, über unseren Köpfen dröhnt ein Hubschrauber, darin sitzt der amerikanische Notenbankpräsident Ben Shalom Bernanke und wirft zentnerweise frischgedruckte US-Dollarnoten ab.

Gold... oder Papier...? Abb. 49

Der Unterschied zwischen beiden Szenarien: Das Sterntaler-Mädchen ist mit seinen Goldstücken plötzlich reich und glücklich bis an sein Lebensende. Die Dollarscheine hingegen sind der Wertlosigkeit geweihtes Papier.

Beide Beispiele handeln von einem plötzlichen, vom Himmel fallenden Reichtum. Beide sind in dieser Form natürlich unrealistisch. Das heißt, nicht ganz: Worin besteht eigentlich der Unterschied, ob Geld vom Himmel fällt oder von einer Notenbank praktisch ungezügelt in Umlauf gebracht wird? Wenn Geldscheine in solcher Menge gedruckt werden, daß sie wie im Beispiel Bernanke vom Himmel fallen, dann ist Geld nicht mehr knapp, sondern vorhanden wie Sand am Meer. Und was im Überfluß vorhanden ist, ist auch nichts wert.

Es geht um sehr viel Geld. Aber was ist das eigentlich konkret, dieses geheimnisvolle Material, das die Welt regiert? Jeder benützt es täglich als Tausch- und Zahlungsmittel, aber was steckt wirklich dahinter? Wikipedia definiert das so:

Geld – von althochdeutsch *gelt* (= *Zahlung, Vergütung*) – ist ein Tauschmittel, welches sich von anderen Tauschmitteln dadurch unterscheidet, daß es nicht unmittelbar den Bedarf eines Tauschpartners befriedigt, sondern aufgrund allgemeiner Anerkennung zum weiteren Tausch eingesetzt werden kann. [108]

Viel schlauer sind wir dadurch allerdings nicht. Seit nahezu alle Währungen vom Gold abgekoppelt sind (das war 1971 mit dem Ende von Bretton Woods), hat jedes Land oder jeder Wirtschaftsraum seine eigene Währung in Form bedruckten Papiers und geprägtem Münzgeld. Papier ist von seiner Substanz her wertlos, Münzgeld verkörpert einen mehr oder weniger geringen Metallwert. Nicht ohne Grund nannten die Bürger der früheren DDR ihr Münzgeld respektlos „Alu-Chips".

Mit Geld, das man als „Gegenwert" für eine Leistung erhält, will man – eventuell zu einem späteren Zeitpunkt – wieder eine möglichst gleichwertige Leistung erwerben. Ob man eine solche je bekommt, garantiert niemand. Geld ist ein auf dem „Prinzip Hoffnung" begründetes Versprechen für eine nach Art und Umfang nicht definierte Leistung. Der gesetzlich bestimmte, aufgedruckte oder aufgeprägte Nennwert ist eine durch nichts verbriefte Größe. Egal, ob wir einen Geldschein in der Hand halten oder den Kontoauszug bestaunen, das Phänomen ist immer dasselbe: ein Stück Papier, genauer: ein Sack Luft! Dieses aus dem Nichts geschaffene, von den Zentralbanken mit dem Stempel der Legalität versehene Geldsystem bezeichnet man als „Fiat Money", ein lateinisch-englisches Sprachkonglomerat, das soviel bedeutet wie „es möge Geld entstehen". Ein humanistischer Purist würde sagen „Fiant monetae", was dasselbe bedeutet. Beides sind verschiedene Varianten eines Zauberspruchs, bei dem ein Heer von Magiern statt eines Kaninchens ganze Berge bedruckter Geldscheine aus dem Hut zieht.

Schon viele haben es mehr oder weniger erfolgreich versucht, den Nationalbanken bei der Geldherstellung über die Schulter zu schauen und es ihnen gleichzutun. Geldherstellung in Eigenregie ist immer wieder ein allzu verlockendes Unterfangen. Waren es im Mittelalter die Falschmünzer, denen wenigstens noch gewisse handwerkliche Fähigkeiten zu bescheinigen waren, so sind es heute meist Zeitgenossen, die die Technik des Farbkopierens besser beherrschen als eigener Hände Arbeit. Meldungen über ausgehobene Falschgeldringe sind an der Tagesordnung – auch eine Form des Fiat Money!

Abb. 50

Ein Spaßvogel hat es einmal so formuliert: **Der einzige Unterschied zwischen richtigem Falschgeld und echtem Papiergeld besteht darin, daß das Falschgeld in der Herstellung billiger ist. Im Ofen brennt beides gleich lang.** Manche Blüten sind heuer so perfekt, daß auch elektronische Detektoren an ihre Grenzen stoßen und versagen. **Aber wie sieht das aus mit dem Fälschen von Gold? Auch das haben schon viele probiert. Geschafft hat 's noch niemand.** Und wenn bei solcherlei Versuchen, wie weiland im Fall des Chemikus Böttger anno 1708, zufällig und nebenbei Porzellan als Abfallprodukt entsteht, dann war wenigstens das zu etwas nutze. Sinnvolle Abfälle bei der Produktion von Geldscheinblüten sind hingegen nicht bekannt.

Der Finanzmanager Marco Feiten definiert den kaum mehr wahrnehmbaren Unterschied zwischen „echtem“ und „falschem“ Geld in seinem Aufsatz „Die absehbare Krise des Fiat Money“ so: [109]

> *„Während* ***Gold und Silber durch ihren „inneren Wert“*** *(Basis: natürliche Knappheit, Produktionskosten, Nutzen in der Form der Eignung als Geld sowie Gefallen der Menschen am Gold und Silber als Schmuck)* ***„natürliches Geld“*** *darstellen, ist* ***Fiat Money „aus dem Nichts“ geschaffenes Papiergeld, dem keine Warendeckung gegenübersteht.*** *Am Anfang steht jedoch der Kredit, denn* ***Geld*** *im Sinne von Banknoten (= Zentralbankgeld)* ***ist nicht „einfach so da“****, sondern gelangt* ***von den Zentralbanken erst durch die Abtretung (Zession) eines Schuldtitels****, zum Beispiel eines Wertpapierpensionsgeschäfts* (siehe Glossar)*,* ***an die Geschäftsbanken****. Nun sind aber eben* ***jene abgetretenen Schuldtitel an sich schon Kredite****, denn bei Pensionsgeschäften handelt es sich um den* ***Verkauf*** *von Vermögensgegenständen wie* ***Wechsel, Wertpapiere und Forderungen****. Die Reihenfolge ist also wie folgt:* ***Zuerst vergibt eine Geschäftsbank einen Kredit****, zum Beispiel an ein Unternehmen, das zur Produktion Rohstoffe kaufen muß. Dafür verlangt die Bank von dem Unternehmen Sicherheiten, zum Beispiel Wertpapiere. Diese werden* ***dann von der Geschäftsbank an die Zentralbank verpfändet, worauf sie Zentralbankgeld – also Banknoten – erhält****. Bargeld kommt also nicht im voraus in Umlauf, sondern erst im nachhinein. Daher ist der* ***Glaube, Kredite setzten Ersparnisse voraus, für unser heutiges Kreditgeldsystem falsch****. Ebenso überraschend ist die Erkenntnis, daß es* ***Geld, das jemand verleihen könnte, in einem Kreditgeldsystem nicht gibt.*** *Das mag Sie nun irritieren, ist aber völlig logisch, denn* ***hinter dem Geld steht ein Kredit,*** *und den kann man nicht verleihen.* ***Banken „verleihen“ das ihnen eingezahlte Geld, indem sie die darin enthaltene Forderung zedieren****.*
>
> *Angenommen,* ***Sie haben gerade 100 Euro am Geldautomat gezogen****, dann bedeutet das nichts weiter, als daß* ***für diesen Wert*** *(zuzüglich Zinsen)* ***bei der Zentralbank ein Schuldtitel hinterlegt ist, also ein Kredit einer Geschäftsbank*** *(der natürlich deutlich höher als 100 Euro sein kann). Wenn Sie demnach in einem Kaufhaus etwas mit diesen 100 Euro bezahlen,* ***begleichen Sie damit zwar ihre individuelle Schuld****, doch* ***das hinter dem Geld liegende Schuldverhältnis bleibt völlig unangetastet****.* ***Sie treten in diesem Moment lediglich die Forderung****, die Sie indirekt gegenüber dem ursprünglichen Kreditnehmer*

haben, ***an das Kaufhaus ab****. Geld ist somit durch seinen Charakter* ***als „gesetzliches Zahlungsmittel" eine zessionsfähig gemachte Schuld****. Das* ***Geld kommt erst nach dem Kredit*** *und der* ***Kredit wurde zuvor durch die Geschäftsbank „aus dem Nichts" geschaffen.***

Wie wir sehen, steht hinter jedem Geld ein auf einem Kredit beruhendes Schuldverhältnis, das wieder und wieder zediert – also umgeschuldet – wird, und der Glaube an die Rückzahlung des Kredits. Der aber wird nie zurückgezahlt! Denn mit der Rückzahlung des Kredits wäre das Geld aus dem Verkehr gezogen. Sic fiunt monetae, so entsteht das Geld!

Vor diesem Hintergrund kann es niemanden überraschen, wenn hinter der Geldsumme, die täglich die Erde umrundet, bei jedem Durchgang ein paar Nullen mehr hintendran stehen. Eine Null steht im Grunde für ein Nichts. Und da dieses den Erdball umkreisende Geld aus dem Nichts geschöpft wurde, ist es nichts wert. Ein Spiel von Nullen mit Nullen – und das Ergebnis? Null? Nein, schön wär's. Am Ende steht ein unvermeidlicher Knall, der der Menschheit die Augen öffnen wird. Alles andere wäre ein Wunder.

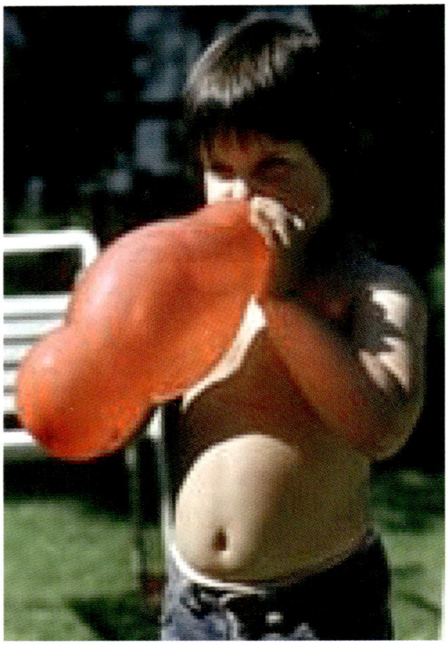

„Wann der Ballon wohl platzt?" Abb. 51

Von dem Altbörsianer André Kostolany (1906 – 1999), mit dem wir uns an späterer Stelle noch kritisch auseinanderzusetzen haben, stammt ein Satz, dem wirklich nicht zu widersprechen ist:

> *„Je mehr man einen Luftballon aufbläst, um so größer ist der Knall, wenn jemand mit der Nadel daran stößt".*

Der Zinsturm zu Babel

> *Auch der Verfasser lebte bis vor kurzem in der Überzeugung, der Euro sei eine insgesamt akzeptable Währung, mit der man einigermaßen leben kann. Er glaubte den Aussagen vieler, der Euro sei, jedenfalls im Vergleich zu vielen anderen Währungen, relativ stabil und damit eine gesunde Basis für das zusammenwachsende Europa. Das änderte sich ziemlich rasch bei den Recherchen zu diesem Kapitel.*

Der biblische Turmbau zu Babel steht als mythisches Symbol für Gigantomanie und Größenwahn. Immer größer, immer höher, bis der Turm nicht mehr zu beherrschen ist und mit höllischem Getöse einstürzt.

Der babylonische Zinsturm, von dem in diesem Kapitel die Rede ist, steht in Frankfurt und in Tokio, er steht in Singapur, er steht in New York, er steht überall in den Zentren der Hochfinanz.

„Wenn ich auf meine Spargroschen zwei oder drei Prozent Zinsen kriege, dann ist das wenig genug, und jetzt quatscht der von einem Zinsturm!" – werden Sie denken. Ja, verehrte Leserin und verehrter Leser, Sie haben recht. Sie haben recht vor allem vor dem Hintergrund der realen Inflation, siehe Seite 98 ff. Trotz Zinses wird die Kaufkraft Ihres Ersparten immer weniger. Der Verfasser plädiert denn auch weder für hohe noch für niedrige Zinsen, auch nicht für deren Abschaffung, was ohnehin nicht realistisch wäre. Er plädiert vielmehr für eine stabile Währung, die man guten Gewissens sparen und für schlechte Zeiten aufbewahren kann, ohne einem ständigen Wertverlust und schleichender Enteignung ins Auge sehen zu müssen.

Daß ein auf Papiergeld basierendes System nicht ohne Zinsen auskommt, ist klar. Die Zentralbanken benutzen Instrumente wie den Basiszinssatz als wirtschaftlichen Steuerungshebel der Geldpolitik. Niedrige Zinsen sollen der Wirtschaft genügend liquides Geld zur Verfügung stellen und damit die Nachfrage ankurbeln, hohe Zinsen sollen die Kreditnachfrage dämpfen und Konjunkturüberhitzungen verhindern. Im ersten Fall wird legales Falschgeld in den Wirtschaftskreislauf gepumpt, im zweiten erhält der Anleger ebensolches dafür, daß er sein Geld hortet. Kurzfristig mögen diese Maßnahmen greifen. Beides führt aber auf lange Sicht zu einer inflationären Ausweitung der Geldmenge.

Der Wirtschaftsanalytiker Helmut Creutz weist in seinem Buch „Das Geldsyndrom" auf die widersprüchlichen Funktionen hin, die das Geld erfüllen muß:

> *Da wird Geld gleichzeitig als Tausch- und Wertaufbewahrungsmittel deklariert, obwohl die zweite Funktion die erste aufhebt.* [110]

Und weiter:

> *Für die Politiker ergibt sich daraus eine doppelte Zwickmühle. Werden die wachsenden Geldvermögen nicht über Kredite in die Wirtschaft zurückgeschleust, kommt es zu einer deflationären Rezession. Führt man die wachsenden Geldvermögen über Kredite in den Wirtschaftskreislauf zurück, kommt es zur Überschuldung und Verarmung der Werteschaffenden und damit zu einem ökonomisch-sozialen Kollaps. ... Der soziale Kollaps ist unausweichlich, weil das Wirtschaftswachstum nicht in dem Tempo der Geldvermögenszunahme gesteigert werden kann.* [111]

Frei nach Pieter Brueghel dem Älteren: Der Zinsturm zu Babel... Abb. 52

Die volkswirtschaftlichen Bibliotheken sind voll von Schriften und Abhandlungen über die Effekte von Geldmenge, Zins, Wachstum, Inflation und Staatsverschuldung, einschließlich aller möglichen denkbaren Neben- und Wechselwirkungen. Vieles ist unter Experten heillos umstritten, manches für den Laien unverständliche Theorie. Was im täglichen kaufmännischen Brauch gang und gäbe ist, führt – zunächst weitgehend unbemerkt – in jeder Währung, in der mit Zinsen operiert wird, zu einer allmählichen, schließlich jedoch explodierenden Menge des umlaufenden Geldes. **Mehr als alle Theorie dürften daher die folgenden, im Grunde einfachen Beispielrechnungen zeigen, worum es wirklich geht:**

Zinsen werden nach mathematischen Formeln berechnet. Die gängige Zinseszinsformel, wie sie in jeder Formelsammlung zu finden ist, lautet:

> Wenn ein Anfangskapital K_0 bei jährlicher Verzinsung mit dem Zinssatz
>
> $p\,\% = \frac{p}{100}$ verzinst wird, beträgt das Endkapital nach n Jahren
>
> $$Kn = K_0 \cdot (1 + \frac{p}{100})^n$$
>
> p bedeutet *Zinsfuß*, $\frac{p}{100}$ bedeutet *Zinssatz*, n bedeutet Laufzeit in Jahren.

Jeder Gymnasiast hat irgendwann in der Mittelstufe gelernt (oder hätte lernen sollen), wie man damit umgeht. Um aber die Dimensionen zu verdeutlichen, die Zins und Zinseszinsen eines Tages anrichten, betrachten wir einige simple Beispiele:

1. Ein Kapital von 10 Euro wird bei einem Zinssatz von 4 % zwanzig Jahre lang angelegt. Das Endkapital beträgt 21,91 €. Das reißt zunächst keinen vom Hocker. Immerhin aber hat es sich gut verdoppelt.

2. Dieselbe Rechnung, aber Laufzeit fünfzig Jahre. Das Endkapital beträgt 71,07 €, es versiebenfacht sich. Kaum ein Sparer wird sein Geld so lange oder noch länger festlegen.

3. Da aber Volkswirtschaften nicht vom menschlichen Lebensalter abhängen, sondern vielmehr das in Umlauf befindliche Geld sich ständig weiter verzinst (wenn auch in unterschiedlichen Händen), machen wir die Rechnung für 100 Jahre: aus zehn Euro sind bis dahin 505,05 € geworden – eine glatte Verfünfzigfachung!

Was bis hierher eine solide und für jeden nachvollziehbare kaufmännische Rechnung ist, kann sich bei entsprechender Laufzeit ins Groteske auswachsen. Wir sehen das bei den nächsten Beispielen:

4. Wir spielen jetzt mal „Heilige Drei Könige“ und tun so, als hätten die dem Christkind statt Weihrauch, Myrrhe und Gold einen einzigen Cent mit in die Krippe gegeben. Maria und Josef haben diesen Cent zu guten Langfristkonditionen, nämlich wiederum 4 %, bei der Sparkasse des Kaisers Augustus in Bethlehem angelegt. Bis Ende 2007 wären daraus

   153.430.596.210.047.320.000.000.000.000.000,00 Euro

   geworden. Betrag in Worten: ??? – Geben wir die Frage weiter an Dagobert Duck und begnügen uns mit der Einsicht, daß diese Zahl vor dem Komma 33 Stellen hat.

5. Wenn wir gerade dabei sind, rechnen wir dasselbe Beispiel mit nur 2 % Zinsen, also 1 Cent bei 2007 Jahren Laufzeit. Ergebnis:

   1.821.984.701.998.655,75 Euro.

   Jetzt wird erfaßbar, daß das fast 1.822 Billionen sind, genauer 1,822 Trillionen!

Eine absurde Rechnung, gewiß. **Aber es wird auf einen Schlag deutlich, warum in gewissen Zeitzyklen jedes Geld abgewertet werden muß, da diese auf Verzinsung beruhenden astronomischen Zahlen keinerlei realen Bezug mehr zu irdischen Sachwerten haben.**

*... nur **ein** Cent...!* [Abb. 53]

Die beiden Christkind-Beispiele sind um so erstaunlicher, als es bei einer Verzinsung von 4 % 11 Jahre, bei 2 % Verzinsung sogar 21 Jahre dauert, bis der erste Cent Zins überhaupt gutgeschrieben wird.

Eine Volkswirtschaft kann ein lineares Wachstum von einigen Prozent haben, sie kann stagnieren oder auch linear fallen. Das bedeutet, dieses Wachstum verläuft in mehr oder weniger flach verlaufenden Kurven. Die Geldmenge der dazugehörigen Währung vermehrt sich aber infolge des Zinseszinseffekts in Form einer Exponentialfunktion, deren Steigung von der Höhe der Verzinsung abhängig ist. Dies wird anhand der Christkind-Beispiele deutlich. Wie wir aus der Mathematik wissen, geht jede Exponentialfunktion irgendwann „hoch wie eine Mondrakete".

Daher bedarf es immer wieder korrigierender Eingriffe, die Geldwert und Geldmenge an die tatsächliche Entwicklung der Volkswirtschaft anpassen. Solange es Geld und Zinsen gibt, kann dies nur in der Form der Abwertung funktionieren.

Die Tragweite dieser in sich drögen Aussage sei nicht verkannt: Zins und Geldmengenwachstum vermengen sich zu einem hochbrisanten, explosiven Gemisch. Soziale Sprengsätze kleben an Pulverfässern und warten nur auf den alles auslösenden Funken. Als Folgen solcher Total-Geldentwertungen können internationale Verteilungskämpfe und Krisen ebenso auftreten wie Versorgungsengpässe, Massenarbeitslosigkeit, Massenpleiten, soziale Spannungen und Unruhen. Die davon betroffenen Staaten, vor allem aber deren Bürger (!), können ganz von vorn anfangen. Das Gefühl, heute nicht zu wissen, wovon man morgen leben soll, ist nicht sehr erhebend. Unsere Vorfahren haben das 1923 und 1948 erlebt. Und wir, unsere Kinder und Enkel?

Abb. 54

Die zuvor behandelten Zins- und Zinseszinsbeispiele machen – leider! – noch ein paar Dinge deutlich:

1. Wer Geld auf ein „sicheres“ Sparkonto legt und wartet, bis die Kaufkraft wächst, der wartet vergeblich. Es gibt keine langfristige, inflationssichere Kapitalanlage in Geldwerten. Daran ändert auch das gesamte Spektrum von Zinsderivat- oder Carry-Trade-Geschäften nichts. Allenfalls wird die Inflation kurzfristig von einem Land ins andere transferiert, ein Pingpongspiel mit der Geldblase.

2. Auch wenn der Euro im Vergleich zu vielen anderen Währungen den Ruf relativer Stabilität genießt, so bedeutet dies lediglich: Im besten Fall vollzieht sich der Kollaps des Euro etwas langsamer. Immerhin war im Jahr 2006 das Wachstum der Geldmenge M3 gut viermal so hoch wie das Wachstum des Sozialprodukts.

3. „Die Reichen werden immer Reicher, die Armen immer ärmer.“ Was sich hier liest wie ein Auszug aus dem Kommunistischen Manifest oder aus einem linkslastigen Kampfblatt, ist leicht als Realität nachzuvollziehen. Während die einen die ständig und exponentiell wachsenden Zinsen einstreichen, ohne hierfür tägliche Leistungen zu erbringen, müssen andere dieses Geld durch Verschuldung aufbringen – zwei Seiten einer und derselben Medaille. Während die Verarmung der weniger Vermögenden tägliche, traurige Realität ist, steht auch der Vermögenszuwachs der „Reichen“ nur auf dem Papier. In Wirklichkeit wird er von der Inflation zunichte gemacht. Daß Schuldner wie Gläubiger Privatpersonen, Unternehmen oder die öffentliche Hand sein können, macht keinen prinzipiellen Unterschied.

4. Jeder Verbraucher bezahlt täglich unbewußt und in erheblichem Umfang indirekte Zinsen. Das gilt für den Mieter einer Wohnung, für sämtliche Reisende im Jumbojet, im ICE, der S-Bahn oder im Stadtbus, für den Kunden im Supermarkt und viele andere. In all diesen Fällen nutzt der Mensch eine Infrastruktur, für die große Geldsummen investiert und in aller Regel auf Kredit finanziert wurden. Die Größenordnung des Zinsanteils ist freilich von Fall zu Fall sehr unterschiedlich. Die Beispiele lassen sich für den Bezug von Strom, Gas, Wasser und eine Vielzahl anderer Dinge beliebig fortsetzen.

5. Dies alles funktioniert – bislang! – nur, weil die Wirtschaften rasant und immer schneller wachsen – gleich einem Schwungrad, das auf immer höhere Drehzahlen gebracht wird. Das Schwungrad kann man im Labor testen, bis es auseinanderfliegt. Aber die Wirtschaftssysteme finden nicht im Labor statt, sie müssen der Wirklichkeit standhalten.

6. Der in immer höhere (unwirtschaftliche, rohstoffverzehrende und umweltschädliche) Drehzahlen getriebene Motor der Weltwirtschaft muß eines Tages zerbersten, wenn nicht die immer weiter steigende Überlastung von ihm genommen wird. Es muß wieder zu einem Gleichschritt kommen zwischen Wachstum der Wirtschaft und Wachstum des Geldes.

Neu ist diese Erkenntnis nicht: Zu Zeiten des Goldstandards gab es diese weitgehendste Stabilität – bei allen Fehlern, die im Zusammenhang mit dem Goldstandard gemacht wurden und die sich nicht wiederholen dürfen.

Der weltweit existierende Zinsturm zu Babel hat eine bedenkliche Höhe erreicht. Er steht noch, aber er wankt bedrohlich. Was er weit dringender braucht als zusätzliche Höhe, ist ein solides Fundament.

Ein neuer Goldstandard?

Wie wir im vorangegangenen Kapitel gesehen haben, ist der Kollaps der weltweit praktizierten Geldschein- bzw. Scheingeldwährungen keine politisch motivierte Latrinenparole, sondern eine Folge mathematischer Gesetzmäßigkeit. Es geht nicht um das Ob, sondern um das Wie und das Wann. Und weiter geht es mit der Frage, was danach kommt. Man kann auf den Geldscheinen ein paar Nullen wegstreichen und nach erfolgreicher Volksenteignung weitermachen wie bisher, was aber nur eine Neuauflage des alten Schulden-Monopoly bedeuten würde. Das Inflationsproblem wäre damit keineswegs gelöst.

Es wird nicht viel anders funktionieren können als 1923 und 1948: 1923 wurde die neue Rentenmark wieder durch Gold und Hypotheken auf Sachwerte gedeckt, die D-Mark 1948 war an den damals noch goldgedeckten Dollar gekoppelt. Wie also kann – oder muß – die Deckung einer neuen Währung aussehen?

Kaum eine Frage wird in „Gold-Kreisen" – wozu Goldbefürworter ebenso zu zählen sind wie Gold-Gegner – so kontrovers diskutiert wie die, ob ein wie auch immer gestalteter Goldwährungsstandard wieder eine Zukunft haben könnte.

„Völlig absurd!", schimpfen die einen, „Es wird gar nichts anderes übrig bleiben" kontern die anderen. Wo liegt die Wahrheit? Zumindest zweierlei dürfte klar und unstreitig sein: Wenn das bisherige, weltumspannende „Fiat-Money-System" mehr oder weniger spektakulär zu Bruch geht, so muß an dessen Stelle ein Währungsgefüge treten, das nicht noch einmal die Fehler des bisherigen wiederholt. Und als Sicherungsmittel wird das Gold wieder ins Gespräch kommen. Aber selbst wenn die Währungshüter einen Weg zur goldgedeckten Währung finden und einschlagen würden, dürfen die heute längst üblichen Wege des elektronischen nationalen und internationalen Zahlungsverkehrs darunter nicht leiden, dem weltweiten Warenhandel dürfen keine neuen und unnötigen Hindernisse erwachsen.

Eine reine Goldumlaufswährung kommt nicht mehr in Frage. Es gibt zu wenig Gold. Nicht anders verhält sich das mit gemischten Goldumlaufswährungen (zu den Definitionen siehe Seite 33). Allenfalls, dies sagt der Verfasser mit aller Vorsicht, käme eine Goldkernwährung in Frage, bei dem umlaufende Banknoten ganz oder teilweise durch bei der Zentralbank hinterlegtes Gold gedeckt sind, im Prinzip also wie in den europäischen Staaten vor Ausbruch des Ersten Weltkrieges, oder auch ein Gold-Devisenstandard mit der Möglichkeit der Deckung des umlaufenden Geldes über den Tausch in goldgedeckte Währungen.

So sehr mancher heute der Währungsstabilität der „guten alten Zeit" nachtrauert, so gibt es auch Dinge, denen niemand nachweint und deren Wiedereinführung guten Gewissens niemand fordern kann, denken wir nur an noch kaum entwickelte soziale Absicherungssysteme und andere Schieflagen, die den Klassenkampfideologien von Kommunisten und Sozialisten roter oder brauner Prägung überhaupt erst den Nährboden bereitet haben. Denken wir aber auch und vor allem daran, daß es Arbeitnehmer und Kleinsparer sind, die im Falle einer neuerlichen Hyper-Inflation des bestehenden Papierwährungssystems in vorderster Linie die Zeche bezahlen, wenn Ersparnisse und Rentenversicherungssysteme wieder mal vernichtet sein werden.

Die große Kunst – manche nennen es die Quadratur des Kreises – besteht darin, ein Golddeckungssystem zu entwickeln, das die stabilisierenden und inflationshemmenden Eigenschaften eines Goldstandards hat, ohne dessen immer wieder beschworene Nachteile – vor allem Deflation und deren Folgewirkungen – zu entfalten. Die Relation Geldumlauf, Wirtschaftswachstum und vorhandener Goldbestand müssen also „im Gleichschritt marschieren". Und vor allem setzt jeder funktionierende Goldstandard äußerste Disziplin der öffentlichen Haushalte voraus.

Auf die grundsätzliche Problematik des Goldstandards angesichts knapper werdenden Golds ist bereits die preußische Amtspresse anno 1894 eingegangen, siehe Seite 39.

Stellen wir uns, heute, folgendes einfache Beispiel vor:

> *Die Brauerei Prosit braut im Jahresschnitt 100.000 hl Bier. Sie macht damit 15 Millionen € Umsatz. Wegen gewachsenen Volksdursts entsteht in diesem Jahr aber ein Bedarf an 102.000 hl. Also wird die Brauerei Prosit 2.000 hl Bier zusätzlich brauen. Sie produziert damit zwei Prozent reales Wachstum. Verständlicherweise will sie dafür zusätzlich 30.000 € einnehmen – zwei Prozent mehr. Das geht aber nur, wenn dieses Geld auch beim Verbraucher zur Verfügung steht.*

Ist dieses Geld aber nicht verfügbar, weil zu wenig davon im Umlauf ist, hätte die Brauerei Prosit statt 100.000 hl jetzt 102.000 hl Bier für 15 Millionen € produziert. Die Brauerei kann nun im günstigsten Fall den Umsatz drosseln und Personal entlassen. Das geht nur eine Zeitlang, dann würde die Produktion zusammenbrechen. Und selbstverständlich würde das nicht nur der Brauerei so ergehen.

Wenn also die Geldmenge nicht mit dem realen Wirtschaftswachstum Schritt hält, kommt automatisch eine gefährliche Deflationsspirale in Gang.

Damit dies nicht eintritt, müßte bei einer goldunterlegten Währung der Goldbestand der Zentralbank um den Prozentsatz des Wirtschaftswachstums steigen. Gelingt das nicht, etwa weil kein Gold am Markt beschafft werden kann, müßte der Bewertungsmaßstab Gold/Geld angepaßt werden. Dies heißt, bei wachsender Wirtschaft und konstantem Goldbestand würde die Währung in jedem Jahr eine gewisse Abwertung erfahren, das Gold würde also „teurer". Solange alle Beteiligten mit höchster Disziplin vorgehen und der Staat keine Schulden macht, wäre diese Verteuerung des Golds keine Inflation, denn die Verteuerung resultiert lediglich aus der relativen Verknappung des Golds im Verhältnis zur wirtschaftlichen Entwicklung. Die Stabilität bliebe gewahrt, das könnte funktionieren! Man hätte eine Währung, die „so gut wie Gold" ist, und zwar selbst – bzw. erst recht – dann, wenn alle Bürger ihr Bares gegen Gold der Zentralbank eintauschen würden, ein gewiß hypothetischer Fall. Denn mit seinem gesamten Geld könnte jeder Bürger im höchsten Fall „seinen" Anteil am Schatz der Zentralbank eintauschen, mehr jedoch nicht.

Der Verfasser ahnt die Proteststürme so mancher Leser über diese Aussage. Das würde sofort eine verheerende Flucht ins Gold auslösen, weil ja jeder an der nächsten erwarteten Goldpreisanpassung verdienen will. Stimmt. Aber die stabilisierende Wirkung des Goldstandards würde sofort greifen: Durch kurzfristige Deflation würde die Wirtschaft dann eben mal nicht wachsen, die Spekulation ginge ins Leere! – Und prompt wäre das der Wirtschaft entzogene Geld wieder in Umlauf.

Über die Wiedereinführung eines Goldstandards denken augenblicklich wesentlich bedeutendere und mächtigere Leute nach als der Verfasser dieses Büchleins, nämlich die Finanzstrategen des Ölbunkers der Welt – des arabischen Wirtschaftsraums. Dort hat man längst gemerkt, daß es ziemlich egal ist, ob man ein Barrel Rohöl für 30 oder 100 Dollar verkauft, wenn man sich dafür nichts mehr kaufen kann. Sehr zum Ärger Amerikas hat deshalb schon Saddam

Hussein laut darüber nachgedacht, das Öl statt in US-Dollar zum Beispiel in Euro abzurechnen. Wenn die arabischen Staaten mit solchen Gedankenspielen Ernst machen, käme es alsbald zu einer massiven Abwertung des US-Dollars weltweit. Der Euro ist jedoch beileibe keine starke und stabile Währung, nur weil es im Verhältnis zum besonders schwachen Dollar so scheint. Deswegen wird ein neuer **Gold-Dinar** als Öl-Standardwährung derzeit ernsthaft diskutiert und vor allem von islamischen Staaten wie Iran oder Malaysia propagiert.

Der Golddinar ist im Moment – Frühjahr 2007 – noch eher ein Sammlerobjekt, nämlich eine 4,25 Gramm wiegende Münze mit einer Reinheit von 0,917. Das entspricht etwa 0,125 Feinunzen Gold. Es ist auch noch recht ruhig um diese Goldwährung. Um in dieser Währung mit den heute üblichen elektronischen Verfahren internationalen Handel betreiben zu können, bedarf es einer geeigneten Infrastruktur, die noch nicht vorhanden ist. Sollte sich jedoch – etwa im Zuge eskalierender militärischer Auseinandersetzungen rund um den Persischen Golf – die Lage weiter zuspitzen, dann könnte eine Politik „Öl gegen Gold" quasi über Nacht das Geschehen bestimmen.

Bleiben wir an dieser Stelle bei völlig friedfertigen Überlegungen. Im Prinzip handelt es sich bei dem neuen Gold-Dinarsystem in den Vorstellungen seiner geistigen Väter um ein neues Goldreservesystem à la Bretton Woods, allerdings ohne dessen systemimmanenten „Geburtsfehler" der fehlenden Symmetrie zwischen den Währungen.

Im Oktober 2002 war der malaysische Premier Mahatir bin Mohamad Gastgeber eines Seminars unter dem Titel „Der Golddinar im internationalen Handel", der eine vorbereitende Konferenz im August 2002 vorangegangen war.

> *Am Beispiel des Handels zwischen Malaysia und Saudi-Arabien verdeutlichte der Ökonom und stellvertretende malaysische Finanzminister Tan Sri Nor Mohamad Yakcop auf der Augustkonferenz das System: "Malaysische Exporteure werden für ihre Ausfuhren am Fälligkeitsdatum von der Bank Negara, der malaysischen Nationalbank, in Ringgit, der malaysischen Nationalwährung, bezahlt... In ähnlicher Weise werden die Importeure den Gegenwert in Ringgit für ihre Einfuhren an die Bank Negara abführen. Die saudische Zentralbank wird für ihre Im- und Exporte gleichermaßen aktiv. Nehmen wir z. B. an, daß nach einem Vierteljahr der Export von Malaysia nach Saudi-Arabien 2 Millionen Golddinar betragen und der saudische Export nach Malaysia im gleichen Zeitraum 1,8 Millionen Golddinar erreicht*

hat, dann wird die saudische Zentralbank für dieses bestimmte Quartal an die Bank Negara 0,2 Millionen Golddinar überweisen. Das kann in der Weise geschehen, daß die Saudis 0,2 Millionen Unzen Gold durch den Kurator ihres Kontos bei der Bank von England über den Kurator des Kontos der Bank Negara in der gleichen Bank transferieren. Das Wichtige aber bleibt hierbei, daß es mit dem Einsatz der recht bescheidenen Summe von 0,2 Millionen Golddinar möglich war, ein reales Gesamthandelsvolumen in Höhe von 3,8 Millionen zu stützen."

Der Schwachpunkt dieses Systems liegt allerdings im Gold selbst, das ein Gegenstand der Spekulation ist, besonders wenn es an eine Währung wie den Dollar gebunden ist, der wegen des jederzeit möglichen Zusammenbruchs des US-amerikanischen Banksystems stark absturzgefährdet ist. Mahatir ist sich dieses Problems bewußt: *„Auch der Goldpreis kann manipuliert werden,"* sagte er, *„aber nicht ganz so leicht wie der US-Dollar oder andere Valuten... Spekulation und Manipulation wird nicht so leicht einzusetzen sein, wie wenn eine regionale Währung an den Dollar geknüpft ist... Der Wert eines Golddinars bleibt der eines Golddinars, unabhängig vom Wechselkurs zwischen dem Golddinar und einer anderen Währung. Wenn der Warenwert und die Leistungen sich in Golddinar ausdrücken, bleibt sein Wert gleich, egal, welches Land am Handel beteiligt ist."*

Der Gold-Dinar Abb. 55

Auf der Konferenz im Oktober 2003 ergänzte Mahatir bin Mohamad:

> *Natürlich könne der Golddinar „die Handelswährung aller Länder werden, nicht nur der muslimischen; aber die islamischen Länder sind am besten in der Lage, die Wirksamkeit dieses Systems zu demonstrieren... und im Zuge dessen aller Welt zu zeigen, daß sie mit Stabilität und Frieden wachsen können. Und damit wird mehr gegen feindselige Unterdrückung getan als durch unnütze gewalttätige Vergeltungsmaßnahmen."* [112]

Dies wäre ohne Zweifel der Alptraum amerikanischer Währungspolitiker. Der von vielen längst als überflüssig erachtete IWF sieht das verständlicherweise mit Grausen, denn das könnte seinen endgültigen Zusammenbruch auslösen.

Es ist durchaus vorauszusehen, daß die arabischen Ölförderstaaten – einschließlich des traditionell pro-westlichen Saudi-Arabien – eines Tages für ihren Rohstoff Öl kein wertloses Papiergeld mehr wollen und sich aus dem US-Dollar als Zahlungsmittel zurückziehen. Das dürfte für die Weltwirtschaft äußerst spannende Zeiten bedeuten. Wie das vor sich gehen wird, darüber gibt es allerlei bis ins Detail ausgearbeitete und teilweise widersprüchliche Krisentheorien. Da aber keine davon als einzig schlüssige bewiesen ist, verzichtet der Verfasser auf deren Erörterung.

Im günstigsten Falle stellen die Matadoren des Gold-Dinars die Funktionsfähigkeit des Gold-Dinars mit seiner stabilitäts- und friedensfördernden Wirkung unter Beweis. Dann könnte nichts Besseres passieren, als wenn sich andere Wirtschaftsräume dem System anschließen würden, etwa in Form eines Gold-Dollars oder Gold-Euros – wie auch immer. Ob der maroden Papiergeld-Wirtschaft eine weiche Landung gelingt, darf bezweifelt werden. Zu wünschen wäre es.

Fatal wäre es allerdings, wenn sich militante islamistische Strömungen oder „Schurkenstaaten" ausgerechnet über das Medium einer stabilen Goldwährung die heißbegehrte Herrschaft über alle „Ungläubigen" im Handstreich erkaufen könnten! Erste Anzeichen solcher Tendenzen sind nicht zu verkennen. Die übrige, auf den Erhalt ihrer geistigen, kulturellen und wirtschaftlichen Freiheit bedachte Welt wäre gut beraten, dem rechtzeitig ein geeignetes Gold-Dollar- oder Gold-Euro-System entgegenzusetzen, wenn sie nicht riskieren will, im Zuge des unweigerlichen Kollapses ihres Papiergeldsystems regelrecht an die Wand gefahren zu werden.

Schon jetzt gibt es eine Reihe von Skeptikern, die sich mit teils emotionalen, teils aber auch nüchtern-sachlichen Argumenten gegen eine Wiederankoppelung der Währungen an das Gold wenden.

Da ist zum Beispiel der FDP-Politiker Walter Rasch zu nennen (Berliner Schulsenator von 1975 bis 1981), nach eigenem Bekunden Anhänger des klassischen Liberalismus. [113] Walter Rasch vertritt die Auffassung, jeder größere Goldfund würde die Geldmenge erhöhen und hätte bei konstanter oder weniger stark steigender Gütermenge eine inflationäre Wirkung. Das ist eine zwar richtige, jedoch ziemlich praxisferne Theorie. In Wirklichkeit haben größere Goldfunde ausgesprochenen Seltenheitswert. Daß sich so massive Goldfunde wie 1848 in Kalifornien wiederholen mit der Folge, daß der Goldpreis aufgrund erhöhten realen Angebots (nicht aufgrund von Preismanipulation!) massiv einbricht, darf als ausgesprochen unwahrscheinlich gelten.

Die wenigen Länder mit größeren Goldvorkommen, so Rasch, könnten ein Oligopol analog der OPEC bilden und jederzeit ihre Macht ausspielen, indem sie willkürlich die angebotene Goldmenge drastisch senken oder erhöhen. Folge: starke Erschütterungen der Weltwirtschaft. Wiederum eine richtige Theorie. Aber eben nur Theorie. Denn selbst wenn heute größere neue Goldvorkommen entdeckt werden, würde es Jahre brauchen, bis man das entdeckte Gold schürfen und auf den Markt bringen könnte.

Sodann verweist Rasch auf den amerikanischen Wirtschaftswissenschaftler Paul A. Samuelson, den Träger des Wirtschaftsnobelpreises 1970: *„Es ist absurd, Gold mit einem riesigen Aufwand aus der Erde zu graben, um es danach in den Tresoren von Fort Knox einzuschließen.“* (sinngemäße Übersetzung des Verfassers).

> *Der Verfasser schlägt dem Nobelpreisträger vor, Fort Knox aufzusperren und den sinnlosen Inhalt den Plünderern zu überlassen. Sollen die doch sehen, wie sie mit dem Zeug glücklich werden.*

Fort Knox, Kentucky, USA: eins der bestbewachten Gebäude der Welt. Aber niemand weiß, ob dort noch Gold lagert... Abb. 56

In Raschs Ausführungen kommt auch der schottische Moralphilosoph Adam Smith zu Wort, der im 18. Jahrhundert als Begründer der modernen Volkswirtschaftslehre in die Geschichte eingegangen ist. Adam Smith hatte davor gewarnt, Land, Kapital und Arbeitskraft zu verschwenden, um etwas herzustellen, das in der Form von Papiergeld nahezu kostenlos zur Verfügung steht.

Nun war Smith ein Universalgelehrter, der heute gleich für mehrere Nobelpreise gut wäre – jedenfalls ein zu intelligenter Mann, um solche Binsenwahrheiten ohne fundierte Überlegungen in den Raum zu stellen. Smith wußte sehr wohl um den Unterschied zwischen Gold und Papier. Leider kann man Adam Smith nicht mehr fragen, was er von den heute weltweit gängigen, ungedeckten Papierwährungen halten würde.

Aus Sicht des Verfassers bestehen keine Zweifel, daß die Diskussion um einen neuen Goldwährungsstandard eines Tages wieder in den Fokus des öffentlichen Interesses geraten wird. Denkbar wäre auch ein kombinierter Währungsstandard, bei dem die Unterlegung nicht nur mit Gold erfolgt, sondern bei dem auch andere knappe und werthaltige Materialien, beispielsweise Silber, zum Einsatz kommen. Alles in allem gewiß ein heikles Thema, das große Sorgfalt verdient.

Es steht indes zu befürchten, daß es gerade daran mangeln wird. Man kann sich zusammenreimen, was uns bevorsteht, wenn beispielsweise die Gewerkschaften die Träume ihrer von niemandem bezahlbaren Sozialromantik in Gefahr sehen und mit allen Mitteln dagegen ankämpfen werden, man kann sich vorstellen, wie sich Politiker verhalten, denen der Griff in die öffentlichen Kassen zur liebgewordenen Gewohnheit geworden ist. Die Debatte wird wieder mal von Leuten geführt werden, die ihre Schäfchen im trockenen haben und denen eine Inflation nicht viel ausmacht. Wie sagte Fritz Leutwiler, der langjährige Präsident der Schweizerischen Nationalbank? „Eine Inflation macht wenige reich, aber viele arm." Oder Alan Greenspan: „Ohne Goldstandard gibt es keinen Schutz der Ersparnisse vor der Enteignung durch Inflation". In der Tat könnte das auf Dauer angelegte Privileg des Staats auf schleichende Enteignung seiner Bürger ebenso auf der Kippe stehen wie der auf „ewigem Pump" finanzierte Wohlfahrtsstaat. Mit einhergehen würde das Ende so mancher liebgewordenen Pfründe. Dabei braucht gerade ein dauerhaft funktionierender Sozialstaat keine unbezahlbaren Auswüchse. Aber er braucht nichts so dringend wie eine solide, stabile Währung.

Ein neuer Goldstandard ist kein Allheilmittel gegen jegliche Probleme wirtschaftlicher, monetärer und sozialer Schieflagen, er ist auch kein Heiligtum ohne jede Nachteile. Jedoch ist das rechtzeitige Stoppen der aus den Papierwährungen resultierenden und jederzeit möglichen Hyperinflation durch eine Deckungshinterlegung der Währungen mit Gold einer Totalentwertung aller Sparguthaben und sonstigen Geldwerte allemal vorzuziehen. Niemand weiß, ob das überhaupt noch möglich ist. Nach Ansicht vieler Fachleute ist der Zug längst abgefahren.

Wer auch immer gegen den Goldstandard opponiert, sollte einen unbefangenen Blick in die Schweiz werfen. Trotz der törichten Goldverkäufe der letzten Jahre und weiterer, die bis 2009 folgen sollen (siehe Seite 82 f.), sind die Vorräte mit dann 1.040 Tonnen immer noch vergleichsweise – im Verhältnis zur schweizerischen Volkswirtschaft – beachtlich. Diesem Gold könnte im Zuge einer bevorstehenden Neubewertung eine überaus gewichtige Rolle bei der Bewertung der gesamtwirtschaftlichen Bonität und Stabilität der Alpenrepublik zukommen. Eine in abstrakten Zahlen zwar hohe, jedoch im internationalen Vergleich immer noch geringe Staatsverschuldung, kaum Geldmengenwachstum, geringe Arbeitslosigkeit und Inflation machen die Schweiz zu einer Insel der Glückseligen, umgeben vom immer mehr gebeutelten Euroland. Der Schweizer Franken bleibt eine der stabilsten Währungen der Welt und gegenüber allen anderen Währungen stets aufwertungsverdächtig. Die Schweizer wissen, warum sie sich gegen den Anschluß an den Euro ebenso heftig wehren wie gegen neidvolle Avancen amerikanischer Dollar-Billionäre.

Es werden Zeiten kommen, da werden viele voller Respekt und Bewunderung in die Schweiz und auf deren Gold blicken – immer vorausgesetzt, die Schweiz muß sich nicht ständig neuem internationalen Druck beugen und wider bessere Einsicht ihr Nationalvermögen gegen wertloses Papier verscherbeln.

Die Nachfrage nach Gold und das Angebot

Der Goldmarkt der Gegenwart

„Der Goldmarkt ist für Überraschungen gut“, so lautete eine Meldung im Wirtschaftsteil der Frankfurter Allgemeinen Zeitung vom 11. April 2007. Diese an sich völlig unspektakuläre Schlagzeile steht exemplarisch für eine Menge ähnlicher Botschaften im breiten Spektrum der Medien. Es gibt Tage, da verkünden die Zeitungen zum Thema Gold unter gleichklingenden Überschriften genau Gegenteiliges. Man könnte den Eindruck gewinnen, die Journalisten befänden sich in einer Art Wahlkampf und wollten für jeden Geschmack etwas bieten. Davon unbeeindruckt, verspricht der Markt des physisch vorhandenen Goldes eins der interessantesten Kapitel im Wirtschaftsgeschehen dieses Jahrhunderts zu werden.

Betrachten wir zunächst eine Graphik über die langfristige weltweite Goldförderung:

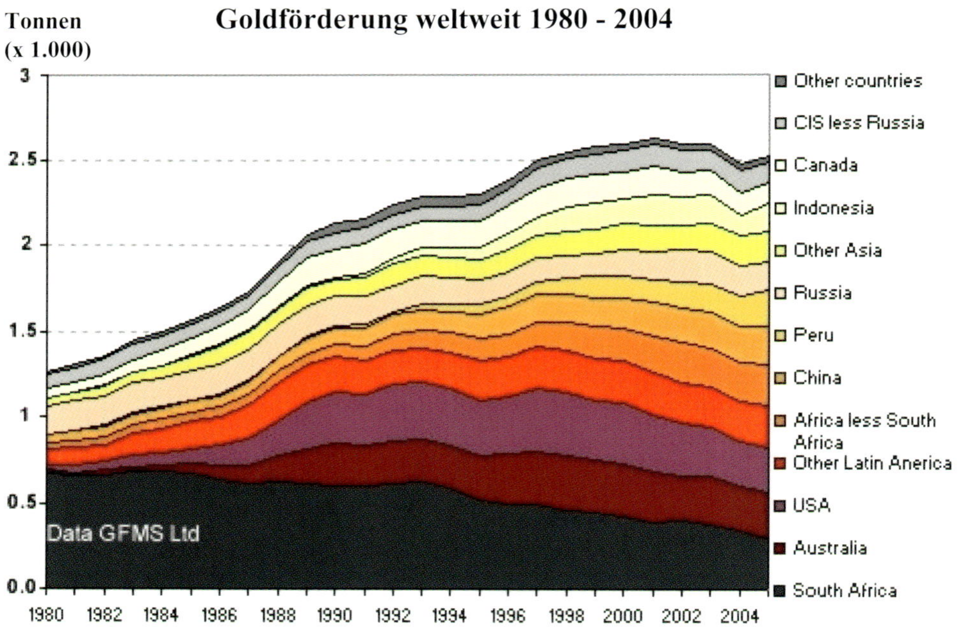

Abb. 57

Die Goldminenförderung, die im Jahr 2001 ihren Zenit erreichte, ist an ihren Grenzen angelangt. Vor allem fällt auf, daß die Minenförderung in traditionellen Goldförderländern wie Südafrika, Australien und USA kontinuierlich sinkt. Moderate Steigerungen in anderen Ländern wie Rußland vermögen dies nicht aufzufangen.

Daß Goldangebot und Goldverbrauch sich nicht mehr im Gleichgewicht befinden, wird aus diesem Schaubild deutlich:

Abb. 58

Rein statistisch sieht das, bezogen auf die letzten Jahre, wie folgt aus:

Physische Nachfrage und das Angebot						
Angaben in Tonnen im Jahr	**2002**	**2003**	**2004**	**2005**	**2006**	**2007**
						(vsl.)
Angebot	**3.012**	**3.261**	**2.864**	**3.359**	**3.536**	**3.553**
Minen	2.177	2.322	2.036	2.518	2.467	2.553
Altgold (Recycling)	835	939	828	841	1.069	*) 1.000
Nachfrage	**3.665**	**3.491**	**3.795**	**4.111**	**4.166**	**4.317**
Schmuckhersteller	2.667	2.481	2.611	2.736	2.267	2.270
Industrie und Zahnmedizin	356	379	408	418	644	644
Physische Käufe der Investoren	339	292	343	425	552	953
Exchange Traded Funds (ETF) **)	3	39	133	232	403	150
Grauer Markt ***)	300	300	300	300	300	300
Saldo	**-653**	**-230**	**-931**	**-752**	**-630**	**-764**

Abb. 59

*) Die Annahme von 1.000 Tonnen Recyclinggold für 2007 beruht auf einer Schätzung des Verfassers anhand der Vorjahreszahlen.

**) siehe Glossar

***) Die Zahlen des Grauen Markts tauchen in keiner offiziellen Statistik auf. Vor allem jedoch auf den Basaren der asiatischen und arabischen Länder spielt der Graue Markt eine ganz erhebliche Rolle. Die hier angegebenen 300 Tonnen sind niedrig geschätzt.

Über die tatsächlichen Zahlen von Goldangebot und -nachfrage gibt es unterschiedliche Quellen mit zum Teil deutlichen Abweichungen. Dies ist nicht überraschend. Solange der Markt zumindest annähernd im Gleichgewicht ist, wird niemand daraus für die Zukunft größere Turbulenzen ableiten. Aber genau dies ist nicht der Fall! Die obige Tabelle verdeutlicht anschaulich das sinkende Angebot bei steigender Nachfrage. Das Defizit auf der Angebotsseite wurde bislang durch Gold Verkäufe und Leihgeschäfte der Zentralbanken abgedeckt. Es ist jedoch vorauszusehen, daß diese Quellen mit dem Abverkauf der letzten Reserven zu Ende sein werden.

Zur Erinnerung (Abb. 34 – 36):

Goldreserven 1955

Goldreserven heute

Goldreserven demnächst?

Bemerkenswert wird das Zahlenwerk außerdem vor dem Hintergrund der Verdoppelung des Goldpreises im Betrachtungszeitraum seit 2002 (siehe Chart Seite 90).

Eine Verdoppelung des Goldpreises müßte also bei ausgeglichenem Markt und stabilen Preisen zu einer Verdoppelung des Angebots oder zu einer Halbierung der Nachfrage führen. Wir sehen sofort, daß das nicht eingetreten ist. Trotz Verdoppelung des Goldpreises ist die Minenproduktion nur um ca. 15 %, das Angebot insgesamt nur um rund 10 % gestiegen, trotz Verdoppelung des Goldpreises ist die Nachfrage um fast 20 % höher als 2002.

Dies läßt nur einen Schluß zu: Das Gold wird in jedem Fall knapper. Vielleicht schneller, als manchem lieb ist...

Bei näherem Hinsehen ist deutlich zu beobachten, daß der steigende Goldpreis innerhalb des Marktes für Verschiebungen sorgt: Während die Nachfrage nach Schmuck seit 2005 beträchtlich sinkt (Ausnahme: Indien und neuerdings auch China!), fließen größere Mengen Gold über die Schmelzöfen dem Kreislauf wieder zu. Allerdings ist die Steigerung beim Recycling vergleichsweise gering, auch dies deutet auf ein knapperes Angebot hin.

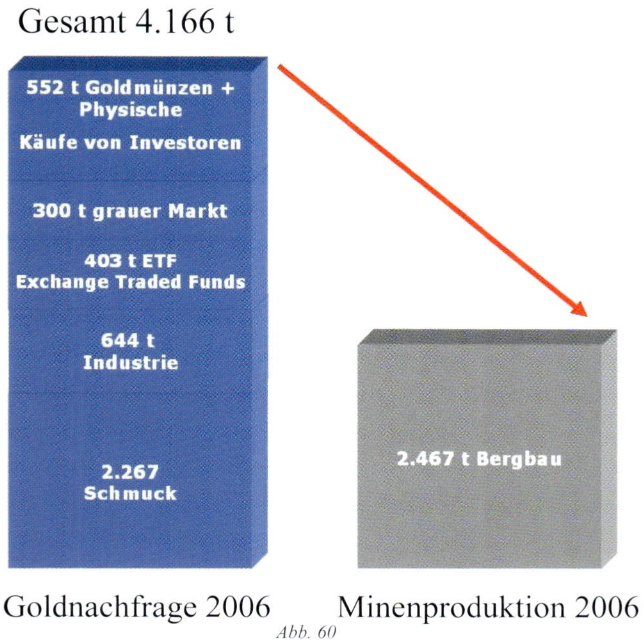

Abb. 60

Die Nachfrage der Industrie und der Schmuckhersteller

Trotz stark gestiegener Goldpreise ist die Nachfrage in der Industrie in den letzten Jahren kräftig angestiegen. Vergoldete Kontakte spielen in Elektrotechnik und Raumfahrt eine Rolle, winzige Goldelemente, sogenannte „Cluster", gelten als vielversprechende Schaltelemente für die Computer der Zukunft. [114]

Weitere Anwendungsgebiete bieten die Katalysator- und Brennstoffzellentechnik. Mit Golddampf behandeltes Fensterglas absorbiert Wärme, neue Nanotechnologien bieten interessante Möglichkeiten im Bereich vieler Industriesparten und der Medizin, ganz zu schweigen vom nach wie vor beliebten, guten alten Zahngold. So interessant diese Perspektiven sein mögen: Ob das, was viele Gold-Theoretiker und Wissenschaftler sich wünschen, Realität werden könnte, wird einzig vom Goldangebot und vom Preis abhängen. Sinkt das Angebot bei weiter steigendem Preis, werden industrielle Anbieter ebenso auf Substitute ausweichen müssen wie Zahnärzte.

Mittelfristig dürfte die Rolle des Industriegoldes deshalb eher rückläufig sein. Es wird zu knapp und zu teuer. Denn es geht nicht mehr um die Frage, was man alles mit Gold anfangen könnte, sondern wofür überhaupt noch Gold zur Verfügung steht.

Etwas anders sieht es bei der Schmuckherstellung aus. Goldschmuck hat eine uralte Tradition, und für eine weltweite Eliteschicht wird Gold für Repräsentationszwecke weiterhin von Bedeutung sein, jedenfalls dort, wo der Preis keine Rolle spielt. Wie sich aber schon in der Vergangenheit gezeigt hat, beeinflußt der Goldpreis die Schmuckherstellung mehr als viele anderen Bereiche. Schmuck gehört zu den schönen, aber nicht lebensnotwendigen Dingen. Ein steigender Goldpreis wird sich daher dämpfend auf die Nachfrage nach Goldschmuck auswirken und könnte diese – rein theoretisch und im Extremfall – zeitweilig zum Erliegen bringen. Auf zwei der weltweit bedeutendsten Märkte zeichnet sich jedoch eine genau gegenteilige Entwicklung ab, nämlich in Indien und China! So lag der Zuwachs in Indien im ersten Quartal 2007 bei stolzen 50 % und auch in China wurde mit 31 % deutlich mehr Gold nachgefragt als im Vorjahresquartal. [115]

Gerade im Bereich der Schmuckherstellung nimmt Indien eine Sonderstellung ein. Wachsender privater Wohlstand und eine in Indien ohnehin vorhandene Popularität des Golds machen den Subkontinent zum Land mit der größten Goldschmuckproduktion weltweit, und dies sicher über den Horizont der nächsten Jahre hinaus. Ähnliches ist auch in China abzusehen.

Der große liegende Buddha im Massagetempel Wat Po in Bangkok. Eine Menge Gold, aber es steht dem Markt nicht zur Verfügung. Abb. 61

Nicht anders ist das bei der Shwedagon-Pagode in Rangun (Birma). Der Stupa, ein dem Buddhismus geweihtes Denkmal, ist mit 60 Tonnen Gold belegt!

Abb. 62

Das künftige Goldangebot

Wenden wir uns der nächsten Tabelle zu. Die Endlichkeit des Rohstoffs Gold wird ein weiteres Mal sichtbar. Zwar wird ein steigender Goldpreis die Wirtschaftlichkeit mancher längst wegen fehlender Rentabilität geschlossener Goldmine neu begründen, man wird also manche alte Mine wieder aufmachen und zu neuem Leben erwecken. Selbst wenn man die bekannten, aber derzeit nicht wirtschaftlich zu fördernden Goldmengen dem künftigen Angebot hinzurechnet, so wird dieses Gold nur über einen langen Zeitraum verteilt und zu hohen Preisen tatsächlich zur Verfügung stehen. Auch die etwaige Reaktivierung stillgelegter Goldminen wird den Markt nicht über Nacht mit frischem Gold versorgen.

Gegenwärtig geht man von folgenden Goldreserven aus (Angaben in Tonnen):

Rang	**Land**	**Wirtschaftlich erschließbare Reserven**	**Gesamte Reserven**
1.	Südafrika	6.000	36.000
2.	Australien	5.000	6.000
3.	Peru	3.500	4.100
4.	**Rußland**	3.000	3.500
5.	USA	2.700	3.700
6.	Indonesien	1.800	2.800
7.	Kanada	1.300	3.500
8.	VR China	1.200	4.100
...	**Andere Länder**	17.000	26.000
...	**Welt**	**42.000**	**90.000**

Abb. 63

Optimistischere Quellen gehen von bis zu 100.000 t weltweit vorhandener Goldreserven aus. [116]

Zu diesen Reserven hinzu kommen – rein theoretisch – einige Millionen Tonnen Gold in den Weltmeeren und in der Erdkruste. Wegen der geringen Konzentration wird die Förderung dieses Goldes auch langfristig ein Wunschtraum bleiben.

Wenn also weiterhin jährlich 2.500 Tonnen Gold gefördert werden, aber keine neuen Vorkommen entdeckt werden, dann ist im Jahr 2034 das Gold alle, die Vorkommen sind erschöpft – eine ganz einfache Rechnung.

Nun, ganz so wird es nicht kommen. Aber die Tendenz bleibt: Von 1995 bis 2005 wurden etwa 25.000 Tonnen Gold gefördert, aber nur Neuvorkommen von 6.000 Tonnen entdeckt.

Gold
In 10 Jahren geförderte Menge
vs. neu entdeckte Menge

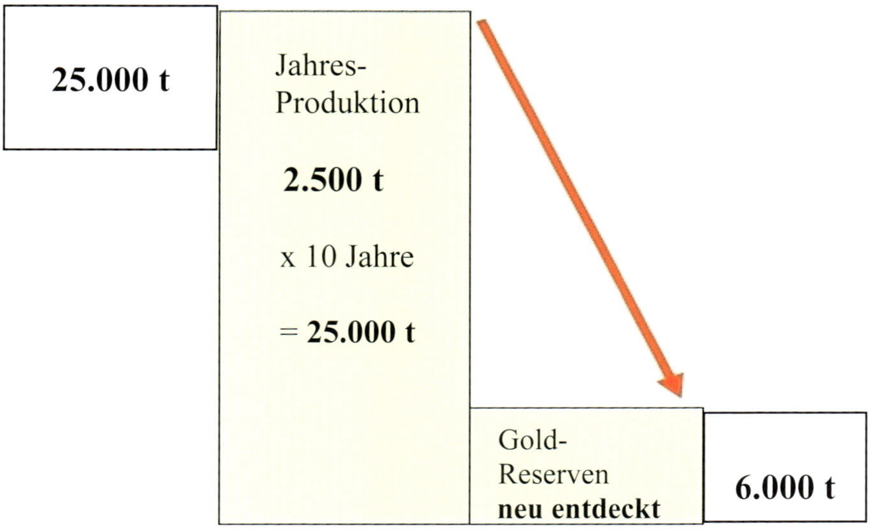

Abb. 64

Vor allem in Südafrika, wo schon jetzt große Mengen aus Tiefen von über 3.000 Metern geholt werden, wird der Goldbergbau noch eine längere Zukunft haben, allerdings bei weiter steigenden Schwierigkeiten und Kosten – und erheblichen Gefahren für die Mineure, was man nicht ganz vergessen sollte.

Am unproblematischsten gestaltet sich die Förderung in Australien, wo man „nur“ kubikkilometerweise den Wüstensand umgraben muß. Andere Vorhaben sind heftig umstritten und ökologisch bedenklich, etwa in den Karpaten bei Rosia Montana (Siebenbürgen). Vermutet werden dort einige hundert Tonnen Gold bei einer Konzentration von 1 g je Tonne Abraum. Aber für deren Förderung müßte man Dörfer umsiedeln und zerstören und ganze Landstriche in Mondlandschaften verwandeln. Es gibt noch eine Menge ähnlicher ökologisch wie ökonomisch fragwürdiger Beispiele. Nicht nur Umweltschützer gehen dagegen auf die Barrikaden. [117]

Die undurchsichtige Rolle der Zentralbanken

Eine weiterhin unbekannte Größe, sowohl auf der Angebots- wie auf der Nachfrageseite, bleibt das künftige Verhalten der Zentralbanken. Niemand kennt deren tatsächliche Goldbestände zuverlässig. Die einen verkaufen – wie lange noch? Das Washingtoner Goldabkommen läuft 2009 aus. Was dann? Schon jetzt schöpfen die Zentralbanken ihre Verkaufskontingente nicht mehr aus. Handeln sie aus wirtschaftlicher Vernunft oder haben sie nicht mehr das nötige Gold? Wie lange werden sich europäische Zentralbanken noch dem amerikanischen Verkaufsdruck beugen?

Die größten Verkäufer unter den Zentralbanken waren 2006 Frankreich mit 132 Tonnen, die Niederlande mit 67 Tonnen, Spanien mit 62 Tonnen und Portugal mit 45 Tonnen. Im gleichen Zeitraum kaufte Rußland 9 Tonnen, die Mongolei 7 Tonnen und Weißrußland 5 Tonnen. China, Japan, Taiwan und Südkorea tauchen trotz ihrer immensen Papiergeldreserven nicht als offizielle Goldkäufer auf – **noch nicht!** Wenn sich gerade in diesem Bereich in vielleicht naher Zukunft massive Änderungen auf der Nachfrageseite ergeben, dann kann das niemanden wundern. [118] Bekanntlich lautet ein altes Sprichwort: „Gold strebt zur Macht.“

Im Frühjahr 2007 sind vor allem Frankreich und Spanien als Verkäufer am Markt. Beide Länder brauchen niedrige Zinsen, um die Implosion ihrer Immobilienblasen zu vermeiden – oder nur zu verschieben? – das ist die Frage.

Trotzdem gibt der Preis kaum nach. Wenn Spanien in drei Monaten 107 Tonnen Gold und damit ein Viertel seiner gesamten Reserven auf den Markt wirft, dann „riecht“ das förmlich nach Ausverkauf und letztem Aufgebot. [119] [120]

Neue Goldmärkte in Asien

Diese bisherige Analyse des Goldmarkts beruht auf der Annahme, daß im wesentlichen alles so bleibt wie es ist und sich an der Bedeutung des Goldes nichts Grundsätzliches ändert. Aber solche grundsätzlichen Veränderungen werden immer wahrscheinlicher.

Während sich in Europa und vor allem Amerika einerseits die Papierwährungen weiter fleißig aufblähen und sich andererseits langwierige, zähe Diskussionen über das „barbarische Metall“ hinschleppen, tut sich, von vielen unbemerkt, an den asiatischen Edelmetallmärkten Erstaunliches.

Um im Bild zu bleiben: Wenn Ben Bernanke so viele US-Dollar druckt, daß er sie mit dem Hubschrauber abwerfen muß, dann ist es kein Wunder, wenn diese Dollarnoten irgendwo hinwehen. Und sie wehen entgegen dem Ölstrom in die arabischen Länder, aber auch weiter nach Japan und China.

China ist viertgrößter Goldproduzent mit 247 Tonnen im Jahr 2006. [121] Laut der *China Gold Association* soll der chinesische Goldbedarf 2007 auf 350 Tonnen steigen. Allein aufgrund dieser Berechnung müssen 2007 rund 100 Tonnen Gold vom Weltmarkt eingekauft werden. Wenn es dabei bleibt! [122]

In China soll in naher Zukunft der Handel mit Goldfutures eingeführt werden, was die Popularität im bevölkerungsreichsten Land der Erde steigern wird. Wahrscheinlich steht die Einführung der Futures in Zusammenhang mit der *China Gold Association*, die angekündigt hat, ihre Anstrengungen zu verdoppeln, um das gelbe Metall bekannter zu machen. [123]

Nach der Aufhebung des chinesischen Goldverbots 2003 wird nun also höchst offiziell für Gold Werbung gemacht! – sinngemäß nach dem Motto „Leute, kauft Gold, da habt ihr was Gescheites...“ Es ist undenkbar, daß so etwas ohne Wissen oder gar gegen den Willen der Staatsführung geschieht. Der chinesische Privatmarkt scheint das Gold aufzunehmen wie ein trockener Schwamm das Wasser.

Noch immer sind die Goldpreise vergleichsweise günstig. Man könnte beinahe zu der Annahme gelangen, die chinesische Regierung wolle ihren Bürgern mit der staatlich sanktionierten Goldwerbung etwas Gutes tun, ehe sie selbst massiv in den Markt eingreift,

denn:

Aktuell verfügt China über Devisenreserven von 1,3 Billionen US-Dollar, das ist eine Zahl mit 12 Nullen. Jeden Monat erhöht sich diese Zahl um weitere 20 Milliarden Dollar. Zwar führt der künstlich niedrige Wechselkurs zu einer „brummenden" Exportwirtschaft, jedoch auch zu einer zunehmenden Exportabhängigkeit des Landes. [124]

Abb. 65

Wie lange wird Chinas zwar autokratisch regierende, jedoch längst ökonomischen Gesetzen folgende Führung diesen Weg noch beschreiten? Der Außenhandelsüberschuß Chinas wird sich ein Ventil suchen, und er wird es finden.

Die ganze Welt kauft in China billig ein. Nutznießer sind neben den Europäern vor allem die USA. Längst unterlaufen die Preise für chinesische Textilien die in anderen Ländern herrschenden Produktionskosten, chinesische Automobile erobern den Weltmarkt, die Produktpiraterie schießt nur so ins Kraut. Dies bedeutet nicht nur den Verlust von Arbeitsplätzen überall in der Welt, die Chinesen bezahlen quasi nebenher die – vor allem amerikanische – Inflation und – nicht zuletzt – den Irak-Krieg! Das trübt allmählich die Freude an den hohen Exportüberschüssen in dem Riesenreich kräftig, denn im Prinzip tut sich dort derzeit dasselbe wie in Deutschland in den 1960er Jahren zu Zeiten des Bretton-Woods-Abkommens. Die Chinesen, die der amerikanischen Politik im Nahen Osten schon lange kritisch gegenüberstehen, werden das spätestens dann nicht mehr mitmachen, wenn der eigene Nutzen auf der Strecke zu bleiben droht.

Bretton Wood hat bewiesen, daß das alles nur eine Zeitlang funktioniert. Chinas Premier Wen Jiabao hat angedeutet, daß China diese Politik nicht unbegrenzt fortsetzen kann und will. Was also könnte China tun? Bis jetzt ist ein Großteil der chinesischen Währungsreserven in – vermeintlich sicheren – Dollar-Anleihen angelegt. Doch in Peking denkt man immer intensiver über bessere Anlagemöglichkeiten nach. So wurde eigens die Gründung einer Behörde beschlossen, die für Teile der chinesischen Währungsreserve nach den weltweit besten und sichersten Anlagemöglichkeiten suchen soll. [125]

Selbst wenn die bisherigen chinesischen Dollarreserven unangetastet bleiben sollten, ergeben sich allein durch die Zuwächse sehr rasch dreistellige Milliardenbeträge, spätestens in fünf Jahren dürfte die nächste Billion erreicht sein. Zunächst dürfte davon durchaus der Euro-Raum profitieren. Aber der Druck auf den Dollar wird extrem zunehmen. Amerika kann den Dollar jederzeit abwerten und ist nach Kräften dabei, dies auch zu tun. Die Chinesen werden handeln **müssen**, wenn sie nicht tatenlos zusehen wollen, wie sich ihre nahezu kompletten Devisenreserven im Nichts auflösen. Es kann nicht ausbleiben, daß auch das Gold in den Fokus chinesischer Überlegungen geraten wird.

China verfügt über eine Goldreserve von 600 Tonnen. Bezogen auf die Devisenreserven des Jahres 2004 entsprach dies einem Anteil von gerade mal 1,9 Prozent (zum Vergleich Deutschland: 45,3 Prozent – nach wahrscheinlich falschen offiziellen Angaben). Heute wäre das noch weniger, nämlich 1,27 Prozent. [126]

Unterstellen wir, daß Peking 10 Prozent seines jährlichen Dollar-Zuflusses in Gold anlegen würde, so wäre das ein Investitionsvolumen von 24 Milliarden US-Dollar. Bei einem Kurs von 21.223,85 US-$ je Kilogramm (Kurs New York vom 20.03.2007) ergibt das eine Menge von 1.130,8 Tonnen, rund 47 Prozent der jährlichen weltweiten Goldfördermenge!

Gehen wir einen Schritt weiter und unterstellen, China würde 10 Prozent seines gesamten Bestandes an US-$, nämlich 100 Milliarden US-$ in das Metall investieren, dann wären das bei einem Kurs von 21.200 US-$ je Kilogramm 4.717 Tonnen – fast das Doppelte der weltweiten Jahresproduktion.

Eventuell könnte China auf die Goldreserven der Notenbanken – angeblich weltweit rund 33.000 Tonnen – zurückgreifen und dort einkaufen. Wie bereits erörtert, ist zu bezweifeln, ob diese Reserven überhaupt noch in dieser Höhe existieren (siehe Seite 86).

Soviel zu China. Aber auch in Japan erreichen die Devisenreserven Rekordniveau, und sinngemäß gilt dort das gleiche:

Laut dem japanischen Finanzministerium sind in Japan die Devisenreserven Ende März 2007 auf ein Rekordhoch von 908,96 Milliarden Dollar gestiegen nach 905,05 Milliarden einen Monat zuvor. Damit bleibt Japan nach China der weltweit zweitgrößte Halter von Devisen. Schon im Januar 2004 hatte der japanische Finanzminister Tanigaki vor einem Parlamentsausschuß angedeutet, Japan könnte einen Teil seiner Devisenreserven in Gold eintauschen. Damals war diese Äußerung nur als Fingerzeig in Richtung USA gedacht, die USA mögen von Druck auf Japan bezüglich einer Yen-Aufwertung absehen. Aber wie lange wird Japan bei seiner vornehmen Zurückhaltung bleiben? [127]

Machen wir jetzt die gleiche Rechnung wie im Beispiel China und unterstellen, Japan würde 10 Prozent seiner Dollarreserven in Gold anlegen, dann wären das noch mal 4.370 Tonnen.

Das 10-Prozent-Beispiel ist willkürlich gewählt. Es könnten 5 Prozent, aber auch 20 oder 30 Prozent sein, was diese Länder auf ihren Goldwunschzettel schreiben. Realistisch wären solche Größenordnungen kaum, denn so viel Gold ist weltweit nicht verfügbar.

Stichwort „Domino-Effekte“: Wenn China oder/und Japan damit beginnen, ihre wertlosen Papierdollars in kleinen Schritten in Gold zu konvertieren, was würden wohl andere Dollar-Milliardäre unter den Schwellenländern Südostasiens tun? Taiwan sitzt auf über 260 Milliarden, Südkorea auf gut 200 Milliarden, Indien auf 152 Milliarden Dollar... So könnte man die Litanei weiterspinnen mit dem Euro-Raum und den arabischen Ölländern, die gerade über ihrem Gold-Dinar brüten. Was hierzu im vorangegangenen Kapitel „Ein neuer Goldstandard?“ gesagt wurde, könnte auch an dieser Stelle passen.

Vieles spricht dafür, daß die Asiaten das Ende mit Schrecken dem Schrecken ohne Ende vorziehen und sich allmählich aus dem Dollar zurückziehen, solange von ihren Geldern noch etwas übrig ist. Im Umkehrschluß kann das nur heißen: Sollte auch nur ein kleiner Teil dieser gewaltigen Beträge in Gold umgeschichtet werden, so hätte das dramatische Auswirkungen auf den Goldpreis.

Welche Rolle spielen künftige Goldpreismanipulationen?

Mit den Goldpreismanipulationen der Vergangenheit haben wir uns im ersten Abschnitt dieses Buches bereits ausgiebig befaßt. An der Interessenlage von USA und FED an einem niedrigen Goldpreis wird sich nichts ändern. Bernanke & Co. dürften also weiterhin nichts unversucht lassen, im Interesse eines scheinbar starken Dollars den Goldpreis zu drücken. Trotzdem hat sich der Goldpreis seit 2002 mehr als verdoppelt. Es scheint, als ob die doch so bewährten Rezepte der Zentralbanken nicht mehr wie ehedem funktionieren würden.

Dies läßt zwei Ursachen vermuten:

- Die Zentralbanken sitzen auf „verliehenem", vorverkauftem Gold und warten vergeblich darauf, daß sie es wieder bekommen,

- oder/und sie haben kein Gold mehr in den Tresoren, das sie wie bisher auf den Markt bringen können.

Und daraus resultiert die Frage: Welche Kräfte sind am Ende stärker, die der Manipulation oder die des Marktes?

Zunächst dürfen wir davon ausgehen, daß die Zahl der „Schlechtbeter" in Sachen Gold nicht so schnell kleiner werden wird. Das von denen entfachte Mißtrauen in Sachen Gold hat in der Vergangenheit die Nachfrage in den USA und in Europa nachhaltig gedämpft. Dieser Effekt wird noch eine ganze Weile anhalten.

Wenn der Markt mehr physisches Gold verlangt als von den Minen lieferbar, dann steigt der Preis, es sei denn, aus Leihgeschäften oder Verkäufen der Banken könnte der Mangel überbrückt oder beseitigt werden. Im Klartext: Wenn kein Gold mehr für die Preismanipulation vorhanden ist, ist die Blase geplatzt!

Und an dieser Stelle muß man sich die Relationen vor Augen halten:

Beim deutschen Kleinanleger hat Gold keinerlei Konjunktur. Den Kleinanleger werden die „Anti-Gold-Prediger" mit ihrer Kampagne deshalb kaum erreichen. Effekt also gleich null. Und wer aus strategischen Überlegungen heraus schon immer in Gold investiert hat, wird sich künftig ebensowenig bluffen lassen wie in der Vergangenheit. Auch dies ergibt keine nennenswerten Verschiebungen am Markt.

Wenn aber eine Industrie-Großmacht wie China Billionen von Dollarreserven am Goldmarkt anzulegen gewillt ist, dann ist die Zeit der Meinungsmacher abgelaufen, dann gelten nur noch Angebot und Nachfrage.

Ebensowenig ist nach Einschätzung des Verfassers auf die dauerhaft manipulative Wirkung der zu Tausenden existierenden Gold-Derivate zu geben. Entweder sie verbriefen keinerlei Recht auf Ausfolgung physischen Goldes, dann taugen sie nichts. Oder es wird offenbar, wie vielfach sämtliches weltweit existierendes Gold ausgeliehen ist. Die Geltendmachung sämtlicher Lieferansprüche würde darauf hinauslaufen, daß nur ein verschwindend kleiner Teil tatsächlich bedient werden könnte. Die Derivate werden sich als das entpuppen, was sie sind: heiße Luft!

Fazit: Es wird auch künftig Versuche der Preismanipulation beim Gold geben. Aber je mehr die Schere Angebotsverknappung versus Nachfragesteigerung auseinandergeht, desto weniger Erfolg wird diesen Manipulationen beschieden sein.

Droht ein neues Goldbesitzverbot?

Jeder, der sich in irgend einer Form mit einer Kapitalanlage in Gold beschäftigt, muß sich vor dem Hintergrund der Geschichte mit dieser Frage auseinandersetzen. Schließlich wäre eine solches Goldverbot nichts anderes als eine Enteignung, mag sie auch von Staats wegen „legalisiert" sein, und sie würde aus dem Eigentümer des Edelmetalls dasselbe machen wie die Inflation aus dem Sparer: einen armen Schlucker.

Droht also ein neues Goldverbot? Um es klar zu sagen: Der Verfasser ist kein Hellseher und beantwortet diese Frage deswegen weder mit ja noch mit nein. Es ist darüber viel geschrieben worden, viel Richtiges und noch mehr Unsinn.

Halten wir uns an die Fakten: Goldverbote sind immer Zeichen der Schwäche von Regimes, die unkontrollierte Wertabflüsse unterbinden wollen. Am bekanntesten ist das Goldverbot in den USA, das von 1933 bis 1973 dauerte, ausgerechnet in einem der – zumindest nach seiner Verfassung – freiesten Länder der Erde. Goldverbote für private Anleger gab es auch in kommunistischen Diktaturen, z. B. in China seit 1949. Aber ausgerechnet dort ist der Goldbesitz seit 2003 wieder erlaubt.

Aber längst nicht jede Diktatur greift zum Goldverbot:

Nicht einmal das DDR-System verbot seinen Bürgern den Besitz von Gold. Es gab nur keins zu kaufen. Und wer welches hatte, der dachte nicht daran, es zu veräußern. Zur Nazi-Zeit wurden die Goldmünzen der Reichsbank 1938 außer Kurs gesetzt, die Münzen mußten der Reichsbank gegen eine minimale Entschädigung zum Aufkauf angeboten werden. Trotz aller gegenüber Juden verhängten Schikanen und Zwangsmaßnahmen war beispielsweise der Besitz von Barrengold nicht generell illegal.

Derzeit ist zumindest in Deutschland, aber z. B. auch in den USA, privater Goldbesitz „mega-out". Somit ist auch das Interesse des Staats an dieser unpopulären Anlageform nicht besonders ausgeprägt. Aber das kann sich ändern!

Ein etwaiges Goldbesitzverbot in Deutschland würde komplizierte Fragen um dessen Verfassungsmäßigkeit aufwerfen. Die Frage, ob ein etwaiges, mit dem Vorrang des Allgemeinwohls begründetes Goldverbot gegen Artikel 14 des

Grundgesetzes und/oder gegen EU-Recht verstoßen würde, sei hier dahingestellt.

Deswegen hält der Verfasser, jedenfalls solange die Bundesrepublik Deutschland ein dem Grundgesetz verpflichteter Rechtsstaat ist, ein solches Goldbesitzverbot für nicht besonders wahrscheinlich. Damit ist jedoch nicht ausgeschlossen, daß der deutsche Staat den Besitz von physischem Anlagegold mit fiskalischen Maßnahmen deutlich erschweren könnte (siehe Seite 208). Über ein mögliches neues Goldverbot in anderen Ländern, z. B. den USA, ist damit freilich nichts ausgesagt.

Der Wiener Investment-Spezialist Walter K. Eichelburg vertritt die durchaus plausible These, ein Goldbesitzverbot bestehe hauptsächlich „im Kopf“ der Bevölkerung. Die Goldproduktion ist umweltschädlich, Gold bietet eine schlechte Performance, Goldbesitz gilt als finanziell unattraktiv (keine Zinsen!), ist für jedermann entbehrlich, liegt nur herum und beschäftigt nur einige notorische Hitzköpfe an den Edelmetallbörsen. Nachdem auch in Deutschland seit 1914 die Goldmark systematisch aus dem Verkehr gezogen wurde und heute praktisch niemand mehr lebt, der sich an den Goldstandard vor 1914 erinnert, haben Banken, Politiker und andere Verfechter „lukrativer“ Papiergeld-Anlageformen leichtes Spiel, dem „Normalsterblichen“ den Goldbesitz auszureden oder zumindest madig zu machen. Speziell der „deutsche Michel“ scheint für diese Form der Gehirnwäsche besonders empfänglich zu sein. [128]

Abb. 66

Solange solche psychologischen Tricks funktionieren, bedarf es keines neuen Goldverbots, um die Anleger in Papieranlagen zu locken und vom Gold fernzuhalten.

Wenn es aber, was viele voraussagen, zu einer massiven Dollarabwertung kommt und der Dollar seine weltweite Akzeptanz verliert, helfen den USA nur noch Bestände an (kaum mehr vorhandenen) Fremdwährungen oder eben Gold. Dies könnte erheblichen Druck in Richtung einer neuerlichen Konfiskation von privatem Goldbesitz auslösen. In Europa ist die Situation nicht ganz so dramatisch, solange die Außenhandelsüberschüsse in ihrer bisherigen Höhe fortbestehen.

Auch Walter K. Eichelburg hält andere Maßnahmen als ein Goldverbot in den USA für wahrscheinlicher:

Natürlich ist alles möglich, besonders unter einem "harten" Regime. Jedoch wird ein Staat in einer finanziellen Notlage eher diese Dinge durchführen:

- Austausch der Inhalte von Lebensversicherungen und Pensionsfonds gegen Staatsanleihen, hier ist die Masse der Anlagen zu finden
- Verstaatlichung von Gold- und Silberminen (hat schon begonnen – siehe Venezuela)
- Konfiszierung von zentralen Goldbeständen von Fonds und Banken gegen Staatsanleihen
- Aufruf zum freiwilligen Goldverkauf wie in Südkorea 1997

Sodann verweist Eichelburg auf ein Zitat des Edelmetallhändlers Don Stott:

Don Stott vergleicht ein solches Verbot mit dem früheren US-Alkoholverbot und dem derzeitigen Drogenverbot. Das Ergebnis ist, daß nur die Preise hochgetrieben werden, die Versorgung aber nicht zusammenbricht. Am Ende sagt er höhnisch, er kann es nicht erwarten, einen Mercedes für eine halbe Unze Gold kaufen zu können. [129] [130]

Schließlich – und das ist das Gute daran – wäre ein Goldverbot seitens der Politik nur mit einem ganz enormen Aufwand durchzusetzen. Das bedürfte eines personalintensiven Apparats, der bis auf weiteres nicht vorhanden ist.

Denkbar wären indes staatliche Verfügungen, nach denen Bankschließfächer nicht oder nur im Beisein von Finanzbeamten geöffnet werden dürfen. Die Banken müßten sich daran halten!

Gleichwohl darf bezweifelt werden, ob sich solche drastischen Maßnahmen auf breiter Front durchsetzen ließen und ob sie den gewünschten Erfolg bringen würden.

Walter K. Eichelburg weist auf Gemeinsamkeiten, aber auch auf Unterschiede zu der Situation in den 1930er Jahren hin:

Damals wie heute grassieren Arbeitslosigkeit und Verschuldung, damals wie heute besteht eine große Gefahr von Vermögensverlusten durch Pleiten oder Börsencrashs, damals wie heute gibt es Staaten, deren Regierungen sich zunehmend autoritär gebärden. Signifikanterweise trifft dies ausgerechnet damals wie heute für die USA zu!

Im Gegensatz zu damals ist heute jedoch das Vertrauen in „starke“ Staaten längst nicht mehr so ausgeprägt. Kommunismus und Faschismus sind aus dem europäischen Blickfeld weitgehend verschwunden, die weltumspannende Macht islamistischer Diktaturen wird (noch) nicht in besonderem Maße ernst genommen. Nationalstaatliche Problemlösungen greifen angesichts der fortgeschrittenen Globalisierung nicht mehr. Der rasante globale Informationsaustausch durch das Internet erschwert diktatorische Maßnahmen einzelner Regierungen erheblich.

Ein neues Goldverbot müßte demnach weltweit durchgesetzt werden. Dies ist angesichts der vor allem im Orient, in Indien und neuerdings auch wieder in China sichtbaren Affinität zum Gold nicht unbedingt realistisch. Und daß sich ausgerechnet so konträre Staatssysteme wie die USA und der Iran zusammentun, um ein weltweites Goldverbot durchzusetzen, sprengt wohl den Rahmen jeder Phantasie.

Wie es aussieht, ist mit dem nach wie vor ausgeprägt vorhandenen „Goldbesitzverbot im Kopf“ der Interessenlage (nicht nur) der deutschen Finanzpolitik bis auf weiteres Genüge getan, dies heißt, im Falle eines „Big Bang“ der Weltwirtschaft werden große Bevölkerungsschichten mit in den Brunnen fallen, ohne daß es hierzu besonderer Regularien bedarf. Solange das so bleibt, hat der Anleger den Nutzen davon.

Ein barbarisches Metall?

„Gold ist ein barbarisches Relikt", sagte einmal der englische Ökonom John Maynard Keynes. „Ein banaler Rohstoff wie jeder andere" – stieß der Börsenfuchs André Kostolany ins gleiche Horn. Von „unnötigen Goldreserven" sprach der vom Internationalen Währungsfonds über den Tisch gezogene Präsident der Schweizerischen Nationalbank Hans Meyer. Viele andere gesellten sich ins Lager dieser Herrschaften, die meisten ohne ernsthaft darüber nachzudenken. Nun denn, jeder darf in einer pluralistischen Gesellschaft über Gold denken, wie er will, niemand wird zum Goldbesitz gezwungen.

Aber was soll an einem über Jahrtausende hinweg wertvollen Rohstoff barbarisch sein? Barbarisch ist nicht das Gold, sondern höchstens der Mensch, wenn er in seiner Gier nicht damit umzugehen versteht.

Wie bereits im ersten Abschnitt dargestellt, gab es spätestens seit dem ersten Weltkrieg immer wieder Stimmen, die Goldbesitz im allgemeinen wie im besonderen als zumindest unnötig, wenn nicht als unmoralisch hingestellt haben, die eine auch nur partiell goldgedeckte Währung als veraltet und nicht mehr in die Zeit passend und Gold als Kapitalanlage als von vornherein untauglich verteufelt haben. Daran hat sich bis heute nicht viel geändert. Gold habe keine Freunde mehr, heißt es immer wieder, und es bereite auch keine Freude mehr.

Lassen wir die Motive und Argumente der Gold-Gegner Revue passieren, so kristallisieren sich im wesentlichen immer wieder die folgenden Punkte heraus:

- Fundamentale Unkenntnis über historische wie ökonomische Fakten und Zusammenhänge
- Täuschungsmanöver zum eigenen oder dritter Leute Vorteil (im Klartext: Betrug!)
- Neid

Daß ein Gold-Investment, gleich welcher Art, nichts für Zocker oder kurzfristige Spekulanten ist, muß an dieser Stelle nicht diskutiert werden. Es ist auch klar, daß man von Gold nicht unmittelbar herunterbeißen kann. Noch niemand hat das je behauptet. Herunterbeißen kann man aber auch nicht von Papiergeld. Oft spielen mehrere der genannten Faktoren zusammen, aber die Bilder gleichen sich zumeist.

Oft wird dabei ein – und immer wieder derselbe – Denkfehler gemacht und Gold mit bestimmter Renditeerwartung verknüpft. Nur wer mit einer falsch definierten oder übersteigerten oder unrealistischen Erwartungshaltung Gold erwirbt, kann überhaupt eine Enttäuschung erleben!

Dies zeigen die folgenden Beispiele:

> *Herr Müller hat 1.000 € in bar, die er der Nachwelt erhalten möchte. Für 500 € kauft er eine Feinunze Gold, diese und die anderen 500 € in bar verwahrt er in seiner Kassette. Sowohl das Gold wie das Bargeld hat er, wenn er es sich nicht klauen läßt oder dessen anderweitig verlustig geht, noch in einem und in zehn und in hundert Jahren (... bzw. Herrn Müllers Erben). Mehr tut sich nicht mit den aufbewahrten Asservaten. Die Unze Gold ist in 100 Jahren immer noch ein Wert an und in sich. Ob es den Euro bis dahin noch gibt, steht dahin. Herrn Müllers Erben werden sich allenfalls fragen: „Was, für den Papierzettel da konnte man mal eine ganze Feinunze Gold kaufen...?“*

Abb. 66

Auch Herr Maier kauft für 500 € eine Feinunze Gold, aber in der festen Erwartung, eine bestimmte Kapitalrendite zu erzielen. Die Rechnung kann aufgehen. Aber sie geht nur auf, wenn sich der Geldwert in einem bestimmten Verhältnis zum Gold verschlechtert. Wird etwa – wie im Kapitel "Die künstliche Manipulation des Goldpreises" dargelegt – der Wert des Papiergelds jahrelang künstlich hochgehalten, so wird Herrn Maiers Renditeerwartung nicht erfüllt.

Den Wert des Goldes „in sich" verdeutlichen weiterhin folgende fiktive Szenen:

Zu einem Bauern kommen unmittelbar nach einem Krieg die ausgehungerten Flüchtlinge Huber und Schmidt und bitten um ein Stück Brot. Flüchtling Huber möchte mit 100 Papiermark bezahlen, seinen letzten Ersparnissen, Flüchtling Schmidt zieht einen goldenen Ring aus der Tasche. Wer von beiden hat wohl die größeren Chancen, von dem Bauern etwas Eßbares zu bekommen?

Oder:

Sie gehen zu einer Hochzeit und tragen zur Feier des Tages die goldene Taschenuhr Ihres Großvaters. Was würden Sie einem Tischnachbarn antworten, der zu Ihnen sagt: „Was wollen Sie denn mit dem alten Gelump, schauen Sie mal, das ist meine neue Funkuhr, die gab 's letzte Woche für 15 Euro beim Aldi..."

Auch heute wird über den Wert von Gold viel gezielte Desinformation verbreitet. Schon um dem Gebot der Objektivität zu genügen, sollen an dieser Stelle auch die Goldkritiker mit ihren wesentlichsten Aussagen zu Wort kommen.

Eine vom FIAN FoodFirst Informations- & Aktionsnetzwerk und dem Zentralverband der Goldschmiede, Silberschmiede und Juweliere e.V. herausgegebene Broschüre „Der Preis des Goldes" geht hart mit umweltschädigenden Praktiken von Goldminenbetreibern, insbesondere der Zyanidlaugerei, ins Gericht und verkündet unter der Rubrik „Die größte Goldader" unter anderem: [131]

... Es gibt genügend Goldvorkommen, die ohne jede Gefahr für Menschen oder Umwelt sofort ausgebeutet werden könnten. Und dies ohne Bagger, Chemikalien oder Schachtanlagen. Mehr als ein Viertel des bisher geförderten Goldes ist nur aus der Erde geholt worden, um

wieder in sie zurück zu wandern. Es befindet sich in den Kellern von Fort Knox, der Bundesbank oder der französischen Notenbank. Früher diente es zur Absicherung der nationalen Währungen, doch heute hat es seine Bestimmung eingebüßt. Dabei verliert es seit Jahren beständig an Wert. Würde es dem Markt zur Verfügung gestellt, so könnte es auf Jahre hinaus den Bedarf von Goldschmieden, Zahnärzten und Elektrotechnik decken. Doch hierzu bedarf es noch erheblicher Anstrengungen, denn Bergbaukonzerne unternehmen alles, um einen solchen Verkauf zu verhindern.

Ein blauäugiger, vor Halbwahrheiten nur so strotzender Appell an die Zentralbanken, ihr unnötiges und immer „wertloseres" Gold endlich zu verkaufen, um die Umwelt zu schonen! Ohne das umweltpolitische Engagement des FIAN näher bewerten zu wollen, ist dieser Organisation im übrigen eine totale Realitätsferne zu bescheinigen. Jede Reduzierung der Goldförderung, mag sie aus Umweltgründen sinnvoll sein oder nicht, hätte eine weitere Angebotsverknappung zur Folge – und damit einen der FED und anderen höchst unwillkommenen Preisanstieg!

Interessant ist ein Interview des Anlegermagazins „Börsenreport" mit André Kostolany vom 02. August 1999. [132] Es war eins seiner letzten Interviews, er starb sechs Wochen später. Kostolany war noch nie ein Befürworter von Gold-Anlagen. Mitunter pflegte er Gold**barren** und Gold**narren** in einem Atemzug zu nennen.

Wie aus dem Lehrbuch rezitiert Kostolany in diesem Interview die gesammelten Vorbehalte gegen das gelbe Metall. Kein Notenbankchef hätte das besser können.

Im Gegensatz zu mancherlei offenkundigem „Blabla" von zumeist selbsternannten Goldspezialisten macht die Auseinandersetzung mit Kostolany, den der Verfasser selbst auf mehreren Vorträgen als hochintelligenten Mann kennenlernen durfte, durchaus Sinn. Kostolany war ein Mann der Aktie und hat damit viel Geld verdient, man könnte auch sagen: Er hat mit Wertpapieren Papiergeld geschöpft. Diese Klaviatur beherrschte er perfekt. Zum Gold hatte der Wanderprediger des Börsengeschehens keinen Bezug.

Kostolanys wesentliche Aussagen, die der Verfasser in *Kursivschrift* kommentiert, lassen sich wie folgt zusammenfassen:

1. Es gibt keinen Grund, warum Gold in Zukunft eine gute Kapitalanlage sein soll.

   Doch. Die Geschichte beweist, daß sich bestimmte Gesetzmäßigkeiten wiederholen. Wer 1924 noch ein paar Goldmark besaß, hatte für den Wiederbeginn mehr als alle anderen.

2. Weil Gold gerade „billig" ist, muß man es noch nicht kaufen.

   Stimmt. Aber nur, wenn keine anderen Fakten hinzukommen.

3. Es gibt keine Inflation.

   Das war bereits 1999 falsch, wenn auch noch nicht ganz so offensichtlich wie heute. Tatsachen lassen sich nicht durch einfaches Leugnen außer Kraft setzen. Das Gelddruck- und Hubschrauberspektakel des Ben S. Bernanke ließe wohl selbst Herrn Kostolany anders urteilen.

4. Durch die Verkäufe der Notenbanken gibt es ein Überangebot an Gold bei gleichbleibender Nachfrage durch die Industrie.

   Stimmte 1999 zum Teil, heute aber nicht mehr. Solange die Zentralbanken Gold besitzen, um es auf den Markt zu werfen, können sie den Goldpreis manipulieren. Es ist schwer vorstellbar, daß ein globalstrategisch denkender Mann wie Kostolany nicht um diese Zusammenhänge wußte. Diese Aussage könnte Kostolany seinen Freunden in der Hochfinanz geschuldet haben. Inzwischen aber liegt die weltweite Nachfrage nach Gold deutlich über dem Angebot.

5. Gold ist das Symbol für Deflation und alles Negative, was sich damit verbindet: Rezession, Massenarbeitslosigkeit, politische Unruhen.

6. Die Goldanbindung der Reichsmark in der Weimarer Republik hat zu Adolf Hitler geführt.

   Eine rein subjektive Sichtweise, die durch Fakten nicht zu belegen ist, vielleicht aber auf Kostolanys jüdischer Abstammung beruht. Im übrigen irrt Kostolany: Nicht der Goldstandard der Reichsmark, sondern die Folgen des Versailler Vertrags waren wesentliche Ursachen für Massenarbeitslosigkeit, Wirtschaftskrisen und den Aufstieg Hitlers.

Die Weltwirtschaftskrise war eine verhängnisvolle Kettenreaktion mit vielen Ursachen und vielen Beteiligten. Es ist jedoch völlig verfehlt, eine Summe schwerer finanzpolitischer Fehler allein dem Goldstandard anzulasten.

7. Die Reichsbank mußte durch Goldverkäufe die Währung stützen, indem sie Gold gegen Währung verkaufte. Weil das Geld fehlte, wurde die Wirtschaftskrise (nach 1930) noch schlimmer.

   Stimmt teilweise. Die damaligen Goldverkäufe der Deutschen Reichsbank waren Teil einer kopflosen Geldpolitik und einer von vielen schwerwiegenden Fehlern. Dies hat der Wirtschaftswissenschaftler Heinrich Rittershausen bereits 1934 erkannt und öffentlich angeprangert. [133] *Der Umstand, daß die Reichsbank mit Gold (Volksvermögen!) falsch umgegangen ist, taugt jedoch nicht als Argument gegen das Werterhaltungsmittel Gold an sich.*

8. Gold ist seit 1974 (weltweit endgültige Abschaffung jeden Goldstandards, [Anmerkung des Verfassers]) eine banale Ware und ein Rohstoff wie jeder andere.

   Stimmt teilweise. Aber jeder Rohstoff unterliegt über kurz oder lang den Gesetzen des Markes.

9. Gold taugt nicht als Anlage, da es keinerlei Rendite abwirft.

   Falsch. Was nützt Rendite, wenn sie durch Inflation aufgefressen wird und die Substanz gleich mit?

Es gibt noch diverse andere, durchaus bemerkenswerte Aussagen zu diesem Thema, die sich substantiell aber nicht allzu sehr von den hier dargestellten Ausführungen unterscheiden.

"Gold bringt keine Zinsen!"

An dieser Stelle kommt der Verfasser nicht umhin, von einer Episode zu berichten, die ihm während seiner Ausbildung zum Bankkaufmann widerfuhr. Es muß im Spätjahr 1973 gewesen sein.

In dieser Zeit war Bundeskanzler Brandt (SPD) auf dem Höhepunkt seines Ansehens. Die Gewerkschaften, allen voran die IG Metall und die ÖTV, waren sich ihrer Macht bewußt. Deren Wohlwollen hatte sich Brandt mit Wahlkampfparolen wie "Mehr Demokratie wagen" gesichert, manche sagen: gekauft. Nun forderten die Gewerkschaften das im Überschwang des Wahlkampfs versprochene Füllhorn sozialer Wohltaten von den Genossen an der Regierung ein. Besonders tat sich ÖTV-Chef Heinz Kluncker hervor, der sich mit den Lohnforderungen seiner Gewerkschaft auf die Tarifautonomie berief und elfprozentige Abschlüsse durchpaukte, wohl wissend, wie tiefgreifend er damit die öffentlichen Haushalte zur Ader ließ. Ihm war klar, daß die sozialliberale Regierung Brandt mit ihren kaum wahrnehmbaren Rufen zur Vernunft auf verlorenem Posten stand und politisch erpreßbar war. Der blieb nicht viel anderes übrig, als sich dem Druck der Straße zu beugen. Der neue "Wohlfahrtsstaat", der seit 1969 angebrochen schien, mußte, wie sollte es auch anders sein, über die Notenpresse finanziert werden, was bereits 1972 den damaligen, ebenfalls zur SPD gehörenden "Superminister" Karl Schiller zum Rücktritt und Austritt aus der SPD veranlaßt hatte. Der Kapitalmarkt reagierte auf den rapide steigenden öffentlichen Finanzbedarf mit einer ausgesprochenen Hochzinsphase. Der Aktienmarkt vegetierte im Keller vor sich hin, während die Bundesrepublik Deutschland immer neue Bundesanleihen herausgab. Das Zinsniveau für diese Anleihen stieg auf über 8 %, und mancher spekulierte schon über den Zeitpunkt, wann denn ein Zehnprozenter auf den Markt käme. Für einige Kurzläufer war dies wenig später tatsächlich der Fall.

Der Verfasser war damals Lehrling bei einem renommierten Bankinstitut in Heidelberg. Zur gleichen Zeit gab es bei dieser Bank einen Prokuristen, der als alter Hase des Bankgeschäfts in allen Lebenslagen bekannt war und der den Wissensfortschritt der Lehrlinge auch bei zufälligen Begegnungen auf dem Flur abprüfen zu müssen glaubte. Immerhin, der Mann war eine Respektsperson und nicht gewohnt, von seinen "Stiften" besonderen Widerspruch zu ernten. Eines Tages war es wieder mal so weit. "Na, Rantzau, schon von den neuen Achtprozentern gehört? Tolle Sache für den Anleger, was?" – dozierte er in der Erwartung emphatischen Beifalls.

Zufällig wußte der Verfasser von einem Lehrlingskollegen, der sich kurz zuvor einen afrikanischen Krügerrand gekauft und nach ein paar Wochen mit 50 DM Gewinn wieder veräußert hatte. Deswegen entsprach die Antwort nicht ganz den Erwartungen des Prokuristen: "Nun, da kann man auch anderer Ansicht sein. Der Staat heizt mal wieder richtig die Inflation an." – "Ja was wollen Sie denn dem Anleger empfehlen, Sie wissen doch, der ganze Aktienmarkt krebst am Boden", opponierte der Prokurist. "Schließlich kann man Gold kaufen, das war schon immer eine wertbeständige Investition...", meinte der Verfasser. Das war für den guten Mann endgültig zuviel. Was dann folgte, ist mit dem Begriff "Donnerwetter" nur harmlos umschrieben: "Schon mal was davon gehört, daß Gold keine Zinsen bringt? Lassen Sie sich ja nicht von unseren Anlageberatern erwischen, wie wollen Sie denn bloß nächstes Jahr die Prüfung machen, Sie haben ja keine Ahnung..."

Der Sturm hat sich wieder gelegt. Der Verfasser schaffte seine Prüfung. Aber der Goldpreis stieg von damals noch unter 100 US-$ je Feinunze recht kontinuierlich auf seinen historischen Höchststand von 850 US-$ 1980. Du armer Anleger, der du damals in Gold investiert und keine Zinsen bekommen hast!

Daß der Goldpreis danach wieder politisch gedrückt wurde, ist ein anderes Thema.

Wohin tendiert der Goldpreis?

Wer die Antwort auf diese Frage genau wüßte, wäre ein reicher Mann. Man muß sich nur umsehen, in der Tagespresse, in Wirtschaftszeitungen, im Internet. Das gesamte Spektrum der Meinungen ist dort vertreten. Die meisten behaupten mit dem Brustton der Überzeugung, die Weisheit gepachtet zu haben. Diese Schlauheit maßt sich der Verfasser nicht an und zieht es vor, Fakten und Indizien einer näheren Betrachtung zu unterziehen. Rufen wir uns nochmals die jüngste **Goldpreis-Entwicklung seit 2000** in Erinnerung (Angaben in US-$):

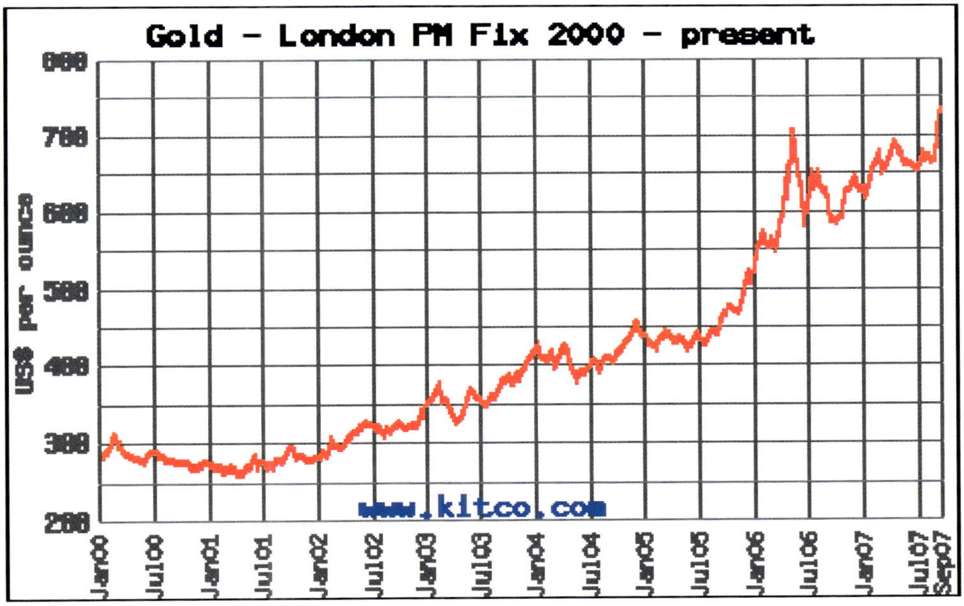

Abb. 68

Der derzeitige tatsächliche Goldpreis ist das seltsame Resultat aus Angebot, Nachfrage und Preismanipulation. Es fehlt nicht an Versuchen, aus diesen Elementen eine Logik abzuleiten mit dem Ziel, für die Zukunft möglichst genaue Prognosen liefern zu können. Ob der Preis sodann aber Logik und Theorie folgt oder widerborstig seinen eigenen Willen zeigt, ist eine andere Frage. Auch noch so kunstvolle Theorien spiegeln nicht immer die Praxis wider.

Relativ neu ist eine von Paul van Eeden entwickelte und von Jürgen Müller verfeinerte Theorie über die mögliche Entwicklung des Goldpreises, die „Eeden-Müller-Goldpreistheorie“. Deren Kernaussage besteht in der zweifellos richtigen Annahme, daß eine steigende **Geld**menge den Goldpreis steigen läßt, während der Goldpreis bei steigender **Gold**menge sinkt. Jürgen Müller ermittelte anhand seiner Formel einen theoretischen Preis von 1.000 US-$ per Ende 2005. Der reale Preis von ca. 500 US-$ spiegele die immer noch drastische Unterbewertung des Goldes wider. [134]

Das Interessante an dieser Theorie ist die mögliche Einbeziehung künftiger, wahrscheinlich geringerer Goldfördermengen, die dem Markt zur Verfügung stehen. Einen Schwachpunkt, für den die Herren van Eeden und Müller allerdings nichts können, hat die Eeden-Müller-Theorie jedoch: Eine Größe der Müllerschen Formel ist das Wachstum der amerikanischen Geldmenge M3. Aber genau die wird von Ben Bernanke seit dem 22. März 2006 geheimgehalten!

Wohl wissend, daß eine präzise Goldpreis-Vorausschau nicht möglich ist, seien im folgenden zwei mögliche Abläufe gegenübergestellt:

„Variante A“ geht davon aus, daß sich die geschmeidige Welt-Geld-Blase noch eine Weile weiter aufblähen läßt, ohne daß sie platzt. Ebenso wird unterstellt, daß Sondereinflüsse wie kriegerische Auseinandersetzungen in größerem Umfang ausbleiben.

„Variante B“ versucht zu beleuchten, wie sich der Goldpreis verhält, wenn die Blase tatsächlich zerknallt und es zu größeren Erdbeben an den Kapitalmärkten kommt. Selbstverständlich können dabei nicht alle irgendwie denkbaren Szenarien durchgespielt werden. Die Varianten haben daher Beispielcharakter.

Unabhängig vom weiteren Verlauf der Dinge sind in der jüngeren Vergangenheit folgende Faktoren als gegeben festzuhalten:

- Seit 2001 hat sich der Goldpreis nahezu verdoppelt.

- Es häufen sich seriöse Pressemeldungen, die unter Angabe unterschiedlichster Quellen eine steigende Nachfrage bei sinkender Welt-Gold-Produktion voraussagen.

- Die Indizien für einen drastischen Verfall des US-Dollars verdichten sich.

- Länder, die auf hohen Dollar-Reserven sitzen, halten nach wertbeständigen Anlagealternativen Ausschau.

Kommen wir also zur

Variante A:

Wie also dürfte sich der Goldpreis entwickeln, wenn weltbewegende Ereignisse an den Kapitalmärkten ausbleiben, wenn also die Weltwirtschaft weiterhin so tut, als befinde sie sich auf solidem Wachstumskurs?

Es überrascht nicht, daß uns auch an dieser Stelle die bekannten zwei Lager – Gold-Gegner und Gold-Enthusiasten – begegnen.

Die Goldgegner sehen den derzeitigen Goldpreis von ca. 685 Dollar je Feinunze als Ende einer Spekulationsblase und prognostizieren einen kräftigen Kursverfall des Goldes. Andere sagen es noch wesentlich drastischer und beten einen Goldpreis-Crash regelrecht herbei. Inwieweit dabei der Wunsch der Vater des Gedankens ist, möchte der Verfasser nicht beurteilen.

Anfang 2006 schrieb Gabriele Zeller-Silva in der „Zeit“ unter Bezugnahme auf Friedrich Glechner von der österreichischen Volksbank: „Anders als gemeinhin angenommen, ist Gold keine sichere Anlageform. Gold ist ein Spekulationsobjekt“. [135]

Dieser Artikel steht exemplarisch für unzählige andere. Der weithin gleiche Tenor dieser Beiträge besteht darin, dem Leser klarzumachen, daß es höchste Zeit sei, daß sich die Notenbanken endlich von dem Ladenhüter Gold trennen, diesem Relikt aus uralten Zeiten. Da ist von hohen Goldbeständen der Zentralbanken die Rede, und da das Gold längst kein sicherer Wertspeicher mehr sei, müsse auch der Preis wieder fallen. Ob auf 300 US-Dollar oder noch tiefer, darüber gehen die Meinungen auseinander. Gold habe etwas Mythisches an sich, Preisschwankungen seien schwer nachvollziehbar, und deswegen sei eine Investition in das Metall mit hohen Risiken behaftet. Also Finger weg von so unanständigem Kram.

Richtig ist daran jedenfalls soviel, daß in der Tat manche Preisfestsetzung für den Außenstehenden nicht zu verstehen ist oder zumindest war – siehe Kapitel „Die künstliche Manipulation des Goldpreises“ (siehe Seite 74 ff.). Die bislang immer noch funktionierende Manipulationsmechanik machte das Gold ohne Zweifel zum Spekulationsobjekt. Die Anti-Gold-Front findet ihre Genugtuung.

Das unsichere Gold, der sichere Euro, der noch sicherere Dollar, na wer sagt 's denn. Wie war das doch mit dem „Goldverbot im Kopf“? (siehe Seite 176). Der immer wieder gemachte Denkfehler, den Substanzwert Gold mit einer bestimmten Renditeerwartung zu verknüpfen, bedarf keiner Vertiefung.

Den Goldpreis-Pessimisten stehen mindestens genauso zahlreiche Auguren gegenüber, die einen Preis von 1.000 € je Feinunze oder darüber spätestens zu einem bestimmten Zeitpunkt geradezu emphatisch voraussagen. Wieder andere sehnen sich den Tag herbei, an dem man einen Mercedes für eine halbe Feinunze Gold bekommen kann. Wie ernst solche Prognosen auch gemeint sein mögen, ihr Eintreffen ist reine Spekulation.

Nach der Eeden-Müller-Theorie müßte der Goldpreis wegen der stark steigenden Geldmenge M3 in den USA, weiter sinkenden Goldfördermengen und steigender Goldnachfrage kräftig – exponentiell – steigen.

Andere vertreten die These, nach der die überwiegende Mehrheit der Anleger und Investoren das Gold als Investment noch gar nicht wahrgenommen, geschweige denn als Anlage akzeptiert habe.

Auch Armin Hurz spricht vielen aus dem Herzen mit seinen folgenden Ausführungen: [136]

> *„Nur“ 50 Millionen auf wirkliche Ersparnissicherheit bedachte europäische Kleinanleger oder Sparbuchbesitzer bekunden ihren Willen zum Kauf von jeweils nur 10 Goldmünzen zu je einer Unze, und der Goldpreis würde regelrecht explodieren.*
>
> *Mit großer Sicherheit könnten nur die ersten 300.000 bis 500.000 Käufer bei sofort anziehendem Goldpreis bedient werden. In der Folge*

würde der Goldhandel rationiert oder gar für einige Tage geschlossen, wie es ab Januar 1980 und den darauffolgenden Monaten mehrfach geschah.

Alle 50 Millionen Kaufwillige zu beliefern (= 15 550 Tonnen), ist nicht möglich, da sogar weltweit diese Menge an Goldmünzen nicht zur Verfügung stünde. Ferner, und dies ist der größte Schwachpunkt, haben alle europäischen Zentralbanken nur ca. 13 500 Tonnen Gold (ein Volumen von etwas mehr als 10 Wohnzimmern à 30 Quadratmeter) in ihren Tresoren. Dieses Gold wird aber niemals für die Bevölkerung (Anleger) zur Verfügung gestellt, erst recht nicht aufgrund weltweit heraufziehender Währungsreformen in allen überschuldeten Staaten.

Außerdem bestehen begründete Zweifel daran, ob die Goldbestände, die die Zentralbanken vorgeben zu besitzen, überhaupt noch vorhanden sind. So wurden z. B. die amerikanischen Goldreserven seit Eisenhowers Zeiten nicht mehr offiziell überprüft. (Anmerkung des Verfassers: Das war 1955.)

Von den Meinungen zu den Fakten:

- Die wesentlichen Impulse für die Goldpreisentwicklung „in friedlichen Zeiten" gehen nach wie vor von der Angebots- und Nachfragesituation aus.

- Die Goldmengen, die weltweit wirtschaftlich gefördert werden können, werden auf 42.000 Tonnen geschätzt. Das sind weniger als 20 Jahresförderungen vom Volumen des Jahres 2006. Selbst wenn weitere Goldvorkommen entdeckt werden, wird die Förderung teurer.

- Auf die wahrscheinlichen Entwicklungen in Asien – China, Japan, Indien, Arabien – wurde bereits eingegangen.

- Die Situation in vielen islamischen Staaten – hohe Devisenüberschüsse wegen der hohen Ölpreise – haben wir ebenfalls erörtert. Hinzu kommen die Überlegungen dieser Länder in Sachen Gold-Dinar.

- Sollte in den arabischen Ölförderländern anti-westlicher Haß zur „Ablehnung alles Westlichen" führen – also auch zur Verweigerung von

Dollar oder Euro als Zahlungsmittel – dann wären im Falle einer Politik „Öl gegen Gold“ die gesamten Goldreserven der Zentralbanken binnen Tagen aufgebraucht.

- Darüber hinaus begünstigt ein weltweit niedriges Zinsniveau die Kapitalanlage in Gold.

- Die Kapitalisierung des Goldmarkts ist sehr gering. Es genügen daher wenige Prozent Umschichtung von Dollarbeständen in Gold, um dessen Preis gravierend ansteigen zu lassen.

All dies sind Faktoren, die die Annahme eines kräftig anziehenden Goldpreises in den nächsten Monaten und Jahren nachhaltig untermauern.

Sehen wir uns aber auch die Faktoren näher an, die den Preisanstieg bremsen oder auch den Preis drücken können.

Grundsätzlich gilt: Auch der Goldmarkt ist keine Einbahnstraße. Die geringe Kapitalisierung des Goldmarkts, die soeben als Argument für steigende Preise angeführt wurde, kann genauso Ursache eines plötzlichen Preisverfalls sein, wenn plötzlich größere Goldbestände auf den Markt gelangen. Mit entsprechender Volatilität ist also zu rechnen.

Ein sinkender Goldpreis kann, sei es nach Marktgesetzten, sei es nach Eeden-Müller, durch knappes Geld oder größeres Angebot ebenso ausgelöst werden wie durch Manipulationen.

- Den Faktor „knappes Geld“ können wir angesichts der Devisenvorräte in Asien und anderswo getrost vergessen.

- Im Jahr 2006 stand einer weltweiten Nachfrage nach Gold in Höhe von 3.866 Tonnen (ohne Einbeziehung des Grauen Markts) eine tatsächliche Förderung von 2.467 Tonnen gegenüber. Etwa 1.069 Tonnen wurden durch Recycling gewonnen. Verbleibt ein Defizit von 330 Tonnen. Dieses Defizit wurde durch Verkäufe der Zentralbanken ausgeglichen. Es ist aber nicht ersichtlich, wo künftig ein noch deutlich größeres Goldangebot herkommen könnte.

- Unabhängig von der Frage, über wieviel Gold die Zentralbanken überhaupt noch verfügen, steht fest: Ewig können die Verkäufe nicht mehr weitergehen. Eines Tages ist Schluß damit.

- Verbleibt die – natürlich mögliche – Entdeckung neuer Goldvorkommen. Es darf jedoch in hohem Maße bezweifelt werden, ob je Goldvorkommen neu entdeckt werden, die mit der sicher zu erwartenden Nachfragesteigerung auch nur halbwegs Schritt halten können.

Bei rationaler Abwägung dieser Gesichtspunkte gibt es nicht allzu viel, was auf einen noch lang anhaltenden, niedrigen Goldpreis hindeutet. Die Gold-Kritiker haben einen schweren Stand.

Möglich, ja bis zu einem gewissen Grad wahrscheinlich ist jedoch ein vielleicht letzter, kräftiger Goldpreiseinbruch in der seit 2002 laufenden Anstiegsphase. Auslöser könnte der Umstand sein, daß die Zentralbanken eines Tages ihr verliehenes Gold als unwiederbringlich ausbuchen müssen – ein letztes Fanal in der Götterdämmerung des Goldleihgeschäfts (siehe Seite 78 ff.).

Im einzelnen könnte das wie folgt ablaufen:

- Das von den Zentralbanken für einen Leihzins von 1 – 2 % verliehene Gold wird zur Rückgabe fällig. Das Gold wurde unmittelbar nach dem „Leihgeschäft" von den Geschäftsbanken an die Industrie verkauft und verarbeitet zu Produkten wie Computerchips oder Schmuck. Mithin steht es dem Markt nicht mehr zur Verfügung.

- Die derzeitige Nachfrage nach Gold liegt bei etwa 4.000 Tonnen pro Jahr, die Minenförderung jedoch unter 2.500 Tonnen. Die physische Ware Gold, die nun zur Wiederbeschaffung ansteht, ist nicht vorhanden, da die aktuelle Nachfrage nach Gold bereits seit mehreren Jahren die gesamte Minenförderung bei weitem übersteigt. Es ist praktisch unmöglich, diese Differenz in irgendeiner Weise auszugleichen.

- Also müssen die Banken ihre Bilanzen durch Verkauf des nicht mehr zu beschaffenden Leihgolds glattstellen. Es liegt nahe, daß dieser Verkauf medienwirksam inszeniert wird. Die Nachricht, daß Notenbanken, selbstverständlich ohne Bekanntgabe der tatsächlichen Gründe, in großem Stil einige tausend Tonnen Gold verkaufen, dürfte einen regelrechten Goldpreiscrash auslösen – ein Balsam für die Seelen der Goldkritiker.

- Das jetzt zum Verkauf (von den Zentral- an die Geschäftsbanken) anstehende Gold ist aber längst (von den Geschäftsbanken an die Abnehmer) verkauft worden. Wie immer man das Spektakel auch inszeniert, kommt also kein Gramm zusätzliches Gold auf den Markt. Einziger tatsächlicher Vorgang: Die Zentralbanken bekommen von den Geschäftsbanken einen Kaufpreis in Geld, und die Leihzertifikate landen im Papierkorb.

- **Da aber durch diese Art von Goldverkauf kein einziges Gramm Gold auf den Markt kommt, muß der Preis zwangsläufig kurzfristig wieder anziehen – mit großer Wahrscheinlichkeit in Richtung Allzeithoch!**

- Für den Anleger dürfte dies eine der letzten Gelegenheiten sein, weitere Positionen in physischem Gold aufzubauen.

Aus Sicht vieler Beobachter durchaus wahrscheinlicher ist – leider! –

Variante B:

Wenn es also zum „Big Bang", dem Mammut-Crash an den Kapitalmärkten, kommt, was macht dann der Goldpreis?

Die Meinungen hierüber divergieren erheblich. Betrachten wir uns deshalb die vorherrschenden Ansichten. Walter K. Eichelburg beleuchtet die möglichen Szenarien im einzelnen: [137]

1.) Deflationisten (Robert Prechter, Günter Hannich):

Das Problem mit den Deflationisten ist, daß sie die „reine Deflation" aus den Zeiten des Goldstandards vor Augen haben. Im Fiat Money-System dagegen führt ein Abverkauf der Assets (= Deflation der Aktien & Bonds) auch zu einem Abverkauf der betroffenen Währung. Es ist unwahrscheinlich, daß bei einem massiven Abverkauf von US-Bonds und Aktien der Dollar nicht auch verkauft wird. Es ist sichtbar, daß die US-Wirtschaft derzeit in eine Depression geht. Der Immobilienmarkt kollabiert, Einzelhandel und Tourismus brechen ein. Die Frage ist nur, welche Art von Depression es sein wird. Modifizierte Deflationisten wie Martin Weiss sehen daher, daß in diesem Fall der Goldpreis „durch die Decke" geht, besonders, wenn es den US-Dollar trifft.

Verhalten für Anleger:

Bei diesem Szenario empfiehlt es sich, mit Einsetzen der Krise in Bargeld und kurzlaufende Staatsanleihen zu gehen. Mit ansteigendem Goldpreis ist dann ein sofortiger Umstieg in Gold und Silber erforderlich, denn dann geht der Rest der Papierwelt durch Hyperinflation zugrunde.

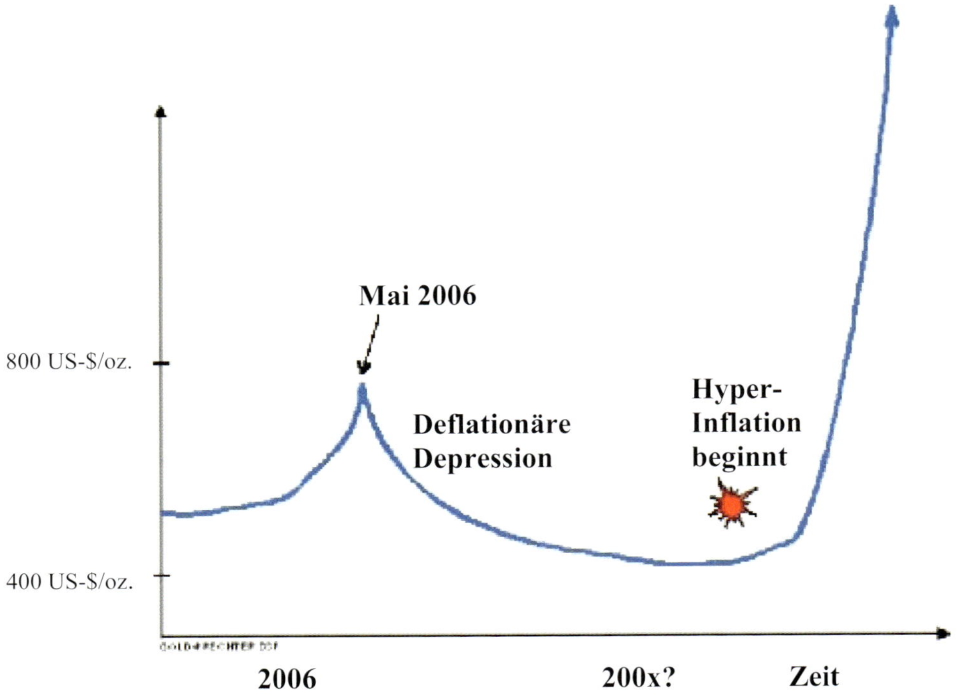

Abb. 69

2.) Gold verschwindet (Chris Laird, Friedrich Tiggemann)

Vertreter dieser Theorie sehen, daß im Fall einer Finanzkrise Gold und Silber einfach nicht mehr zu bekommen sind, egal zu welchem Preis. Im Fall eines massiven Dollar-Abverkaufs könnten von den USA Devisenkontrollen verhängt werden, was dazu führt, daß Gold zu keinem Preis mehr ausreichend zu bekommen ist. Andere sehen das derzeitige Finanzsystem so extrem angespannt, daß ein Auslöser wie eine Großpleite, Terroranschlag, etc. für den sofortigen Totalzusammenbruch genügt und dann Gold innerhalb weniger Wochen nicht mehr zu bekommen ist. Vieles spricht für diese These, denn die in der Welt umlaufenden Papier-Finanzwerte sind gewaltig, und die Gold- und Silbermengen machen nur einen Bruchteil davon aus. Studien zeigen, daß erst bei einem Goldpreis von etwa 50.000 $ je Feinunze ein annäherndes Gleichgewicht gefunden wird. Verschwindet durch ein solches Ereignis das Vertrauen in die Papierwerte und besonders in den US-

Dollar, wird eine mächtige Flucht zuerst der Großanleger und Zentralbanken in das Gold stattfinden. Es gilt das alte Prinzip: den letzten beißen die Hunde.

Verhalten für Anleger:

Sollte dieses Szenario zum Tragen kommen, müssen Investitionen in physisches Gold und Silber bereits getätigt sein, denn wenn die Krise beginnt, hat man kaum mehr eine Chance, hineinzukommen. Besonders dann, wenn Staaten wie die USA Devisenkontrollen verhängen, womit die Dollar-Wertpapiere praktisch wertlos werden. Der Politik ist in einem solchen Fall alles zuzutrauen.

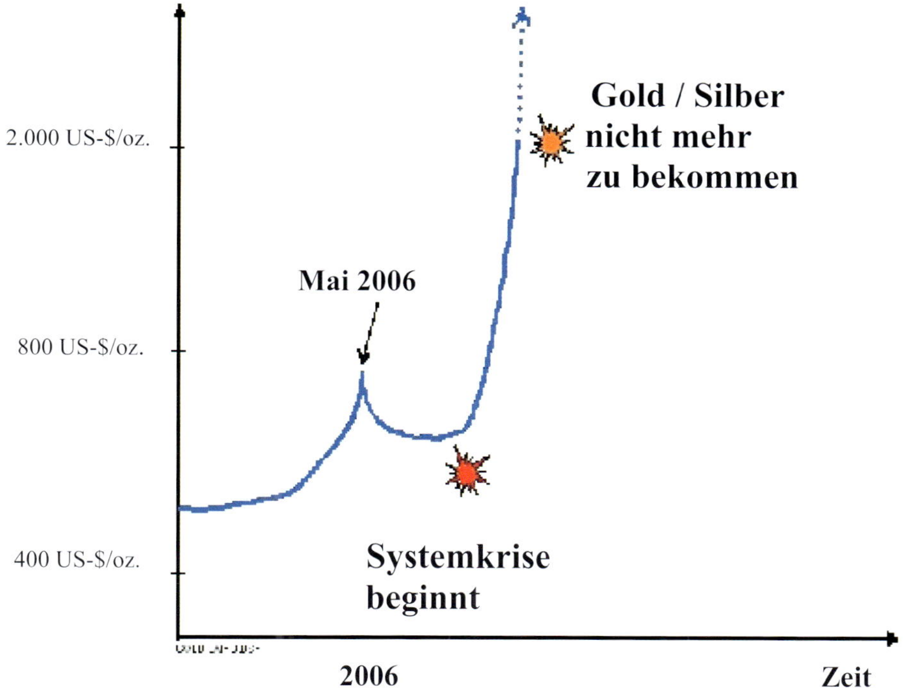

Abb. 70

3. Exponentieller, stetiger Anstieg (Hommel)

Jason Hommel hat ein Szenario mit einem einigermaßen exponentiellen, stetigen Anstieg entworfen. Ihm ging es mehr darum, den endgültigen Höhepunkt des Goldpreises zu berechnen, als um einen zeitlichen Verlauf anzugeben. Ein solch „linearer" Anstieg wird sicher nicht vorkommen. In „Future Gold and Silver Prices" zeigt Jason Hommel diese linear exponentielle Extrapolation. Der Endpreis von etwa 50.000 $ je Feinunze ist realistisch, jedoch sicher nicht ein solcher Verlauf. Der Goldpreis-Anstieg wird wie bisher volatil und mit Einbrüchen und Spikes geschehen.

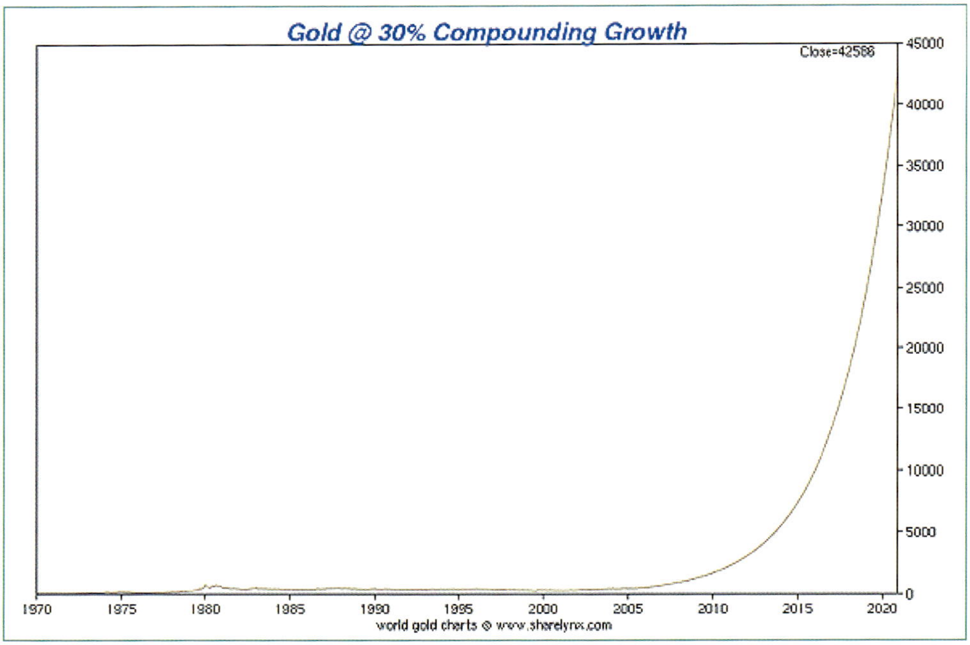

Abb. 71

Verhalten für Anleger:

Dieser Verlauf wäre der Einfachste, da man eigentlich nur das Ende des Anstiegs im Auge behalten muß.

4. *Modifiziertes 1970er Szenario (verschiedene Autoren)*

In diesem Szenario gibt es einen Gebrauchsgüter- und Goldpreisanstieg wie Ende der 1970er Jahre, mit dem Unterschied, daß das Finanzsystem nicht mehr gerettet werden kann, d. h. der Goldpreis steigt massiv weiter, und es kommt zum Zusammenbruch. Wir sind in der Tat heute in einer ähnlichen Situation wie Ende der 1970er Jahre: massive reale Inflation, die inzwischen über die Energiepreise in alle anderen Preise geht, künstlich negative reale Zinsen. Inzwischen bricht überall in der Welt die Inflation aus den Rohstoffen und Energie in die Konsumgüter durch. Das Resultat ist, daß jetzt die Zinsen überall steigen müssen. Der massive Goldpreis-Anstieg seit Mitte 2005 ist ein Alarmzeichen. In der Tat konnte man in dieser Zeit mit Gold und anderen Rohstoffen mehr verdienen, als mit jeglicher Art von Schuld-Geldanlage (Sparbücher, Anleihen). Sagen Sie Ihrer Bank, daß Sie jetzt 10 % Zinsen haben möchten, um die reale Konsumentenpreis-Inflationsrate von etwa 6 % (Stand: erstes Halbjahr 2006, Anmerkung des Verfassers) *abzudecken. Noch besser, sagen Sie der Bank, daß Sie jetzt 25 % Zinsen auf ihre Spareinlagen haben möchten, denn das sichere Gold bringt Ihnen mehr. Heute wird man Sie noch auslachen, aber gewiß nicht für alle Zeiten! Die Zentralbanken werden versuchen, die Zinsen so lange unten zu halten, bis die derzeitigen Methoden der Goldpreisdrückung endgültig versagen. Das kann jederzeit passieren. Die Entladung in den Goldpreis wird dann viel heftiger ausfallen, besonders wenn noch massenhaft Kreditausfälle dazukommen. Angst und Gier werden sich dann zusammen im Goldmarkt entladen, eine besonders starke Kombination.*

Abb. 72

Verhalten für Anleger:

Sollte dieses Szenario zum Tragen kommen, sollte man bereits in physischem Gold und Silber „drinnen sein", denn wenn die Krise richtig beginnt, kommt man nur zu einem viel höheren Preis hinein. Es wird wie bisher Korrekturen geben, jedoch sollte man keinesfalls „traden" (laufend hinein- und herausgehen). Am besten „einsteigen und drinnen bleiben". Es gilt dann das alte Sprichwort: „Man verdient mehr, wenn man schläft".

Wahrscheinliche Entwicklung

Walter K. Eichelburg entwickelte diese sehr plausiblen Darstellungen im Juli 2006. Seitdem hat sich nichts ergeben, das zu einer wesentlich anderen Sichtweise führen könnte. Die Perspektiven der USA im Irak sind noch trostloser, die Welt-Geld-Blase und die Staatsverschuldungen sind, wo man hinsieht, noch weiter vorangeschritten. Die amerikanische Immobilienkrise, die im Juli 2007 offensichtlich wurde, kann niemanden überraschen. Die Welt-Finanzmärkte betrachten dieses Spektakel wie das Kaninchen die Schlange. Aber das ist nur die Spitze des Eisbergs.

Welches dieser Szenarien nun wirklich eintritt, ist deshalb auch 2007 nur recht schwierig vorauszusagen. Dazu nochmals Walter K. Eichelburg: [138]

> ***1: Deflationisten-Szenario.***
>
> *Es ist unrealistisch, daß der Goldpreis bei einer deflationären Depression lange unten bleibt, da dann der Dollar wegen Kreditausfällen massiv abverkauft wird.*
>
> ***2: Schneller Zusammenbruch, Gold verschwindet.***
>
> *Ist relativ realistisch, wenn man bedenkt, daß die US-Kriege im Irak und Libanon (Stellvertreterkrieg) verloren sind und ein massiver Dollar-Abverkauf jeden Tag kommen kann.*
>
> ***3: Exponentieller stetiger Anstieg über lange Zeit.***
>
> *Dieses Szenario ist am wenigsten realistisch.*
>
> ***4: Modifiziertes 1970er Jahre Szenario.***
>
> *Erst der steigende Goldpreis und der Abverkauf der Papier-Währungen, speziell des US-Dollars, wird die Zentralbanken zwingen, die Zinsen anzuheben – wie in den 70er Jahren. Diese massiv steigenden Zinsen werden dann zu den Kredit- und Bondausfällen führen, was die Flucht noch mehr verstärkt. Es ist notwendig zu wissen, daß die Methode von 1979/80 mit hohen Zinsen heute das System nicht mehr retten kann, denn die Geld-/Vermögens-Volumen sind heute* (Stand 2006, Anmerkung des Verfassers) *um das 30fache größer.* [139]

Noch wird der US-Dollar von praktisch allen Währungen gestützt. Ob sie, wie Walter K. Eichelburg es formuliert, deshalb auch mit dem Dollar „zur Hölle fahren", bleibt abzuwarten. Entsprechende Sog- und Strudelwirkungen sind aber keineswegs unwahrscheinlich. Daher hält Eichelburg eine Entwicklung ähnlich wie in den 1970er Jahren für besonders naheliegend und realistisch, aber mit wesentlich drastischeren Folgen.

Wenn wir also die am ehesten wahrscheinlichen Szenarien in Betracht ziehen, kann die Devise im Grunde nur lauten: Soweit es die liquiden Mittel zulassen, sollte man in physisches Gold investieren und jede spekulative Rendite-Erwartung hintanstellen. Der Rest ergibt sich durch Zeitablauf von selbst.

Welche Variante, welches Goldpreis-Szenario wir auch immer betrachten, man kann es drehen und wenden, wie man will: Für mittel- oder langfristig steigende Goldpreise spricht vieles, für die Annahme eines nachhaltigen Preisverfalls so gut wie nichts.

Zehn Gründe für Gold

An früherer Stelle wurde es bereits gesagt: Jeder darf von Gold halten und darüber denken, was und wie er will. Niemand wird zum Besitz oder Kauf von Gold gezwungen. Aber es lohnt sich schon, unter sorgfältiger Abwägung alles bisher Erörterten die zehn wichtigsten Punkte für den künftigen Status des Edelmetalls herauszustellen. Es sind allesamt Marksteine, an denen niemand vorbeisehen kann: [140]

1. Die Nachfrage nach Gold übersteigt die Produktion.
2. Die Goldproduktion wird langfristig immer weiter zurückgehen.
3. Riesige Goldmengen sind bereits vorverkauft worden.
4. Tiefe Zinssätze machen Absicherungsgeschäfte unattraktiv.
5. Die Zentralbanken leihen weniger Gold aus.
6. Die Nachfrage durch Privatanleger steigt.
7. Negative reale Zinssätze sind positiv für Gold.
8. Gold gewinnt an Popularität.
9. Währungen mit Golddeckung sind wieder „im Gespräch“.
10. Der Goldmarkt ist im Verhältnis zum Aktienmarkt sehr klein.

In ewiger Liebe und Verbundenheit: Dein Finanzamt

Diese Überschrift könnte auf der Trauerschleife eines soeben von staatlicher Geldgier zu Tode geschröpften Steuerzahlers stehen. Indes – finanzielles Wohlergehen seiner Bürger war noch nie vorrangiges Anliegen eines Staatswesens, schon gar nicht des deutschen. Zu Lebzeiten oder posthum will das Finanzamt stets unser Bestes – unser Geld! Es begleitet uns in allen Lebenslagen.

Abb. 73

Der Fiskus ist überall dabei. Es gibt in den Staaten der EU kein Bankgeheimnis mehr, der gläserne Bürger ist längst Wirklichkeit. Deswegen wollen auch steuerliche Aspekte bei der Investition in Edelmetalle berücksichtigt sein.

Wichtiger Hinweis: *Dieses Buch ersetzt keine steuerliche Beratung. Bitte wenden Sie sich in allen konkreten steuerlichen Belangen an Ihr Finanzamt oder an Ihren Steuerberater.*

Während des Niederschreibens dieser Zeilen – Mai 2007 – waren folgende generelle steuerliche Rahmenbedingungen einschlägig:

1.) **Mehrwertsteuer:** Um 1974 wurde in Deutschland für den Handel mit Gold die generelle Mehrwertsteuer eingeführt. Ausgenommen hiervon waren nur Goldmünzen, die auch gesetzliches Zahlungsmittel waren, z. B. der Krügerrand. Erfreulicherweise kam es im Zuge der EU-Harmonisierung zu Erleichterungen zwecks Vermeidung von Wettbewerbsverzerrungen. Eine Website der Europäischen Kommission gibt über eine seit 1998 bestehende Sonderregelung Aufschluß. [141]

Um die Verwendung von Gold als Finanzinstrument zu fördern, sieht diese Richtlinie eine Steuerbefreiung für Anlagegold vor. Zuvor galt auch für Anlagegold die normale Steuerregelung. Im Rahmen dieser Regelung unterlagen Anlagegoldlieferungen grundsätzlich der Mehrwertsteuer, aber bestimmte Mitgliedsstaaten waren nach einer Übergangsregelung ermächtigt, diese Lieferungen von der Steuer zu befreien. Die neue Richtlinie beseitigt diese Wettbewerbsverzerrungen zwischen den Mitgliedstaaten und stärkt gleichzeitig die Wettbewerbsfähigkeit des Goldmarkts der Gemeinschaft.

Definition von Anlagegold:

- Gold in Barren- oder Plättchenform mit einem von den Goldmärkten akzeptierten Gewicht und einem Feingehalt von mindestens 995 Tausendstel, unabhängig davon, ob es durch Wertpapiere verbrieft ist oder nicht (Barren oder Plättchen mit einem Gewicht von höchstens 1 Gramm können die Mitgliedstaaten von der Regelung ausnehmen);

- Goldmünzen, die einen Feingehalt von mindestens 900 Tausendstel aufweisen, die nach dem Jahr 1800 geprägt wurden, die in ihrem Ursprungsland gesetzliches Zahlungsmittel sind oder waren und die üblicherweise zu einem Preis verkauft werden, der den Offenmarktwert ihres Goldgehalts um nicht mehr als 80 % übersteigt. Jedes Jahr teilen die Mitgliedstaaten mit, welche Münzen, die diesen Kriterien entsprechen, innerhalb ihres Gebiets vermarktet werden. Diese Listen werden im Amtsblatt veröffentlicht.

Vereinfacht zusammengefaßt bedeutet dies: Anlagegold (Goldbarren, Goldmünzen) ist mehrwertsteuerfrei, Warengold (Schmuck usw.) unterliegt der gesetzlichen Mehrwertsteuer.

2.) **Vermögenssteuer:** Die Vermögenssteuer ist abgeschafft. Trotz mancherlei Propaganda aus dem linken politischen Lager zu deren Wiedereinführung dürfte es vorläufig auch dabei bleiben. Die Vermögenssteuer zählte immer zu den „Neidsteuern", deren Erhebung teurer war als das gesamte Aufkommen. Die zur Vermögenssteuererhebung notwendige Infrastruktur bei den Finanzämtern ist nicht mehr vorhanden. Sobald es für den Fiskus jedoch lohnend erscheint, könnte eine „Goldbesitzsteuer" als Sonderform der Vermögenssteuer den Aufwand für die Wiederherstellung der kompletten Vermögensteuer-Administration durchaus rechtfertigen und quasi eine Vorreiterrolle übernehmen.

3.) **Einkommensteuer:** Laufende Erträge fallen bei Goldbesitz nicht an, mithin sind solche auch nicht steuerpflichtig. Anders verhält es sich mit Veräußerungsgewinnen. Hier gilt dasselbe wie bei Aktien und anderen Wertpapieren: Veräußerungsgewinne sind bei Privatpersonen **(noch!)** steuerfrei, wenn zwischen Ankauf und Verkauf ein Zeitraum von mehr als einem Jahr liegt.

4.) **Erbschaftssteuer:** Die Erbschaftssteuerformulare fragen schon immer nach Edelmetallen im Vermögen des Erblassers. Für die Erbschaftssteuererklärung und -berechnung ist der Kurswert am Tag des Erbfalls maßgebend.

In allen Fällen gilt: Bei Verdacht auf Steuerhinterziehung steht dem Finanzamt die vollständige Palette sämtlicher Zwangsmaßnahmen des Steuerrechts zur Verfügung.

Bis hierher scheint das alles in Ordnung und jedem rechtstreuen Bürger einzuleuchten.

Allerdings ist im Bereich der Einkommensteuer jederzeit mit womöglich gravierenden Änderungen zu rechnen, unter Umständen auch mit Rückwirkung, soweit es um die Steuerfreiheit von Spekulationsgewinnen **(Spekulationsfristen!)** geht. Einschlägige Meldungen und zugehörige Dementis wechseln in der Presse fast täglich einander ab. Je eher es zu einer echten Rallye an den Rohstoff- oder Edelmetallmärkten kommt, desto eher wird der Fiskus versuchen, Teile des nominellen Wertzuwachses zu seinen Gunsten abzuschöpfen. Als Argument dafür wird im Zweifel das Gleichbehandlungsprinzip des Grundgesetzes herhalten müssen.

Zwar ist der Besitz von Gold für die Finanzverwaltung schwieriger nachzuprüfen als der von Geld. Schließlich erscheint Goldbesitz normalerweise nicht auf Kontoauszügen. Genau dies dürfte den Finanzpolitikern jedoch ein wachsender Dorn im Auge werden!

Bereits jetzt muß auf entsprechende Nachfragen des Finanzamts gefaßt sein, wer in der Vergangenheit größere Erträge aus Kapitalvermögen hatte und nunmehr Teile seines Vermögens in Gold umschichtet.

Abb. 74

Die deutsche Finanzverwaltung hat in den letzten Jahrzehnten die praktisch lückenlose Überwachung vollzogen, ohne daß dies von der breiten Öffentlichkeit bemerkt und von Protesten begleitet worden wäre. Die Instrumente, die im Zuge von Geldwäsche- und Kriminalitätsbekämpfung eingeführt wurden, haben sich für die Finanzämter zur Überwachung des Geldverkehrs bereits bestens bewährt. Nun ist das Gold als Kapitalanlage derzeit (noch) weitgehend

„out“, mithin auch für den Fiskus uninteressant. Solange das „Goldverbot in den Köpfen“ der Bürger weiterbesteht – siehe Seite 176 –, wird sich daran auch nichts ändern.

Sollte jedoch ein steigender Preis das Gold wieder in ein breiteres Interesse rücken, würde die jetzige Rechtslage die staatliche Überwachung sämtlicher Kapitalströme aushöhlen und partiell unterlaufen. Ein Abfließen größerer Beträge in das Edelmetall würde dieses Geld der Beobachtung der Finanzverwaltung entziehen.

Bei der bekannten und weiter wachsenden Begehrlichkeit des Fiskus dürfen wir sicher sein, daß Politik und Gesetzgeber darauf reagieren werden. Je „sozialistischer“ die gerade amtierende Regierung ist, um so schneller und radikaler wird dies passieren. Und kurioserweise muß man sagen: Je „linker“ eine Partei, um so ehrlicher geben deren Würdenträger ihre perfiden Pläne zu und tragen eben diese im Wahlkampf offen zu Markte. Neid-Diskussionen werden entflammen nach dem Motto „wer (so unanständig ist und) Gold hortet, soll auch zahlen!“ Das wäre nichts anderes als eine Sonder-Vermögenssteuer durch die Hintertür.

Daneben kann man sich schon jetzt lebhaft vorstellen, wie engagierte Hardliner die Verstaatlichung von Anlagegoldvermögen fordern werden. Eine Umsetzung solcher Forderungen wäre nichts anderes als ein Goldverbot in Deutschland. Goldverbote waren immer Ausdruck der politischen Schwäche radikaler Regime. Auch in Deutschland ist man vor solcher Idiotie nicht absolut sicher. Näheres hierzu finden Sie im Kapitel „Droht ein neues Goldbesitzverbot?“ – siehe Seite 175 ff.

Die Finanzverwaltung jedoch wird, wenn sie will, nach Möglichkeiten sinnen und zweifellos solche finden, den reinen Besitz von Anlagegold mit einer laufenden Steuer zu belegen. Beginnen könnte das mit einer streng strafbewehrten Offenlegungspflicht jeglichen privaten Goldvermögens. Der Handel mit Gold könnte durch bürokratische Hemmnisse ins Unerträgliche erschwert, wenn nicht gelähmt werden, etwa durch Einführung eines Goldbuchs, mit der Folge, daß jeder Goldbesitz registriert und jede Transaktion mit einer automatischen Kontrollmitteilung ans Finanzamt gekoppelt wäre – und so weiter. Die Erhebung einer Steuer könnte dann so funktionieren wie bei der Grundsteuer: Letztere ist im Regelfall selbst dann zu bezahlen, wenn das Grundstück keinerlei Ertrag bringt.

Um Mißverständnissen vorzubeugen: Der Verfasser hält solche administrativen Bürokratismen selbstverständlich für kompletten Humbug und hofft, daß es dazu nie kommen möge. Keine Torheit ist indes so töricht, daß man sie Politikern nicht zutrauen könnte! Dies gilt insbesondere in Deutschland mit seinem traditionellen Hang zur Bürokratie. Eine sensible Wachsamkeit in dieser Richtung scheint deswegen in hohem Maße geboten, denn das deutsche Steuerrecht (aber nicht nur dieses!) beruht auf einem System staatlich legitimierter Erpressung. Vor allem sollte jeder Anleger im Einklang mit dem geltenden Recht selbst die Frage entscheiden, ob Deutschland der richtige Ort ist, Gold sicher einzulagern.

Sachwerte schlagen Geldwerte – aber Edelmetalle schlagen Sachwerte!

„Wer gut schlafen will, kauft Anleihen. Aber wer gut essen will, kauft Aktien!“, wer kennt es nicht, das Credo des alten Börsenfuchses André Kostolany. Kostolany hat immer nach dieser Weisheit gehandelt und ist damit reich geworden. Den ersten Teil der Überschrift hätte Kostolany unbesehen unterschrieben, den zweiten mit Verachtung ignoriert. Schade, daß der Verfasser keine Gelegenheit mehr haben wird, sich mit Kostolany darüber auseinanderzusetzen, er starb 1999. Edelmetalle schlagen Sachwerte. Diese provozierende Aussage stimmt vielleicht nicht immer. Aber die Indizien mehren sich, daß sie gerade und vor allem in Krisenzeiten richtig sein könnte.

Daß Sachwerte Geldwerte schlagen, ist eine alte Weisheit. Jeder Banker hat entsprechende Charts auf dem Tisch, die dies auf lange Sicht belegen. Wer das Kapitel „Der Zinsturm zu Babel“ in diesem Buch gelesen hat, wird dies kaum bezweifeln. Denn Aktien sind im Gegensatz zu Bargeld oder anderen ungedeckten Schuldverschreibungen Anteilscheine an Unternehmen, mithin an Sachwerten. Daher ist das Unternehmen, das Aktien herausgibt, der Gegenwert des Papiers, also seine Deckung.

Es soll weder verkannt noch bagatellisiert werden, wenn Aktionäre der „Schall und Rauch AG“ oder anderer Gesellschaften minderer Bonität mit ihren Aktien herbe Verluste einstecken und realisieren mußten. Jede Aktiengesellschaft ist nur so gut wie das Produkt, das sie herstellt. Sie ist nur so gut wie ihre Belegschaft, vor allem aber wie ihr Management. Die Erzeugnisse einer Aktiengesellschaft können zum teuren Ladenhüter mutieren, wenn das Management den Fortschritt verschläft. Es hat auch schon Fälle gegeben, da haben sich Manager krimineller Handlungen schuldig gemacht oder sind Opfer solchen Treibens geworden. All dies kann Aktiengesellschaften schweren und schwersten Schaden zufügen, ja ihre Pleite herbeiführen. Schließlich können kriegerische Ereignisse eintreten, die auch vor Aktiengesellschaften nicht Halt machen und deren Vermögen in Schutt und Asche legen.

Aber im allgemeinen hat noch eine andere Weisheit Kostolanys immer wieder ihre Gültigkeit bewiesen:

„Mit der Börse und der Wirtschaft ist das wie mit einem Hund und seinem Herrn: Der Herr marschiert weiter, mal langsamer, mal schneller. Aber der Hund rast ihm mal voraus und mal weit hinter seinen Herrn zurück. Am Schluß treffen sich beide friedlich zu Hause."

Daß dieser Vergleich für die größte Zahl aller gut geführten Aktiengesellschaften so zutrifft, ist nicht zu bezweifeln. Aber auch in normalen Zeiten verlaufen die Börsenphasen zyklisch. Jeder Baisse folgt eine Erholung, jeder Überhitzung folgt eine mehr oder weniger kräftige Ernüchterung. Beides kann lange andauern oder schlagartig eintreten. Wer aber zum ungünstigen Zeitpunkt Aktien verkauft oder vielleicht verkaufen muß, hat einen schlechten Stand.

In größerem Umfang hat man das zuletzt im Oktober 1987 gesehen, aber auch nach dem Terror-Szenario vom 11. September 2001. Beide Ereignisse unterscheiden sich allerdings in einem Punkt deutlich: Der Crash 1987 war das abrupte Ende einer Spekulationsblase, während die Kurseinbrüche nach dem 11. September, so schlimm sie im Augenblick auch waren, im längerfristigen Abwärts-Trendkanal, der von Sommer 2000 bis ins Frühjahr 2003 reichte, beinahe untergehen.

Wie aber verhielt sich der Goldpreis während dieser Ereignisse? In beiden Fällen stieg der Goldpreis zunächst kräftig, nämlich von 465 US-$ auf 481 US-$ am 19. Oktober 1987 und von 271 US-$ auf 287 US-$ am 11. September 2001. [142]

Während der Anstieg 1987 bereits am nächsten Tag wieder verpufft war – am 20.10.1987 fiel der Goldpreis wieder auf 464 US-$ –, fuhr der Goldpreis 2001 bis zum Jahresschluß Achterbahn und bewegte sich zwischen ca. 275 und 290 US-$. Ein typisches Muster für solche Krisenszenarien läßt sich mithin nicht herleiten. Von momentanen Panikreaktionen abgesehen, blieb in der Vergangenheit der Goldpreis von solchen Dingen weitgehend unbeeindruckt. Man darf auch nicht übersehen, daß sowohl 1987 wie 2001 die Goldpreismanipulationen auf Hochtouren liefen.

Was aber sehr wohl beeindruckt, das ist die relative Stabilität, die das Gold in Zeiten an den Tag legte, als die Aktien hysterisch und „waschkorbweise" an den Börsen verschleudert wurden.

Eins ist sicher: Der nächste Crash an den Börsen wird irgendwann kommen. Auch das Gold kann wie alles andere in den Strudel geraten. Aber Gold bleibt ein physisch stabiles Material, was immer an den Kapitalmärkten passiert. Das einzige, was sich ändert, sind die Maßstäbe der Bewertung. Die können schon im Alltag volatil verlaufen und im Extremfall völlig durcheinandergewirbelt werden.

Auch bei Aktien stellen sich nach jedem Crash irgendwann wieder realistische Bewertungen ein. Allerdings kann, je nachdem, wie sehr das jeweilige Unternehmen von den Auswirkungen der Turbulenzen in Mitleidenschaft gezogen ist, die Neubewertung schwierig und langwierig sein. Auch ein Totalverlust kann drohen.

Im Gegensatz dazu paßt jedoch, bezogen auf das Gold, ein altes Sprichwort:

„Was kümmert es den Mond, wenn ihn ein Hund ankläfft..."

Abb. 75

„Der Crash kommt nicht!“ – oder doch?

Seit dem 2. Weltkrieg, spätestens aber seit den frühen 1970er Jahren beschäftigt die Experten das Thema, ob und wann der ganz große wirtschaftliche Kollaps kommt – oder auch nicht.

Ein weltweiter Crash, für den ein völlig harmlos erscheinendes Ereignis der Auslöser sein kann, ist ebensowenig auszuschließen, wie sein sicheres Eintreten vorherzusagen ist. Schon gar nicht zu einem bestimmten Zeitpunkt. Und noch weniger möchte der Verfasser einen solchen herbeireden.

Ein Zusammenbruch der kompletten Weltwirtschaft wurde schon oft prognostiziert, unzählige Weltuntergangsgurus und Verschwörungstheoretiker verdienten sich damit schon buchstäblich eine goldene Nase. Komischerweise funktioniert ausgerechnet das "kapitalistische System" eines von Angebot und Nachfrage bestimmten Marktes immer noch. Aber im letzten Jahrhundert wurde dieses System mehrfach kräftig durchgeschüttelt. Es bedarf keiner allzu großer prophetischer Gaben, daß es auch in Zukunft solche Ereignisse geben wird. Die Frage ist: Wie stellen wir uns darauf ein, wie bereitet man sich am besten darauf vor? Denn soviel ist sicher: Es knallt immer dann, wenn keiner damit rechnet.

Wie in den früheren Kapiteln dargelegt, gibt es wegen weltweit überbordender Staatsverschuldung, viel zu hohen Geldmengenwachstums, drohender Hyperinflation und immer schneller um den Erdball jagender Spekulationsblasen mancherlei Indizien dafür, daß es jederzeit zum „Big Bang“ kommen kann, und zwar in einer bisher nicht gekannten Dimension.

Man kann entgegenhalten, daß die Bereitschaft der (meisten) EU-Staaten zur Ergreifung der erforderlichen Gegenmaßnahmen – Ausgleichung der Staatsfinanzen, Anpassungen und Einschnitte im sozialen Netz – ja durchaus gegeben sei. Als Beispiel wird Schweden genannt: Einst als perfekter Sozialstaat gepriesen, befand sich Schweden als eins der ersten Länder Europas in einer schweren Krise. So hatte Schweden 1995 Staatsschulden von 77 % des Bruttosozialprodukts sowie eine jährliche Neuverschuldung von 8 % des Bruttosozialprodukts (nach 14 % 1993 und 11 % 1994). Nicht wenige sagten das baldige Ende dieses “perfektesten Sozialstaats der Erde“ voraus.

Im Jahre 2005 hatte Schweden einen Überschuß des öffentlichen Haushalts von 2,9 % des Bruttosozialprodukts und einen öffentlichen Schuldenstand von 50 % des Bruttosozialprodukts. Wie kam dieser „Turn around“ zustande? Die Ursache liegt in einer relativen Verarmung.

Noch in den achtziger Jahren zählte Schweden neben der Schweiz zu den wohlhabendsten europäischen Ländern. Inzwischen liegt Schweden irgendwo im Mittelfeld der europäischen Wohlstandsliga. Was da stattfand, ist nichts anderes als eine Teilentwertung der öffentlichen Schulden. Die Schweden, die vorher – im europäischen Vergleich – ein Einkommen von 100 hatten, haben jetzt noch eins von 80. Schon stimmt die volkswirtschaftliche Gesamtrechnung wieder. Das bedeutet harte Einschnitte für die Bürger, aber die Pleite findet nicht statt.

Allerdings ist auch der „Musterschüler Schweden“ mit Skepsis zu betrachten: Im Jahr 2005 lagen die Staatsausgaben bei (umgerechnet) 176,9 Milliarden US-$, die Staatseinnahmen bei 177,7 Milliarden US-$. Auch wenn ein „ausgeglichener“ Staatshaushalt in Europa eine Sensation darstellt und dieser „Idealzustand“ die nächsten paar hundert Jahre andauern würde, wäre die Staatsverschuldung Schwedens frühestens in rund 200 Jahren abgebaut!

Als ähnliche Beispiele lassen sich – mit manchen Abweichungen im Detail – andere Länder anführen, etwa die Niederlande oder Dänemark. Auch in Deutschland beschreitet man – mit großer Verspätung – diesen Weg: Verlängerung der Lebensarbeitszeit, Rentenkürzungen, drastische Einschnitte im Gesundheitswesen, sinkende Reallöhne bei zugleich steigenden Steuer- und Abgabenlasten führen zu einer schleichenden Verarmung der Bevölkerung und zu einem merklichen Absinken des Lebensstandards.

Das Rezept funktioniert (nur!), weil es die Bürger mit sich machen lassen. Die großen Volksparteien sind sich „im Prinzip“ darin einig, daß es ohne diese Kürzungen bei gleichzeitigem Anziehen der Steuerschraube nicht geht. Trotz immer noch stattfindender und mit Recht vom Bundesrechnungshof immer wieder gerügten Verschwendung von Steuergeldern sind die Sparpotentiale bei wachsenden Aufgaben – denken wir an Bundeswehreinsätze im Ausland, denen sich Deutschland nur schwer entziehen kann – eines Tages ausgereizt, es sei denn, man würde staatliche Leistungen in einem unvorstellbaren Maß einschränken und auf den Bürger abwälzen. Ein relativer Verfall des Wohlstands ist dem Bürger leichter zu vermitteln als die Wahrung desselben bei radikalem Abbau des Sozialstaats. Um den Preis der Absenkung des Lebensstandards und zunehmender Abhängigkeit der Bürger von Regierung und Bürokratie wurde, jedenfalls bisher, in Deutschland und anderswo der totale Staatsbankrott vermieden.

Der Crash blieb gerade deshalb aus, weil die in einer Demokratie maßgebliche Bevölkerungsmehrheit offenbar bereit ist, lieber die schleichende Verarmung hinzunehmen als die Politiker in eine radikal andere Richtung zu zwingen. Dieser schrittweise Anpassungsprozeß vermeidet – bisher! – die abrupte Anpassung mit einem Schlag – nämlich den Crash. [143]

Als in den 1950er Jahren der „Generationenvertrag“ und damit die fundamentale Basis des deutschen Rentenversicherungssystems der Nachkriegsära geschaffen wurde, hat Wirtschaftsminister Ludwig Erhard Bundeskanzler Adenauer darauf hingewiesen, daß dieses System fünfzig Jahre später aufgrund der demographischen Entwicklung umkippen muß. Adenauer soll geantwortet haben: „Wir müssen jetzt die Wahlen gewinnen, in 50 Jahren leben wir nicht mehr...“

Wie kaum ein anderer wußte Ludwig Erhard um die Bedeutung monetärer Stabilität. [Abb. 76]

Die Staatsentschuldung um den Preis eines ständig sinkenden Lebensstandards der Bevölkerung wird deswegen immer mehr zu einem Tanz auf dem Vulkan. Denn die große Frage bleibt: Wie lange funktioniert dieses Rezept, wie lange kann das so weitergehen, wann werden die Bürger gegen dieses Spiel aufbegehren?

Seit vielen Jahren kann man irgendwann im Sommer etwas vom Steuerzahler-Gedenktag in den Zeitungen lesen. Der Bürger hat rein statistisch gesehen seit Jahresbeginn nur für den Fiskus geschuftet. Dem Bürger bleibt nur, was er sich bis Jahresende noch erarbeitet. Tendenziell verschiebt sich diese Meldung immer weiter nach hinten – vom 1. Juni anno 1960 auf den 15. Juli im Jahre 2007 [144].

Und was ist, wenn der Steuerzahler-Gedenktag eines Tages mit Weihnachten zusammenfällt, also erst Ende Dezember stattfindet? Dann hat der Bürger das ganze Jahr nur noch für den Staat gearbeitet. Aber wird er sich das bieten lassen? Wann überschreitet die „schleichende Verarmung" die Grenze des Zumutbaren? Wie werden sich die Gewerkschaften, die „Macht der Straße" verhalten? Noch sind es nur deren Funktionäre, die an jedem 1. Mai ihre einschlägigen Parolen schwingen. Aber das könnte sich rasch ändern, wenn tatsächlich breite Bevölkerungsschichten Not leiden.

Die komplette Abschaffung sämtlicher sozialstaatlicher Elemente und Sicherungssysteme kann niemand ernsthaft wollen. Das wäre politisch nirgends in Europa durchsetzbar, nicht einmal um den Preis der Aufgabe der Demokratie. Irgendwann erreicht aber die Belastbarkeit der Bürger definitiv ihre Grenze. Und dann? Doch wieder wachsende Neuverschuldung, doch Hyperinflation und Crash? Wie so etwas abläuft, lehrt ein Blick in die Geschichtsbücher.

Wie wir im Kapitel „Der Zinsturm zu Babel" gesehen haben, muß das „amerikanische" Rezept, die Weltwirtschaft durch immer noch mehr Papiergeld immer weiter aufzublähen, zwangsläufig in einem irgendwie gearteten Kollaps enden. Noch werden die Märkte mit dem rasanten Ausbau von Produktionskapazitäten in Fernost und immer mehr frischgedruckten Dollars unendlich geschmeidig gehalten. Aber jeder Gummi wird irgendwann spröde. Der Luftballon platzt entweder, oder er gibt beim dosierten Ablassen der Luft unziemliche Geräusche von sich und behält häßliche Falten – was im Falle Weltwirtschaft noch die beste aller Möglichkeiten wäre!

Niemand kann vorhersehen, wann und wie das Spektakel ablaufen wird. Aber kurz- oder langfristig muß ein solches Szenario ins Kalkül gezogen werden. Das Gemeine ist: Den genauen Zeitpunkt weiß niemand im voraus. Aber wer sich beizeiten darauf vorbereitet hat, hat ganz sicher die „besseren Karten“.

Und noch etwas ist sicher: Auch nach einem Knall werden die Märkte nach turbulenten Zeiten wieder zu einer gewissen Tagesordnung übergehen, auch wenn diese durchaus anders aussehen mag als vorher. "Do ut des" – ich gebe, damit du gibst – an diesem Prinzip wird nicht zu rütteln sein. Unsicher bleibt, was die Beteiligten zu geben und zu nehmen in der Lage sind.

Es gibt keinen Automatismus, daß mit dem etwaigen Zusammenbruch der weltumspannenden Kapitalmärkte sofort der Goldpreis explodiert – mit dem Ergebnis, daß nur der eine Zukunft hat, der sich irgendwann mit diesem Stoff eingedeckt hat. Manches spricht dafür, daß in einer Panik des gnadenlosen Ausverkaufs alles „auf den Markt geschmissen“ wird, koste es was es wolle und egal, welche Verluste realisiert werden. Das kann auch den Goldpreis treffen, zumal in solchen Phasen niemand den Mut hat, sein (noch vorhandenes) Geld irgendwie zu investieren.

Aber spätestens mit der Ruhe nach dem Sturm wird sich die Frage stellen, was diesen am unbeschadetsten überdauert hat und wie der Phönix wohl aussehen könnte, der da aus der Asche steigt.

Ein Witzbold hat einmal gesagt: „So ein Barren Gold tut nichts außer herumliegen“. Er bleibt physisch dasselbe, und zwar vor, während und nach einem Crash. Am Gold ändert sich in Zeiten der Turbulenzen überhaupt nichts, auch nicht an seinem Wert. Was sich ändert, das ist die Meßlatte, nämlich das Geld!

Wer vor 1970 Gold kaufte und es 10 Jahre später wieder veräußerte, verdiente sich eine "goldene Nase" – im ganz wörtlichen Sinn. Wer indes 1980 Gold kaufte und es 10 oder 20 Jahre später verkaufte oder verkaufen mußte, hat Zitronen geerntet. Aber selbst diese Zitronen könnten sich immer noch vergolden, wenn man die Zeit hat, sie ein paar Jahrzehnte reifen zu lassen, wenn man sich also nicht zu früh von seinen Früchten trennen mußte.

Kein Markt ist eine Einbahnstraße, auch der Goldmarkt nicht. Und weil das so ist, gibt es immer wieder Spekulanten, die in ihrem Sinne Gerüchte streuen, um den Markt nach oben oder nach unten zu beeinflussen. Da diese Spekulanten in aller Regel das Gegenteil dessen tun, was man angesichts der lancierten Gerüchte tun sollte, wird so der Boden für dicke Gewinne geebnet. Denn bei einem so engen Markt wie dem des Goldes führt dieses Spiel immer wieder zu zeitnahen Kursausschlägen, und der Markt verdankt diesem Umstand seine hohe Volatilität.

Wie jeder Anleger muß sich auch der Investor in Gold darüber im klaren sein: Es gibt keine Garantie für das Eintreten bestimmter Ereignisse zu einem bestimmten Zeitpunkt. Aber es gibt Fakten und Indizien, die unleugbar sind. Zu diesen Fakten zählt die Tatsache, daß ein zur Neige gehender Rohstoff bei steigender Nachfrage irgendwann teu(r)er werden muß. Und wer ein bißchen davon hat, wird es kaum bereuen. Eine „eiserne Reserve" in Gold bleibt immer eine goldene Reserve.

Ein wesentlicher Faktor einer jeglichen Investition ist immer das Timing. Wer sein Depot zu unterschiedlichen Kursen immer wieder aufstockt, macht im Zweifel keinen schlechten Schnitt. Zur Erinnerung: 1957, vor gerade mal 50 Jahren, kostete eine Feinunze Gold 35,00 US-$. Beim Schreiben dieser Zeilen waren es 655 US-$, unmittelbar vor Drucklegung lag der Goldpreis bei 740 US-$ je Feinunze. Was sind 50 Jahre, gemessen an der Ewigkeit...

Schließen wir den Bogen zu Goethe. „Was du ererbt von deinen Vätern hast, erwirb es, um es zu besitzen", läßt der Dichter den Faust philosophieren. Er sagt nicht „genieße es, um es zu verprassen."

Schon manchem ist der Genuß des Ererbten mit dem Eintreffen des Erbschaftssteuerbescheids auf Grundeis gegangen. Aber dessenungeachtet hat Goethe recht: Alles Ererbte muß neu erworben, neu gefochten und erkämpft werden, um künftigen Generationen erhalten zu bleiben. Ohne immer neuen, eigenen Einsatz ist der Verlust des Ererbten vorgezeichnet, insbesondere in Zeiten, in denen die Blicke des Fiskus auf Vermögenswerte, gleich ob erarbeitet oder ererbt, immer gieriger und begehrlicher werden. Die in Artikel 14 des Grundgesetzes verbriefte Garantie von Eigentum und Erbrecht wird mehr und mehr zur Worthülse, zu einer hohlen Phrase. Man könnte diesen Artikel schon jetzt den Gegebenheiten anpassen und deutlich kürzer fassen: „Jeder Bürger hat das Recht auf Enteignung". Und in jedem einschlägigen Kommentar wäre dann die Ergänzung zu lesen: „... und die Pflicht, sich jederzeit enteignen zu lassen ... ". Am zuverlässigsten funktioniert das, wie wir gesehen haben, mit jeder Form von Bargeld. Damit hat es der Fiskus am einfachsten, und wer es dem Finanzamt leicht machen will, der muß sich von niemandem daran hindern lassen. Geht es aber um den Erhalt der Substanz, dann gibt es nur eine, die so treu ist wie Gold: das Gold selbst. Gold ist erhaben über Finanzblasen aller Art, über Crashs, babylonische Zinstürme, Inflation und den Widerstreit von Meinungen. Und in dieser strahlenden Erhabenheit wird es glänzen, solange es den Erdball gibt und Menschen, die ihn bevölkern.

Anhang

Ein paar Rechenbeispiele

Würde man alles weltweit vorhandene Gold auf die Weltbevölkerung verteilen, wieviel würde dann jeder bekommen?

Die derzeit weltweit vorhandene Menge Feingold wird auf ca. 154.400 Tonnen geschätzt. Die Welt hat 2007 etwa 6,7 Milliarden, in Zahlen 6.700.000.000 Einwohner. 154.400 Tonnen entsprechen 154.400.000.000 Gramm. Demnach bekäme jeder 23,045 Gramm.

Würde man alles weltweit vorhandene Gold – 154.000 Tonnen – zu einem Würfel zusammenschmelzen, so hätte dieser eine **Kantenlänge von ca. 20 Metern und ein Volumen von rund 8.000 m³.**

ca. 20 Meter

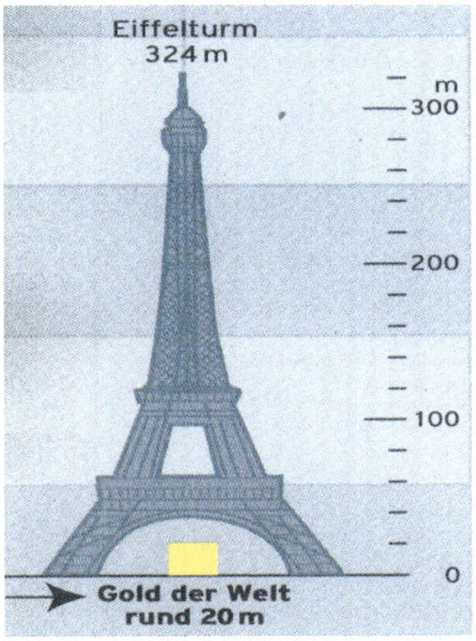

Abb. 77

Würde man diesen Würfel unter den Eiffelturm stellen, dann sähe das etwa so aus wie auf der Abbildung rechts.

Würde man die jährliche Goldproduktion des Jahres 2006 unter die Weltbevölkerung – 6,7 Milliarden Menschen – verteilen, wieviel bekäme dann jeder?

2006 wurden	**2.467 t Gold**
gefördert, das sind	**2.467.000 kg**
oder	**2.467.000.000 Gramm.**

Dividiert man das Ganze durch die Weltbevölkerung – 6.700.000.000 Menschen –, so bedeutet dies:

$$\frac{2.467.000.000\,g}{6.700.000.000} = 0{,}37\text{ g}$$

Jeder bekäme also ca. 0,37 Gramm.

Kuriose Schlußfolgerung: Wer heute einen Krügerrand (1 Feinunze Gold, 31,103 g) kauft, erwirbt damit – rein rechnerisch – seinen Anteil an der Welt-Goldförderung für die nächsten 100 Jahre!

Welchen Wert hat eine Jahresproduktion Gold (2.467 Tonnen)?

Die Welt-Jahresproduktion hat bei einem Preis von 16.000 € bzw. 20.600 US-$ je Kilo einen Wert von 39.472.000.000 € - fast 40 Milliarden € - oder 50.820.200.000 US-Dollar!

Würden die USA ihren Militärhaushalt 2007 (622 Milliarden US-$ ohne Sondereinsätze) in Gold investieren, wieviel Gold gäbe das bei einem Kurs von 20.600,00 $ je kg?

$$\frac{622.000.000.000\ US-\$}{20.600\ US-\$\,/\,kg\ Gold} = \text{30.194.175 kg bzw. ~ 30.200 Tonnen}$$

Das wären 30.194.175 kg, fast 30.200 Tonnen, mehr als zwölfeinhalb Welt-Jahresproduktionen vom Umfang des Jahres 2006!

Der US-Militärhaushalt 2007 im Verhältnis zur Goldförderung:

US-Militärhaushalt 2007:

622.000.000.000 US-$

Jährliche Goldförderung weltweit: 2.467 Tonnen. Bei einem Preis von 20.600 US-$ je Kilogramm entspricht das einem Betrag von 50.820.200.000 US-$.

Abb. 78

Wieviel Gold bekommt man für 1 Milliarde US-$ (20.600 $ je kg)?

Das wären 48.544 Kilogramm oder gut 48,5 Tonnen.

Die Bundesbürger sparten 2005 im Durchschnitt 11,10 € je 100 € verfügbaren Einkommens. Das verfügbare Pro-Kopf-Einkommen lag 2005 bei 17.087 €. Wieviel Gold würde man benötigen, wenn jeder Bundesbürger davon 10 % in physischem Gold anlegen würden?

Deutschland hat 82.000.000 Einwohner. Gespart werden 13,94 Milliarden €. Bei einem unterstellten Kurs von 500 € je Feinunze würde man 27.880.000 Feinunzen bekommen. Das wären 864.280 Kilogramm oder 864,28 Tonnen – mehr als ein Drittel der Weltjahresförderung.

Die Bundesbürger verfügten 2006 insgesamt über ein Geldvermögen von ca. 4,53 Billionen €. [145] Wieviel Gold würde benötigt, wenn jeder Bundesbürger 10 % davon – 453 Milliarden – in physischem Gold anlegen würde?

Für 453 Milliarden € (453.000.000.000 €) bekommt man 28.312.500 Kilogramm oder 28.312 Tonnen (unterstellter Kurs: 16.000 € je kg). Das ist mehr als das 11fache der Weltjahresförderung.

10 % des deutschen Geldvermögens: 453.000.000.000 €

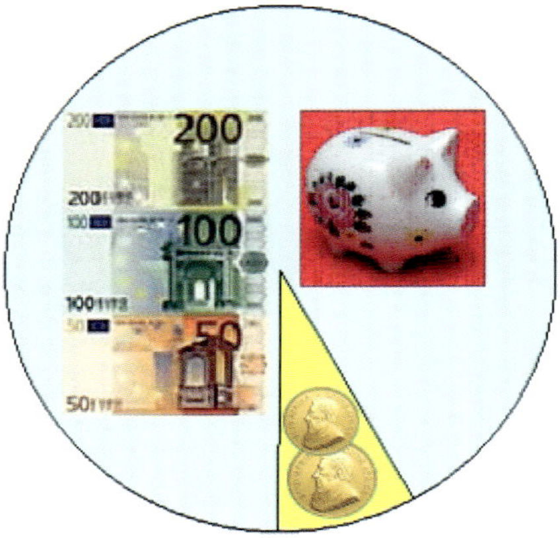

Jährliche weltweite Goldförderung 2.467 Tonnen – das entspricht einem Wert von 39.472.000.000 €

Abb. 79

Wenn China und Japan 10 % ihrer Dollarreserven in Gold anlegen würden, wie viele Jahresfördermengen (2006: 2.467 Tonnen) würden dazu benötigt?

China verfügt über Dollarreserven von 1.300.000.000.000 US-$, Japan über 900.000.000 US-$, zusammen 2.100.000.000.000 US-$. 10 % davon sind 210.000.000.000 US-$. Bei einem Kurs von 20.600 US-$ je kg Gold entspricht die jährliche weltweite Goldförderung einem Wert von 50.820.200.000 US-$. Eine Jahresfördermenge Gold könnte nur 20 % dieses Bedarfs decken. Benötigt würden also fünf Welt-Jahresfördermengen im Volumen des Jahres 2006!

10 % der chinesischen Dollarreserven: 130.000.000.000 US-$

10 % der japanischen Dollarreserven: 90.000.000.000 US-$

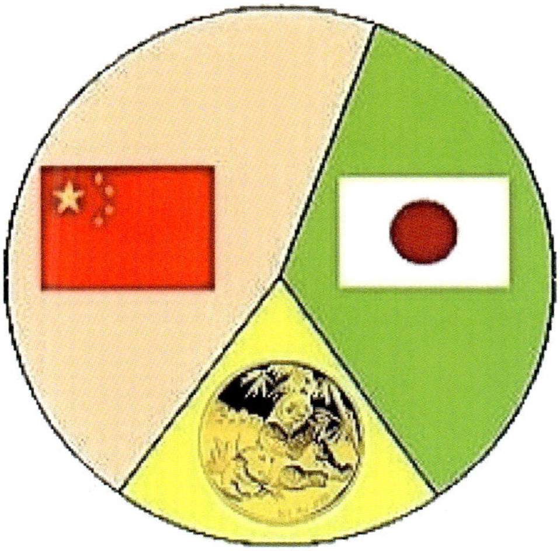

Jährliche weltweite Goldförderung 2.467 Tonnen – das entspricht einem Wert von 50.820.200.000 US-$

Abb. 80

Was kostet eine Tonne Gold bei einem Kurs von 16.000 € je kg?

Eine Tonne Gold kostet 16.000.000 € oder 20.600.000 US-$ (Umrechnungskurs 1 : 1,2875).

Die islamische Welt ist traditionell goldfreundlich. Es gibt weltweit 1,3 Milliarden Moslems. Wieviel Gold würde benötigt, wenn jeder einen Gold-Dinar (4,25 Gramm) erwerben würde?

Benötigt würden ca. 5.525.000.000 Gramm Gold, das sind 5.525 Tonnen, mehr als zwei Welt-Jahresproduktionen!

Wie lang ist der Faden, den man aus einer Feinunze Gold (31,103 Gramm) ziehen könnte?

Dieser Faden wäre 56 Kilometer lang! [146]

Wie groß ist die Fläche, die man mit einer Feinunze Gold als Blattgold belegen könnte?

Gold kann bis auf ca. 100 – 1000 Atomlagen dünn hergestellt werden. Ein Gramm Gold ergibt bei einer Dicke von üblicherweise 100 nm eine Fläche von ca. 0,5 Quadratmetern. [147] **Eine Feinunze ergibt demnach eine Fläche von gut 15,55 Quadratmetern.**

Wissenswertes rund ums Gold:

Chemisches Symbol	Au
Härte (nach Mohs, zehnstufige Skala)	2,5
Spezifisches Gewicht	19,3 g / cm^3
Volumen 1 kg	51,81 cm^3
Das entspricht einem Würfel mit einer Kantenlänge von	3,71 cm
Eine Tonne Gold ergibt einen gegossenen Würfel von Kantenlänge!	37,27 cm

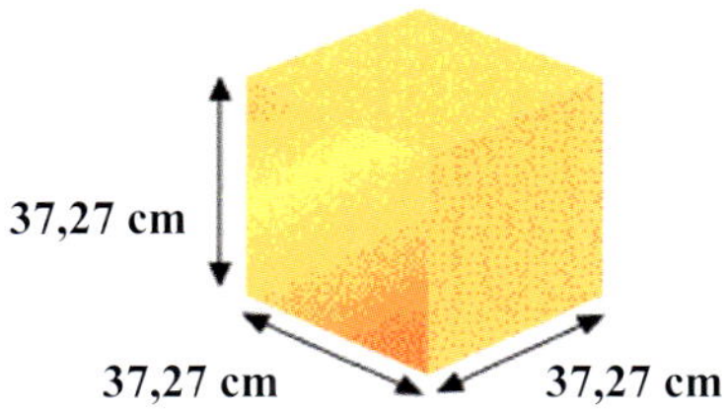

Abb. 81

Schmelzpunkt	1.063° C
Siedepunkt	2.808° C

1 Unze	=	31,1034807 g
1.000 Unzen	=	31,034807 kg
1.000.000 Unzen	=	31,034807 t
1 t	=	32.150 Unzen
10 t	=	321.500 Unzen
100 t	=	3.215.000 Unzen
200 t	=	6.460.000 Unzen
1.000 t	=	32.150.000 Unzen

Handelsbarren 400 Unzen		12,4412 kg
Wichtigste Handelsplätze		Zürich, London, Hongkong, New York
Wichtigste Förderländer		USA, Australien, Kanada, Südafrika
Goldförderung weltweit [148]	1900:	386 t
	1950:	879 t
	1970:	1.480 t
	1980:	1.219 t
	2000:	2.590 t
[149]	2005:	2.518 t
[150]	2006:	2.467 t
Geschätzte Goldvorkommen weltweit (wirtschaftlich abbaubar):		ca. 45.300 t
Geschätzte Gesamtvorkommen weltweit:		ca. 90 - 100.000 t
Gesamte geförderte Menge weltweit (geschätzt):		ca. 154.400 t
Gesamtwert des weltweit geförderten Golds (Stand Februar 2007, Preis je 1-kg-Barren 16.400 €)		**2,5256 Billionen €**
Gesamtvolumen des weltweit geförderten Goldes:		ca. 8.000 m^3
Das entspricht einem Würfel mit einer Kantenlänge von ca.		20 Metern

Die größte Goldmünze der Welt war bis vor kurzem der „große Philharmoniker“, auch „Big Phil“ genannt, eine 2004 in nur 15 Exemplaren gefräste (nicht geprägte) Gedenkmünze zum 15. Jubiläum des „Philharmonikers“, einer der weltweit populärsten Goldanlagemünzen. Der „Big Phil“ hat einen Durchmesser von 37 cm Durchmesser und eine Stärke von fast 2 cm. Die Münze wiegt 31,106 kg (1.000 Unzen!) und kostete bei ihrer Präsentation 400.000 €. Sie war sofort ausverkauft. [151]

Abb. 82

Im Mai 2007 stellte die Kanadische Münze eine noch wesentlich größere Goldmünze vor mit 100 kg Gewicht, einem Durchmesser von über 53 cm! Mit dieser gigantischen Münze erstrebt Kanada für längere Zeit einen sicheren Platz im Guinness-Buch der Rekorde.

Für eine Münze wie den „Big Canadian" benötigt man 25.000 Tonnen Golderz mit einem Goldgehalt von 4 Gramm je Tonne, dem durchschnittlichen Goldgehalt südafrikanischen Golderzes.

Ein Güterzug würde dazu 250 sechsachsige Spezialwagen benötigen und wäre 3.750 Meter lang. In Deutschland müßte man diese Fracht auf 10 Züge aufteilen.

Erste Bilder vom „Big Canadian“:

Abb. 83

Abb. 84

Karattabelle

24 kt = Feingold mit 999 Gewichtspromille Gold
Gold 999 Atom % ca. 100

22 kt = 916,667 (abgerundet) 916 Gewichtspromille Gold
Gold 916 Atom % ca. 83

20 kt = 833,333 (gerundet) 833 Gewichtspromille Gold
Gold 833 Atom % ca. 68

18 kt = eine Legierung mit 750 Gewichtspromille Gold
Gold 750 Atom % ca. 50

14 kt = 583,333 (gerundet auf 585) Gewichtspromille Gold
in der Gesamtmischung *Gold 585* Atom % ca. 38

9 kt = 375 Teile
Gold 375 Atom % ca. 20

8 kt = 333,333 (abgerundet auf 333) Gewichtspromille Gold am Ganzen

152

Glossar

Wer oder was ist oder sind FED, IWF oder die EZB? Hinter durchaus gängigen Abkürzungen verbergen sich Institutionen von weltweiter Bedeutung. Aber nur wenige können mit diesen Kürzeln etwas anfangen. Was hat steckt dahinter, wie sehen sich diese Einrichtungen selbst und wozu wurden sie einst geschaffen? Und wie definieren sich die verschiedenen Geldmengen und Sozialprodukte? Dies und andere nicht unbedingt gebräuchliche Begriffe will dieses Glossar ohne Anspruch auf Vollständigkeit in Kurzform erläutern und verdeutlichen.

Alluviallager:

Mineralogischer Begriff für „angeschwemmte", erdgeschichtlich zumeist junge und leicht abbaubare Ablagerungen von Bodenschätzen.

BIZ (Bank für Internationalen Zahlungsausgleich) [153]

Die 1930 gegründete **Bank für Internationalen Zahlungsausgleich (BIZ)** (engl. *Bank for International Settlements*) ist die älteste internationale Organisation auf dem Gebiet des Finanzwesens. Sie verwaltet Teile der internationalen Währungsreserven und gilt damit quasi als „Bank der Zentralbanken" der Welt. Sitz der BIZ ist Basel (Schweiz).

FED (Federal Reserve System): [154]

Das 1913 gegründete **Federal Reserve System,** oft auch **Federal Reserve** oder **Fed** genannt, ist das Zentralbank-System der Vereinigten Staaten. Es besteht aus dem *Board of Governors*, zwölf regionalen Federal Reserve Banks und einer Vielzahl von Mitgliedsbanken und anderen Institutionen. Wichtigstes Gremium des Fed ist das *Federal Open Market Committee*, das die Geld- und Währungspolitik der Vereinigten Staaten bestimmt. Sein Vorsitzender war bis 31. Januar 2006 Alan Greenspan, am 1. Februar 2006 folgte ihm Ben Bernanke.

ETF (Exchange Trade Funds): [155]

Exchange Trade Funds sind börsennotierte, in der Regel als Indexfonds betriebene Investmentfonds, die die Wertentwicklung bestimmter Marktsegmente, z. B. Gold, widerspiegeln.

EZB: [156]

Die Europäische Zentralbank **EZB** mit Hauptsitz in Frankfurt ist die Zentralbank für die gemeinsame europäische Währung, den Euro. Die Hauptaufgabe der EZB ist es, die Kaufkraft des Euro und somit Preisstabilität im Euroraum zu gewährleisten. Das Euro-Währungsgebiet setzt sich aus den dreizehn Ländern der Europäischen Union zusammen, die den Euro seit 1999 eingeführt haben.

Geldmenge: [157]

Unter Geldmenge versteht man den Bestand an Geld in Händen inländischer Nichtbanken. Wegen der Unschärfe des Geldbegriffs gibt es verschiedene statistische Abgrenzungen der Geldmenge. Das Eurosystem unterscheidet die folgenden Geldmengenbegriffe:

M 1 = Bargeldumlauf (ohne Kassenbestände der Monetären Finanzinstitute (MFIs)) plus täglich fällige Einlagen der im Währungsgebiet ansässigen Nicht-MFIs.

M 2 = M 1 plus Einlagen mit vereinbarter Laufzeit bis zu zwei Jahren und Einlagen mit vereinbarter Kündigungsfrist bis zu drei Monaten.

M 3 = M 2 plus Anteile an Geldmarktfonds, Repoverbindlichkeiten (siehe Seite 235), Geldmarktpapieren und Bankschuldverschreibungen mit einer Laufzeit bis zu zwei Jahren. Dieses Aggregat steht bei der Geldpolitik des Eurosystems im Vordergrund.

Greshamsches Gesetz: [158]

Das **Greshamsche Gesetz** geht auf den Begründer der englischen Börse Sir Thomas Gresham (1519 – 1579) zurück. Es bezeichnet die im Zeitalter der gebundenen Währungen auf der Grundlage eines Edelmetallstandards festgestellte Gesetzmäßigkeit, in deren Folge „schlechtes Geld das Gute verdrängt". Dieses Gesetz tritt auf, wenn zwei Geldarten in ihren Paritäten gesetzlich fixiert werden (Doppelwährung), oder wenn neben vollwertigem Metallgeld auch Papiergeld mit Zwangskurs umläuft. Es wird das „schlechtere Geld" zu Zahlungszwecken verwendet, das höhergeschätzte Geld fließt ins Ausland ab oder wird gehortet.

IWF: [159]

Der **Internationale Währungsfonds** (**IWF**; englisch *International Monetary Fund*, IMF) ist eine Sonderorganisation der Vereinten Nationen und zugleich eine *Schwesterorganisation* der Weltbank-Gruppe und hat seinen Sitz in Washington, D. C., USA.

Der IWF wurde am 22. Juli 1944 durch eine internationale Übereinkunft gegründet und nahm im Mai 1946 erste Arbeiten auf. Seine eigentliche operative Tätigkeit begann ab dem 1. März 1947. Sie erfolgte aufgrund der Beschlüsse der Konferenz in Bretton Woods, einer Kleinstadt im US-Bundesstaat New Hampshire. Diese für den Wiederaufbau des Weltwirtschaftssystems entscheidenden Verhandlungen dauerten vom 1. bis 22. Juli 1944.

Der IWF wird daher zusammen mit der Weltbank-Gruppe als Bretton-Woods-Institution bezeichnet.

Zu seinen Aufgaben gehören: Förderung der internationalen Zusammenarbeit in der Währungspolitik, Ausweitung des Welthandels, Stabilisierung von Wechselkursen, Kreditvergabe, Überwachung der Geldpolitik, technische Hilfe.

Der IWF hat zur Zeit 184 Mitgliedsländer, deren Stimmrecht sich nach ihrem Kapitalanteil richtet. Die Stimmanteile der wichtigsten Mitgliedsstaaten: USA 17,08 %, Japan 6,13 %, Deutschland 5,99 %, Frankreich 4,95 %, Vereinigtes

Königreich 4,95 %. Die 25 EU-Mitglieder verfügen insgesamt über 31,89 % der Stimmen; die zwölf Euro-Staaten über 22,91 %. Da die Beschlüsse im IWF mit einer Mehrheit von 85 % getroffen werden müssen, verfügen jeweils die USA und die gemeinsamen EU-Staaten über eine Sperrminorität.

Jewish Claims Conference: [160]

Die **Conference on Jewish Material Claims Against Germany**, auch **Claims Conference** und **Jewish Claims Conference (JCC)**, ist ein Zusammenschluß jüdischer Organisationen. Sie vertritt seit ihrer Gründung 1951 Entschädigungsansprüche jüdischer Opfer des Nationalsozialismus und Holocaust-Überlebender. Die Organisation hat ihren Sitz in New York und unterhält in Frankfurt am Main, Wien und Tel Aviv Repräsentanzen.

Repoverbindlichkeiten: [161]

„**Repo**(sitions)**verbindlichkeiten**“ sind „echte“ Wertpapierpensionsgeschäfte, bei denen Kreditinstitute als Pensionsgeber auftreten.

Wertpapierpensionsgeschäfte: [162]

Beim **Wertpapierpensionsgeschäft** handelt es sich um einen Vertrag, bei dem der Besitzer von Wertpapieren (Pensionsgeber) diese an einen Dritten (Pensionsnehmer) für eine begrenzte Zeit unter Übernahme der Rückkaufverpflichtung veräußert.

Der Zeitpunkt der Rückgabe kann von vornherein vereinbart oder später festgelegt werden.

Bei einem *echten Wertpapierpensionsgeschäft* ist der Pensionsnehmer verpflichtet, die Wertpapiere wieder zurückzuverkaufen (Repo-Verbindlichkeit). Bei einem *unechten Wertpapierpensionsgeschäft* ist der Pensionsnehmer berechtigt (aber nicht verpflichtet), die Wertpapiere wieder zurückzuverkaufen. An der Rückkaufverpflichtung des Pensionsgebers ändert dies jedoch nichts.

Sozialprodukt: [163]

Das Sozialprodukt ist der Gesamtwert aller in einer bestimmten Zeit – meist ein Jahr – von einer Volkswirtschaft erzeugten Waren und Dienstleistungen (Wertschöpfung). Als volkswirtschaftliche Meßgröße spielt es eine wichtige Rolle, da es das wirtschaftliche Ergebnis eines Zeitraumes in einer einzigen Summe zusammenfaßt.

- Das **Bruttosozialprodukt (BSP)** bezeichnet den Geldwert aller innerhalb eines Jahres im Inland erzeugten Güter und in Anspruch genommenen Dienstleistungen. Zu unterscheiden vom Bruttoinlandsprodukt, welches sich aus dem BSP zuzüglich dem Inlandseinkommen der Ausländer abzüglich dem Auslandseinkommen der Inländer errechnet. [164]
- Das **Nettosozialprodukt (NSP)** [165] – auch Volkseinkommen genannt – errechnet sich aus dem BSP abzüglich darin enthaltener Abschreibungen und indirekter Steuern zuzüglich staatlicher Zuschüsse.
- Das **Bruttoinlandsprodukt** [166] (**BIP**, englisch: gross domestic product, Abk.: GDP) ist ein Maß für die wirtschaftliche Leistung einer Volkswirtschaft. Das BIP gibt alle neu zur Verfügung stehenden Waren und Dienstleistungen zu ihren aktuellen Marktpreisen an, die im Inland innerhalb einer definierten Periode von In- und Ausländern hergestellt wurden und dem Endverbrauch dienen. Werden Güter nicht direkt weiterverwendet, sondern auf Lager gestellt, gelten sie ebenfalls als Endprodukt (Vorratsveränderungen). Auf Grund der Betrachtung in Marktpreisen ist das (nominale) BIP abhängig von der Inflation der betrachteten Volkswirtschaft. Das *nominale BIP* steigt/sinkt bei Inflation/Deflation und daraus folgend steigenden/sinkenden Marktpreisen. Es entspricht nach der Entstehungsrechnung der Summe

    - aller Produktionswerte
    - abzüglich der Vorleistungen
    - zuzüglich der Gütersteuern und
    - abzüglich der Subventionen.

1999 wurde die Bezeichnung „Bruttosozialprodukt“ (BSP) im Zuge der Einführung des Europäischen Systems Volkswirtschaftlicher Gesamtrechnungen und in Angleichung an den internationalen Sprachgebrauch für Zwecke der amtlichen Statistik durch den Begriff „Bruttonationaleinkommen“ ersetzt. War das Bruttosozialprodukt früher der Hauptmaßstab zum Vergleich von Volkswirtschaften, verwendet man heute zu diesem Zweck meist das Bruttoinlandsprodukt. Dasselbe gilt sinngemäß für das Nettosozialprodukt. [167]

Weltbank: [168]

Die in Washington, D. C. (USA) angesiedelte **Weltbankgruppe** hatte ursprünglich den Zweck, den Wiederaufbau der vom Zweiten Weltkrieg verwüsteten Staaten zu finanzieren. Sie umfaßt die folgenden fünf Organisationen, die jeweils eine eigene Rechtspersönlichkeit besitzen, sich aber im Eigentum der Mitgliedstaaten befinden:

- Internationale Bank für Wiederaufbau und Entwicklung (*International Bank for Reconstruction and Development* – IBRD; auch: World Bank)
- Internationale Entwicklungsorganisation (*International Development Association* – IDA)
- Internationale Finanz-Corporation (*International Finance Corporation* – IFC)
- Multilaterale Investitions-Garantie-Agentur (*Multilateral Investment Guarantee Agency* – MIGA)
- Internationales Zentrum für die Beilegung von Investitionsstreitigkeiten (*International Centre for Settlement of Investment Disputes* – ICSID)

Die Organisationen der Weltbankgruppe sind durch verwaltungsmäßige Verflechtungen und durch einen gemeinsamen Präsidenten (im Fall der ICSID als Vorsitzender des Verwaltungsrates) verbunden.

Der Begriff **„Weltbank“** (im Gegensatz zu **„Weltbankgruppe“**) umfaßt nur die beiden ersten der fünf oben angeführten Organisationen. Zu den Kernaufgaben gehört Wirtschaftsförderung durch Beratung, Finanzierung und Vermittlung zu Dritten bzw. Mischfinanzierungen.

World Gold Council: [169]

Das World Gold Council ist eine von führenden Goldgewinnungsunternehmen der Welt gegründete und finanzierte Marketing-Organisation. Ihr Zweck besteht in der Anregung, Förderung und Maximierung der Nachfrage nach Gold und des Besitzes von Gold durch Verbraucher, Investoren, die Industrie und den offiziellen Sektor.

Abbildungsverzeichnis

Abb. 1: Postkarte signiert F. Kaskeline, Signet. *Faust-Gretchen* Nr. 6660/2. Stempel: Leo Stainer, Innsbruck. In: GOETHEZEITPORTAL Faust-Illustrationen, Stand: März 2005. URL: http://www.goethezeitportal.de/index.php?id=774 (Abgerufen 30. Juli 2007, 14:01 UTC)

Abb. 2: Foto: Kurt E. Kocher, *Der Goldene Hut von Schifferstadt.* URL: http://www.hekoverlag.de/01a.html (Abgerufen: 29. Juli 2007, 12:40 UTC). Sowie: Foto: Immanuel Giel, Artikel *Goldener Hut von Schifferstadt.* In: Wikipedia, Die freie Enzyklopädie. Bearbeitungsstand: 10. Juni 2007, 08:26 UTC. URL: http://de.wikipedia.org/w/index.php?title=Goldener_Hut_von_Schifferstadt&oldid=32968069 (Abgerufen: 30. Juli 2007, 17:38 UTC)

Abb. 3: Foto: Leo Koppelkamm, *Maske des Agamemnon*, Artikel *Gold.* In: Wikipedia, Die freie Enzyklopädie. Bearbeitungsstand: 28. Juli 2007, 17:10 UTC. URL: http://de.wikipedia.org/w/index.php?title=Gold&oldid=34911502 (Abgerufen: 30. Juli 2007, 17:50 UTC)

Abb. 4: Artikel *Zisterzienserkloster Schöntal.* In: Wikipedia, Die freie Enzyklopädie. Bearbeitungsstand: 24. Juli 2007, 15:09 UTC. URL: http://de.wikipedia.org/w/index.php?title=Zisterzienserkloster_Sch%C3%B6ntal&oldid=34746085 (Abgerufen: 4. September 2007, 12:16 UTC)

Abb. 5: Artikel *Griechische und Römische Götter und Sagengestalten, Buchstabe H.* URL: http://www.sagengestalten.de/bild/Helios_jpg.html (Abgerufen: 4. September 2007, 14:10 UTC)

Abb. 6: Foto: unbekannt, *Jerusalem Felsendom.* In: Baldes Studien- und Wanderreisen. URL: http://www.baldes.de/jerusalem_felsendom.php (Abgerufen: 29. Juli 2007, 15:10 UTC)

Abb. 7: Artikel *Nugget (Metallurgie).* In: Wikipedia, Die freie Enzyklopädie. Bearbeitungsstand: 18. Juni 2007, 21:22 UTC. URL: http://upload.wikimedia.org/wikipedia/commons/6/61/Nuggets_im_naturhistorischen_Museum_Wien.jpg (Abgerufen: 5. September 2007, 17:32 UTC)

Abb. 8: Foto *Kalgoorlie – Goldmine im Tagebau: Super Pit 26. Dezember 2004.* Copyright © Béatrice Laora Lux und Marco Eberhard, 30. June 2007. URL: http://myplanet.omniversum.ch/data/westernaustralia/kalgoorlie/kalgoorlie.html (Abgerufen 6. September 2007, 16:56 UTC)

Abb. 9: Foto: unbekannt, Artikel *Goldwaschen.* In: Wikipedia, Die freie Enzyklopädie. Bearbeitungsstand: 10. Juli 2007, 10:05 UTC. URL: http://de.wikipedia.org/w/index.php?title=Goldwaschen&oldid=34214134 (Abgerufen: 30. Juli 2007, 19:37 UTC)

Abb. 10: Foto: unbekannt. Ex libris HDV Leimen

Abb. 11: Foto: AP, Michael Penn / Juneau Empire, Artikel *Goldfieber bei Alaska-Touristen.* AP 20.09.2006 07:51. In: Die Neue Epoche online, URL:

http://www.dieneueepoche.com/articles/2006/09/20/53137.html (Abgerufen: 29. Juli 2007, 19:45 URL)

Abb. 12: Artikel *Septimius Severus*. In: Wikipedia, Die freie Enzyklopädie. Bearbeitungsstand: 27. Juli 2007, 15:13 UTC. URL: http://de.wikipedia.org/w/index.php?title=Septimius_Severus&oldid=34874837 (Abgerufen: 30. Juli 2007, 20:11 UTC)

Abb. 13: Artikel *Solidus*. In: Wikipedia, Die freie Enzyklopädie. Bearbeitungsstand: 24. Juli 2007, 15:19 UTC. URL: http://de.wikipedia.org/w/index.php?title=Solidus&oldid=34746511 (Abgerufen: 31. Juli 2007, 03:03 UTC)

Abb. 14: Foto: Berndt Fernow, gemeinfrei, In: Wikipedia, Die freie Enzyklopädie. Bearbeitungsstand: 29. Juli 2007, 09:05 UTC. URL: http://de.wikipedia.org/w/index.php?title=Goldmark&oldid=34929573 (Abgerufen: 31. Juli 2007, 03:58 UTC)

Abb. 15: Artikel *Wie funktioniert der Goldstandard im Detail?*. In: Goldseiten.de *Geld, Gold und der Goldstandard*. URL: http://www.goldseiten.de/content/goldstandard/print.php (Abgerufen: 21.07.2007, 09:50 UTC)

Abb. 16: Abbildung *Zuckerkarte 1917.jpg*. In: WIKIMEDIA COMMONS. URL: http://upload.wikimedia.org/wikipedia/commons/f/f1/Zuckerkarte1917.jpg (Abgerufen 30.Juli 2007, 10:10 UTC)

Abb. 17: Abbildung *Bild: Fleischkarte1916.jpg*. In: Wikipedia, Die freie Enzyklopädie. URL: http://de.wikipedia.org/wiki/Bild:Fleischkarte1916.jpg (Abgerufen: 30. Juli 2007, 10:12 Uhr UTC)

Abb. 18: HDV Leimen

Abb. 19: Abbildung *Bild: Notgeld bielefeld 1923.jpg*. In: Wikipedia, Die freie Enzyklopädie. URL: http://de.wikipedia.org/wiki/Bild:Notgeld_bielefeld_1923.jpg (Abgerufen: 31. Juli 2007, 13:57 UTC)

Abb. 20: Abbildung *Briefmarke*. Artikel *Horst-Wessel-Lied*. In: Wikipedia, Die freie Enzyklopädie. Bearbeitungsstand: 9. September 2007, 14:04 UTC. URL: *http://upload.wikimedia.org/wikipedia/commons/1/11/Deutsches_Reich_-_Inflation.jpg* (Abgerufen: 9. September 2007, 15:28 UTC)

Abb. 21: Foto: Artikel *Charles Gates Dawes*. In: Wikipedia, Die freie Enzyklopädie. Bearbeitungsstand: 16. Juli 2007, 10:01 UTC. URL: http://de.wikipedia.org/w/index.php?title=Charles_Gates_Dawes&oldid=34441516 (Abgerufen: 31. Juli 2007, 14:12 UTC)

Abb. 22: Abbildung: *unbekannt*. In: Goldseiten.de. *Wortlaut des Gesetzestextes vom Goldverbot in den USA (ab 1933)*. URL: http://www.goldseiten.de/modules/news/print.php?storyid=4128 (Abgerufen: 31. Juli 2007, 14:42 UTC)

Abb. 23 und 23 a: Abbildungen *Gold- und Edelmetallbestand der Reichsbank vor dem Krieg*. In: Reichsbankgold Hitlers Gold Devisen und Diamanten – geheime Kriegsbeute der USA im 2. Welt-

krieg. URL:
http://www.reichsbankgold.de/Reichsbankgold/3_Reichsbankgold_Inhaltsverzeichnis/Reichsbankgold_3_inhalt_dokumente/3_S_29.htm (Abgerufen: 31. Juli 2007, 16:58 UTC)

Abb. 24: Abbildungen *Gold- und Edelmetallbestand der Reichsbank vor dem Krieg.* In: Reichsbankgold Hitlers Gold Devisen und Diamanten – geheime Kriegsbeute der USA im 2. Weltkrieg. URL:
http://www.reichsbankgold.de/Reichsbankgold/3_Reichsbankgold_Inhaltsverzeichnis/Reichsbankgold_3_inhalt_dokumente/3_S_48.htm (Abgerufen: 31. Juli 2007, 16:58 UTC)

Abb. 25: Abbildungen *Gold- und Edelmetallbestand der Reichsbank vor dem Krieg.* In: Reichsbankgold Hitlers Gold Devisen und Diamanten – geheime Kriegsbeute der USA im 2. Weltkrieg. URL:
http://www.reichsbankgold.de/Reichsbankgold/3_Reichsbankgold_Inhaltsverzeichnis/Reichsbankgold_3_inhalt_dokumente/3_S_39.htm (Abgerufen: 31. Juli 2007, 17:15 UTC)

Abb. 26: Foto *Menora "Die zwölf Stämme".* In: Judaica 4 all. URL:
http://www.judaica4all.de/catalog/popup_image.php?pID=286&osCsid=b70d84e0abbce0f934e87090048ac9f3. (Abgerufen: 10. August 2007, 18:48 UTC)

Abb. 27: Foto: unbekannt, *Bretton Woods, Mount Washington Hotel.* URL:
http://upload.wikimedia.org/wikipedia/commons/b/bf/Mount_washington_hotel_1905.jpg (Abgerufen 30. Juli 2007, 08:28 UTC)

Abb. 28: Artikel *Gold Eagle.* In: Wikipedia, Die freie Enzyklopädie. Bearbeitungsstand: 29. Juli 2007, 08:48 UTC. URL: http://de.wikipedia.org/w/index.php?title=Gold_Eagle&oldid=34928852 (Abgerufen: 1. August 2007, 13:53 UTC). Sowie:
Abbildung: Unitet States Government, gemeinfrei. URL:
http://upload.wikimedia.org/wikipedia/commons/b/bf/US20-front.jpg (Abgerufen 1. August 2007, 09:30 UTC). Sowie:
Abbildung: unbekannt. In: *Neue Zehn-Dollar-Noten.* Reise & Preise online. URL:
http://www.reise-preise.de/artikel/artikel.php?typ=ka&nr=230 (Abgerufen 30. Juli 2007, 09:35 UTC). Sowie:
Abbildung: unbekannt, gemeinfrei,
http://upload.wikimedia.org/wikipedia/de/e/e0/Dollarnote_hq.jpg
(Abgerufen 30. Juli 2007, 09:40 UTC) sowie:
Abbildung: unbekannt, URL: http://cgi.ebay.de/100-Mark-Bank-Deutscher-Laender_W0QQitemZ330151396336QQihZ014QQcategoryZ33243QqssPageNameZWDVWQQrdZ1QQcmdZViewItem#ebayphotohosting (Abgerufen 30. Juli 2007, 09:48 UTC). Sowie:
Abbildung: unbekannt, URL:
http://cgi.ebay.de/_W0QQitemZ150131332453QQrdZ1QqcmdZViewItem
(Abgerufen 14. Juni 2007, 16:00 UTC). Sowie:
Artikel *Deutsche Mark.* In: Wikipedia, Die freie Enzyklopädie. Bearbeitungsstand: 18. Juli 2007, 17:44 UTC. URL: http://de.wikipedia.org/w/index.php?title=Deutsche_Mark&oldid=34532977 (Abgerufen: 30. Juli 2007, 20:59 UTC). Sowie:
Artikel *Heiermann.* In: Wikipedia, Die freie Enzyklopädie. Bearbeitungsstand: 26. Mai 2007, 18:01 UTC. URL: http://de.wikipedia.org/w/index.php?title=Heiermann&oldid=32352453 (Abgerufen: 30. Juli 2007, 20:58 UTC)

Abb. 29: Artikel *Inflation.* In: Wikipedia, Die freie Enzyklopädie. Bearbeitungsstand: 27. Juli 2007, 17:50 UTC. URL: http://de.wikipedia.org/w/index.php?title=Inflation&oldid=34880144 (Abgerufen: 1. August 2007, 10:59 UTC)

Abb. 30: Graphik *Der Goldkreislauf / Goldleihe.* In: pro aurum, *Der physische Goldmark.* Quelle: Gold Fields Mineral Services. URL: http://www.proaurum.de/downloads/broschueren/physischer_goldmarkt.pdf (Abgerufen: 3. August 2007, 09:58 UTC)

Abb. 31: Artikel *Goldreserve.* In: Wikipedia, Die freie Enzyklopädie. Bearbeitungsstand: 24. Juni 2007, 22:09 UTC. URL: http://de.wikipedia.org/w/index.php?title=Goldreserve&oldid=33585323 (Abgerufen: 1. August 2007, 14:50 UTC)

Abb. 32: Dimitri *Speck Ungewöhnliches* Intradaymuster, *-Abbildung 1: Durchschnittlicher Intraday-Verlauf der letzten 5 Jahre-* In: Goldseiten.de *Die Goldpreismanipulation.* URL: http://www.goldseiten.de/content/kolumnen/artikel.php?storyid=140

Abb. 33: Abbildung *Goldpreis in USD/Feinunze vs. Euro/Feinunze; London Fixing p.m, tgl; 1973 – 23.03.2007.* In: Markt-Daten.de. URL: http://www.markt-daten.de/daten/charts/au-usd-euro.gif (Abgerufen: 10. September 2007, 11:10 UTC)

Abb. 34: Abbildung: Hossbach Metallbau-Gerätebau GmbH, URL: http://www.hossbach-tresore.de/LEIPZIG.pdf (Abgerufen: 30. Juli 2007, 10:30 Uhr UTC. Sowie:
Abbildung: S. Ugurlu, *Anlage.* In: adpic Bildagentur, URL:
http://www.adpic.de/lizenzfreie_bilder/suche/bilder/Anlage_63585.html
(Abgerufen 30. Juli 2007, 10:41 UTC). Sowie:
Bild © bei Disney, „Old Number One Dime", URL:
http://www.dreamcodes.biz/Dagobert/index.php?page=all&pageid=5
(Abgerufen: 30.Juli 2007, 11:20 UTC)). Montage: Hans-Georg von Rantzau.

Abb. 35: Abbildung: Hossbach Metallbau-Gerätebau GmbH, URL: http://www.hossbach-tresore.de/LEIPZIG.pdf (Abgerufen: 30. Juli 2007, 10:30 Uhr UTC). Sowie:
Abbildung: S. Ugurlu, *Goldbarren.* In: adpic Bildagentur, URL:
http://www.adpic.de/lizenzfreie_bilder/suche/bilder/Goldbarren_63604.html
(Abgerufen 30. Juli 2007, 10:45 Uhr UTC). Sowie:
Bild © bei Disney, Mickey's Christmas Carol, USA 1983, URL:
http://www.dreamcodes.biz/Dagobert/index.php?page=all&pageid=3
(Abgerufen: 30. Juli 2007 11.03 Uhr UTC). Montage: Hans-Georg von Rantzau

Abb. 36: Abbildung: Hossbach Metallbau-Gerätebau GmbH, URL: http://www.hossbach-tresore.de/LEIPZIG.pdf (Abgerufen: 30. Juli 2007, 10:30 Uhr UTC). Sowie:
Bild © bei Disney, *Dagobert in Nöten.* URL: http://www.herder-oberschule.de/madincea/aufg0011/kostfkt3.pdf (Abgerufen 30. Juli .2007, 11:32 UTC). Montage: Hans-Georg von Rantzau.

Abb. 37: Schuppler / Smart Investor 6/2007 S. 82

Abb. 38: Graphik *Explosion der Staatsschulden.* Werte AG Liechtenstein

Abb. 39: Graphik *Entwicklung der Geldmenge M3.* In: Jürgen Müller, *Wahre Inflation 8,1 % im 2. Quartal 2007,* Veröffentlich am 25.08.2007 10:27 Uhr, GoldSeiten.de. URL: http://www.goldseiten.de/modules/news/print.php?storyid=5130 (Abgerufen: 11. September 2007 13:23 UTC)

Abb. 40: Artikel *EU-Konvergenzkriterien.* In: Wikipedia, Die freie Enzyklopädie. Bearbeitungsstand: 23. Juli 2007, 18:58 UTC. URL: http://de.wikipedia.org/w/index.php?title=EU-Konvergenzkriterien&oldid=34714448 (Abgerufen: 1. August 2007, 18:24 UTC)

Abb. 41: Carl-Ludwig Thiele *Kurs ohne Richtung: Deutschland vor dem Staatsbankrott.* In: Academia 6/2006, Seite 343. URL: https://www.cartellverband.de/pub/db/documents/academia/ACADEMIA_06_06.pdf (Abgerufen: 1. August 2007, 18:40 UTC

Abb. 42: Artikel *Staatsverschuldung.* In: Wikipedia, Die freie Enzyklopädie. Bearbeitungsstand: 24. Juli 2007, 12:05 UTC. URL: http://de.wikipedia.org/w/index.php?title=Staatsverschuldung&oldid=34738799 / http://upload.wikimedia.org/wikipedia/commons/b/b5/Schuldenuhr_2006_08.jpg (Abgerufen: 1. August 2007, 18:41 UTC)

Abb. 43: Artikel *Staatsverschuldung.* In: Wikipedia, Die freie Enzyklopädie. Bearbeitungsstand: 24. Juli 2007, 12:05 UTC. URL: http://de.wikipedia.org/w/index.php?title=Staatsverschuldung&oldid=34738799 (Abgerufen: 1. August 2007, 18:41 UTC). Sowie:
Tabelle 2: *Bruttokreditaufnahme und Tilgungen des Bundes und seiner Sondervermögen im Jahr 2004.* In: Bundesministerium der Finanzen *Schuldenbericht 2003.* URL: http://www.bundesfinanzministerium.de/lang_de/nn_1754/nsc_true/DE/Service/Downloads/Downloads__6/29784__Schuldenbericht-2003,templateId=raw,property=publicationFile.pdf (Abgerufen: 1. August 2007, 19:05 UTC). Sowie:
Artikel *Kreditaufnahme und Emissionskalender des Bundes.* In: Bundesministerium der Finanzen *Monatsbericht des BMF 2005 Seite 20.* URL: http://www.bundesfinanzministerium.de/lang_de/nn_4008/nsc_true/DE/Service/Downloads/Abt__I/Monatsbericht/29625__2,templateId=raw,property=publicationFile.pdf (Abgerufen: 1. August 2007, 20:07 UTC). Sowie:
Artikel *Kreditaufnahme und Emissionskalender des Bundes.* In: Bundesministerium der Finanzen *Monatsbericht des BMF 2006 Seite 20.* URL: http://www.bundesfinanzministerium.de/lang_de/nn_17844/nsc_true/DE/Aktuelles/Monatsbericht__des__BMF/2007/01/070130agmb017,templateId=raw,property=publicationFile.pdf (Abgerufen: 1. August 2007, 20:02 UTC). Sowie:
Artikel *Kreditaufnahme und Emissionskalender des Bundes.* In: Bundesministerium der Finanzen *Monatsbericht des BMF 2007 Seite 19.* URL: http://www.bundesfinanzministerium.de/lang_de/nn_17844/nsc_true/DE/Aktuelles/Monatsbericht__des__BMF/2007/01/070130agmb017,templateId=raw,property=publicationFile.pdf

Abb. 44: Graphik *Jährliche US-Haushaltsdefizite und -überschüsse 1981-2005.* In: *Entwicklung des US-Haushalts*. URL: http://www.staatsverschuldung.de/usadef.htm (Abgerufen: 2. August 2007, 17:32 UTC)

Abb. 45: Abbildung *Gallery Domino Day 2004.* Gallery Domino Day 2004. URL: http://www.dominodomain.com/page/199?album_id=37&picture_id=476 (Abgerufen: 2. August 2007, 17:57 UTC)

Abb. 46: Foto *kippende Container:* Heinz Müller. In: FunFire.de. URL: http://funfire.de/lustige/bilder-4186-kippende-kontainer.html (Abgerufen: 2. August 2007, 18:40 UTC)

Abb. 47: Foto *Seifenblasen:* Walter J. Pilsak 29. 02.2004. URL: http://de.wikipedia.org/wiki/Bild:Seifenblasen-3.jpg (Abgerufen 2. August 2007, 18:03 UTC). Sowie:
Foto *Alan Greenspan.* Ausschnitt aus http://www.imf.org/external/mmedia/photo/jpg/6914821.jpg. Internationaler Währungsfonds, 27. September 2002. URL: http://de.wikipedia.org/wiki/Bild:Alan_greenspan.jpg (Abgerufen: 2. August 2007, 18:10 UTC). Montage: Hans-Georg von Rantzau

Abb. 48: Gemälde *Voltaire:* unbekannt. In: *VOLTAIRE: UNA MIRADA ALFABÉTICA.* In: Ramon Alcoberro *filosofiai pensament.* URL: http://www.alcoberro.info/planes/voltaire.htm (Abgerufen 2. August 2007, 18:28 UTC)

Abb. 49: Abbildung *Sterntaler.* Märchengarten Ludwigsburg. URL: http://upload.wikimedia.org/wikipedia/commons/3/33/Sterntaler_Maerchengarten_Ludwigsburg.jpg (Abgerufen: 3. August 2007, 11:30 UTC). Sowie:
Abbildung *Gold-Dinar.* In: First Invest Association AG. URL: http://www.firstinvest-ag.ch/seiten/produkt.php (Abgerufen: 3. August 2007, 18:03 UTC). Sowie:
Abbildung *Ben „Helicopter" Bernanke @ Work.* In: Walter K. Eichelburg *Der letzte Versuch, 09.12.2005, 11:18 Uhr.* In: Goldseiten.de. URL: http://www.goldseiten.de/modules/news/print.php?storyid=1957 (Abgerufen: 3. August 2007, 11:47 UTC). Montage: Hans-Georg von Rantzau

Abb. 50: Abbildung *Esel.* In: Märchenliste, Stadt Fellbach Stadtbücherei, Stand 07/2006. URL: http://www.sbf.fellbach.de/M%E4rchenliste%20mit%20Deckblatt.pdf (Abgerufen: 3. August 2007 11:41 UTC). Sowie:
Abbildung *Euro-Geldscheine.* URL: http://www.erft.de/schulen/vonbodel/wl/euschein.htm (Abgerufen: 3. August 2007, 11:08 UTC). Sowie:
Artikel *Eurobanknoten.* In: Wikipedia, Die freie Enzyklopädie. Bearbeitungsstand: 21. Juli 2007, 15:41 UTC. URL: http://de.wikipedia.org/w/index.php?title=Eurobanknoten&oldid=34633882 (Abgerufen: 3. August 2007, 11:43 UTC). Sowie:
Abbildung *Geldbündel Dollar-/Euro-Noten.* In: *geldscheine fotos und Bilder.* Fotosearch. URL: http://www.fotosearch.de/bilder-fotos/geldscheine.html (Abgerufen: 3. August 2007, 14:59 UTC). Montage: Hans-Georg von Rantzau

Abb. 51: Abbildung *Kind bläst Luftballon auf / dpa.* In: Lilipuz. Radio für Kinder. WDR 5. 17.05.2007. URL: http://www.wdr5.de/lilipuz/programm/progvorschau/rueckschau.phtml?tag=07-05-17_donnerstag&grafik=tag_do&date=17.05.2007 Abgerufen: 3. August 2007, 12:02 UTC)

Abb. 52: Artikel *Turmbau zu Babel (Pieter Brueghel der Ältere,* Kunsthistorisches Museum Wie*n).* In: Wikipedia, Die freie Enzyklopädie. Bearbeitungsstand: 14. Juni 2007, 08:01 UTC. URL: http://de.wikipedia.org/w/index.php?title=Turmbau_zu_Babel_%28Brueghel%29&oldid=33138581 (Abgerufen: 2. August 2007, 18:50 UTC). Sowie:

Abbildung *Euro-Geldscheine.* URL: http://www.erft.de/schulen/vonbodel/wl/euschein.htm (Abgerufen: 3. August 2007, 11:08 UTC). Sowie:
Abbildung *Geldbündel Dollar-/Euro-Noten.* In: *geldscheine fotos und Bilder.* Fotosearch. URL: http://www.fotosearch.de/bilder-fotos/geldscheine.html (Abgerufen: 3. August 2007, 14:59 UTC). Sowie:
Artikel *Eurobanknoten.* In: Wikipedia aaO. Sowie:
Foto *Bush und Putin.* White House photo by Eric Draper. 7. Juni 2007. URL: http://upload.wikimedia.org/wikipedia/de/0/09/Bush_und_Putin_G8_2007.jpg (Abgerufen: 3. August 2007, 15:10 UTC). Sowie:
Foto *Alan Greenspan.* Ausschnitt aus http://www.imf.org/external/mmedia/photo/jpg/691482l.jpg. Internationaler Währungsfonds, 27. September 2002. URL: http://de.wikipedia.org/wiki/Bild:Alan_greenspan.jpg (Abgerufen: 2. August 2007, 18:10 UTC). Sowie:
Foto *Ben S. Bernanke.* Artikel *Ben Bernanke.* In: Wikipedia, Die freie Enzyklopädie. Bearbeitungsstand: 23. April 2007, 20:53 UTC. URL: http://de.wikipedia.org/w/index.php?title=Ben_Bernanke&oldid=30899755 (Abgerufen: 3. August 2007, 15:24 UTC). Sowie:
Foto *Silvio Berlusconi.* In: Lycos *geld & börse.* URL: http://www.lycos.de/startseite/geld_boerse/milliardaere/index.html,,a_Silvio+Berlusconi/Bilder-Silvio-Berlusconi-Webseiten-Silvio-Berlusconi-News-Silvio-Berlusconi.html (Abgerufen: 4. September 2007, 10:20 UTC. Sowie:
Foto *Toni Blair.* © Peter Macdiarmid/Getty Images. URL: http://www.zeit.de/online/2007/18/blair-10-jahre-bilanz (Abgerufen: 3. August 2007, 15:32 UTC). Sowie:
Foto *Angela Merkel.* In: Deutscher Bundestag.© CDU/CSU-Fraktion URL: http://www.bundestag.de/mdb/bio/m/merkean0.html (Abgerufen: 3. August 2007, 16:03 UTC). Sowie:
Foto *Peer Steinbrück.* © Markus Schreiber/AP. URL: http://stern.de/wirtschaft/finanzen-versicherung/finanzen/:Bundeshaushalt-Sch%F6ner-Peer-Steinbr%FCck/592220.html (Abgerufen: 3. August 2007, 16:57 UTC). Montage: Hans-Georg von Rantzau.

Abb. 53: Abbildung *Dreikönigsbild.* Anonymer Meister. Artikel *Meister von Meßkirch.* In: Wikipedia, Die freie Enzyklopädie. Bearbeitungsstand: 22. Juli 2007, 14:58 UTC. URL: http://de.wikipedia.org/w/index.php?title=Meister_von_Me%C3%9Fkirch&oldid=34664662 (Abgerufen: 3. August 2007, 17:54 UTC), Montage: Hans-Georg von Rantzau

Abb. 54: Abbildung *Kann man so die Wirtschaft ankurbeln?.* In: Ausstellung von Helmut Creutz: Gerechtes Geld - Gerechte Welt. URL: http://userpage.fu-berlin.de/~roehrigw/creutz/gggw/e4.htm (Abgerufen: 3. August 2007, 18:00 UTC)

Abb. 55: Abbildung *Gold-Dinar.* In: First Invest Association AG. URL: http://www.firstinvest-ag.ch/seiten/produkt.php (Abgerufen: 3. August 2007, 18:03 UTC)

Abb. 56: Abbildung *Fort Knox.* URL: http://www.solarnavigator.net/geography/geography_images/usa_fort_knox_gold_reserves_america.jpg (Abgerufen: 4. August 2007, 16:19 UTC)

Abb. 57: Graphik *World Gold Mine Production.* In: World Gold Council *Mine Production.* URL: http://www.gold.org/value/markets/supply_demand/mine_production.html (Abgerufen: 4. August 2007, 16:22 UTC)

Abb. 58: Graphik *Goldverbrauch vs. Goldherkunft.*. HDV Leimen

Abb. 59: Tabelle *Physische Nachfrage und das Angebot.* HDV Leimen

Abb. 60: Graphik *Goldnachfrage 2006 vs. Minenproduktion 2006.* HDV Leimen

Abb. 61: Foto Ole Begemann *Reclining Buddha, Massagetempel in Wat Po.* URL: http://www.oleb.de/suedostasien/img/000848.php (Abgerufen: 4. August 2007, 17:25 UTC)

Abb. 62: Artikel *Shwedagon.* In: Wikipedia, Die freie Enzyklopädie. Bearbeitungsstand: 31. Juli 2007, 14:41 UTC. URL: http://de.wikipedia.org/w/index.php?title=Shwedagon&oldid=35026249 (Abgerufen: 4. August 2007, 17:29 UTC)

Abb. 63: Artikel *Gold/Tabellen und Grafiken.* In: Wikipedia, Die freie Enzyklopädie. Bearbeitungsstand: 22. Juni 2007, 19:22 UTC. URL: http://de.wikipedia.org/w/index.php?title=Gold/Tabellen_und_Grafiken&oldid=33500449 (Abgerufen: 4. August 2007, 17:32 UTC)

Abb. 64: Graphik *Goldfördermenge.* HDV Leimen

Abb. 65: Abbildung *Chinese. Ohne Mullen und Knullen.* URL: http://www.singmann.de/buntemi/mullenundknullen.htm (Abgerufen 6. August 2007, 10:41 UTC), Sowie:
Abbildung *Chinesische Pandamünze.* In: Die chinesischen Pandamünzen feiern 25. Geburtstag. Goldseiten.de., 27.05.2007, 09:08. URL: http://www.goldseiten.de/modules/news/print.php?storyid=4516 (Abgerufen: 6. August 2007, 10:48 UTC). Montage: Hans-Georg von Rantzau.

Abb. 66: Abbildung *Knollennasenmännchen* Loriot. URL: http://www.yopi.de/_Loriot_Humor_Cartoons_Comics (Abgerufen: 2. August 2007, 16:51 UTC). Sowie:
StVO Zeichen 250. Sowie:
Abbildung *Gold-Dinar.* In: First Invest Association AG. URL: http://www.firstinvest-ag.ch/seiten/produkt.php (Abgerufen: 3. August 2007, 18:03 UTC). Montage: Hans-Georg von Rantzau

Abb. 67: Abbildung *Truhe.* Werte AG, Liechtenstein Sowie:
Artikel *Gold Eagle.* In: Wikipedia, Die freie Enzyklopädie. Bearbeitungsstand: 29. Juli 2007, 08:48 UTC. URL: http://de.wikipedia.org/w/index.php?title=Gold_Eagle&oldid=34928852 (Abgerufen: 1. August 2007, 13:53 UTC). Sowie:
http://www.erft.de/schulen/vonbodel/wl/euschein.htm. Montage: Hans-Georg von Rantzau.

Abb. 68: Graphik *Goldpreis seit dem 01.01.2000.* In: Kitco Bullion Dealers. Copyright © 2007 Kitco Inc. , Bearbeitungsstand 27.09.2007. URL: http://www.kitco.com/scripts/hist_charts/yearly_graphs.plx (Abgerufen: 27. September 2007, 10:02 UTC)

Abb. 69: Walter K. Eichelburg *Goldpreis-Szenarien.* Stand: 03.08.2006. In: EICHELBURG Consulting. URL: http://www.hartgeld.com/filesadmin/pdf/Art_2006-31_GoldSzenarien.pdf (Abgerufen: 2. August 2007, 16:30 UTC)

Abb. 70: Walter K. Eichelburg aaO.

Abb. 71: Walter K. Eichelburg aaO.

Abb. 72: Walter K. Eichelburg aaO.

Abb. 73: Abbildung *Trauerkranz*. In: GRÜNZEIT Produkte. URL: http://www.gruenzeit.de/TrauerKranz1.JPG (Abgerufen: 2. August 2007, 16:08 UTC),. Sowie: Abbildung *Gold-Dinar*. In: First Invest Association AG. URL: http://www.firstinvest-ag.ch/seiten/produkt.php (Abgerufen: 3. August 2007, 18:03 UTC). Montage: Hans-Georg von Rantzau.

Abb. 74: Roger Schmidt *Karikatur, Cartoon: Reichensteuer*. In: KARIKATUREN und CARTOONS. URL: http://www.karikatur-cartoon.de/politik/politik107_reichensteuer.htm (Abgerufen: 2. August 2007, 15:40 UTC)

Abb. 75: Abbildung *menschliche Tiere Grußkarten – Wolf, heulen, Mond*. In: © Grußkartenfreunde.de. URL: http://www.grusskartenfreunde.de/postkarte-tiere-976.html. (Abgerufen: 2. August 2007, 12:00 UTC). Sowie:
Artikel *Gold Eagle*. In: Wikipedia, Die freie Enzyklopädie. Bearbeitungsstand: 29. Juli 2007, 08:48 UTC. URL: http://de.wikipedia.org/w/index.php?title=Gold_Eagle&oldid=34928852 (Abgerufen: 1. August 2007, 13:53 UTC). Montage: Hans-Georg von Rantzau

Abb. 76: *Ludwig Erhard*. Foto: Klaus Lehnartz. Landesarchiv Berlin. Sign.: 102437. In: *1961 – 1989/90 Chronik der Mauer*. URL: http://www.chronik-der-mauer.de/index.php/de/Media/ImagePopup/field/original/id/22586/oldAction/Detail/oldModule/Chronical/year/1965 (Abgerufen: 4. September 2007, 15:07 UTC)

Abb. 77: Graphik *Goldwürfel / Eifelturm*. In: HDV Basispräsentation vom 07. März 2007. HDV Leimen.

Abb. 78: *Der B-52 Bomber beim Bombenabwurf*. Foto US Air Force. In: Irak-Krieg 2003 / 21.03.2003 / Tag 1. URL: http://hp.kairaven.de/misc/irak/irak1.html (Abgerufen: 2. August 2007, 12:13 UTC). Sowie:
Foto *Abrams Panzer M1*. In M1 – Abrams. URL: *http://mitglied.lycos.de/schreben/panzer/usa/bilder/m1/03.jpg* (Abgerufen: 2. August 2007, 12:19 UTC). Sowie:
Abbildung *Battleship Alabama*. Foto: US Navy. URL: http://www.navsource.org/archives/01/60c.htm (Abgerufen: 4. Juni 2007, 10:14 UTC). Sowie:
Artikel *Maple Leaf*. In: Wikipedia, Die freie Enzyklopädie. Bearbeitungsstand: 18. April 2007, 10:38 UTC. URL: http://de.wikipedia.org/w/index.php?title=Maple_Leaf&oldid=30672867 (Abgerufen: 4. August 2007, 15:57 UTC). Sowie:
Artikel *Gold Eagle*. In: Wikipedia, Die freie Enzyklopädie. Bearbeitungsstand: 29. Juli 2007, 08:48 UTC. URL: http://de.wikipedia.org/w/index.php?title=Gold_Eagle&oldid=34928852 (Abgerufen: 4. August 2007, 15:55 UTC). Graphik und Montage: Hans-Georg von Rantzau

Abb. 79: Abbildung *Sparschwein.* Leihgabe Norbert Blüm. In: Bildergalerie echter deutscher Sparschweine. URL: http://www.sparschweinschutz.de/galerie.htm (Abgerufen: 2. August 2007, 15:25 UTC). Sowie:
Abbildung *Euro-Geldscheine.* URL: http://www.erft.de/schulen/vonbodel/wl/euschein.htm (Abgerufen: 3. August 2007, 11:08 UTC). Sowie:
Abbildung *Gold-Dinar.* In: First Invest Association AG. URL: http://www.firstinvest-ag.ch/seiten/produkt.php (Abgerufen: 3. August 2007, 18:03 UTC). Graphik und Montage: Hans-Georg von Rantzau

Abb. 80: Abbildung *Chinesische Pandamünze.* In: Die chinesischen Pandamünzen feiern 25. Geburtstag. Goldseiten.de., 27.05.2007, 09:08. URL: http://www.goldseiten.de/modules/news/print.php?storyid=4516 (Abgerufen: 6. August 2007, 10:48 UTC). Sowie:
Abbildung *chinesische Flagge: Volksrepublik China.* URL: http://www.ipicture.de/flagge/flagge_china.html (abgerufen: 6. August, 12:00 UTC). Sowie:
Abbildung *japanische Flagge: Japan.* URL: http://www.ipicture.de/flagge/flagge_japan.html (Abgerufen: 6. August 2007, 12:03 UTC). Graphik und Montage: Hans-Georg von Rantzau

Abb. 81: Abbildung: Stefan Bogner *Der Einfluss des Gold-Futures-Marktes auf die Preisbildung.* Goldseiten.de. URL: http://www.goldseiten.de/modules/news/print.php?storyid=81 (Abgerufen: 1. August 2007, 16:04 UTC)

Abb. 82: Abbildung *Big Phil – Die zweitgrößte Goldmünze der Welt.* In: Bullionweb.de. URL: http://www.bullionweb.de/goldmuenze/philharmoniker/big-phil.html (Abgerufen: 2. August 2007, 09:28 UTC)

Abb. 83: Abbildung *100 Kilo schwere Goldmünze in Kanada geprägt.* In: Die Neue Epoche online, AP 05.05.2007, 23:10. Fotos: Tom Hanson / AP Photo / Canadian Press. URL: http://www.dieneueepoche.com/articles/2007/05/05/115203.html (Abgerufen: 2. August 2007, 09:48 UTC)

Abb. 84: Abbildung *100 Kilo schwere Goldmünze in Kanada geprägt. AaO.*

Quellenverzeichnis

[1] Ernst Probst, *Rekorde der Urzeit.* In: wissenschafts-news @ 2006-04-16 - 15:56:22. URL: http://wissenschafts-news.blog.de (Abgerufen: 30. Juli 2007, 17:23 UTC)

[2] Artikel *Varna.* URL: http://www.1eg.org/de/varna.html (Abgerufen: 30. Juli 2007, 17:22 UTC)

[3] Ernst Probst, *Rekorde der Urzeit.* In: archaeologie-news @ 2006-04-16 - 15:52:59. URL: http://archaeologie-news.blog.de/?tag=gold (Abgerufen: 30.07.2007, 17:32 UTC)

[4] Bibel, 1. Könige 9, 28

[5] Thomas Ritter, *Ophir – Der Ruf des Goldlandes.* URL: http://www.giordanobruno.com/mdgbg/artikel/sonstiges/M_OphirDerRufdesGoldlandes_Ritter.htm (Abgerufen: 30. Juli 2007, 17:46 UTC)

[6] Artikel *Gold.* In: Wikipedia, Die freie Enzyklopädie. Bearbeitungsstand: 28. Juli 2007, 17:10 UTC. URL: http://de.wikipedia.org/w/index.php?title=Gold&oldid=34911502 (Abgerufen: 30. Juli 2007, 18:22 UTC)

[7] Artikel *Goldwaschen.* In: Wikipedia, Die freie Enzyklopädie. Bearbeitungsstand: 10. Juli 2007, 10:05 UTC. URL: http://de.wikipedia.org/w/index.php?title=Goldwaschen&oldid=34214134 (Abgerufen: 30. Juli 2007, 18:29 UTC)

[8] Artikel *Goldgewinnung.* In: Wikipedia, Die freie Enzyklopädie. Bearbeitungsstand: 25. Juni 2007, 12:19 UTC. URL: http://de.wikipedia.org/w/index.php?title=Goldgewinnung&oldid=33604399 (Abgerufen: 30. Juli 2007, 19:46 UTC)

[9] Artikel *Goldgewinnung.* In: Wikipedia, Die freie Enzyklopädie. Bearbeitungsstand: 25. Juni 2007, 12:19 UTC. URL: http://de.wikipedia.org/w/index.php?title=Goldgewinnung&oldid=33604399 (Abgerufen: 30. Juli 2007, 19:47 UTC)

[10] Artikel *Baia-Mare-Dammbruch.* In: Wikipedia, Die freie Enzyklopädie. Bearbeitungsstand: 13. Mai 2007, 14:17 UTC. URL: http://de.wikipedia.org/w/index.php?title=Baia-Mare-Dammbruch&oldid=31770635 (Abgerufen: 30. Juli 2007, 19:49 UTC)

[11] Artikel *Goldgewinnung.* In: Wikipedia, Die freie Enzyklopädie. Bearbeitungsstand: 25. Juni 2007, 12:19 UTC. URL: http://de.wikipedia.org/w/index.php?title=Goldgewinnung&oldid=33604399 (Abgerufen: 30. Juli 2007, 19:51 UTC)

[12] Artikel *Stein der Weisen.* In: Wikipedia, Die freie Enzyklopädie. Bearbeitungsstand: 24. Juli 2007, 09:49 UTC. URL: http://de.wikipedia.org/w/index.php?title=Stein_der_Weisen&oldid=34733410 (Abgerufen: 30. Juli 2007, 19:56 UTC)

[13] Artikel *Goldsynthese*. In: Wikipedia, Die freie Enzyklopädie. Bearbeitungsstand: 23. Juli 2007, 11:36 UTC. URL: http://de.wikipedia.org/w/index.php?title=Goldsynthese&oldid=34696425 (Abgerufen: 30. Juli 2007, 19:53 UTC)

[14] Artikel *Thallium*. In: Wikipedia, Die freie Enzyklopädie. Bearbeitungsstand: 20. Juni 2007, 15:57 UTC. URL: http://de.wikipedia.org/w/index.php?title=Thallium&oldid=33408497 (Abgerufen: 30. Juli 2007, 19:58 UTC)

[15] Luis Blank, Artikel *Was ist Gold?. URL:* http://www.schmuckunduhren.de/gold.shtml (Abgerufen: 30. Juli 2007, 20:05 UTC)

[16] Artikel *Die Geschichte des Goldes*. In: silberinfo, URL: http://www.silberinfo.com/cms/front_content.php?idcat=112 (Abgerufen: 30. Juli 2007, 21.17 UTC)

[17] Artikel *Solidus*. In: Wikipedia, Die freie Enzyklopädie. Bearbeitungsstand: 24. Juli 2007, 15:19 UTC. URL: http://de.wikipedia.org/w/index.php?title=Solidus&oldid=34746511 (Abgerufen: 30. Juli 2007, 21:17 UTC)

[18] Artikel *Goldmünze*. In: Wikipedia, Die freie Enzyklopädie. Bearbeitungsstand: 29. Juli 2007, 08:46 UTC. URL: http://de.wikipedia.org/w/index.php?title=Goldm%C3%BCnze&oldid=34928770 (Abgerufen: 31. Juli 2007, 03:06 UTC)

[19] Artikel *Die zwei Formen des Goldstandards*. In: Goldseiten.de. *Geld, Gold und der Goldstandard*. URL: http://www.goldseiten.de/content/goldstandard/print.php (Abgerufen: 31. Juli 2007, 03:12 UTC)

[20] Artikel *Goldstandard*. In: Wikipedia, Die freie Enzyklopädie. Bearbeitungsstand: 27. Juli 2007, 22:19 UTC. URL: http://de.wikipedia.org/w/index.php?title=Goldstandard&oldid=34888106 (Abgerufen: 31. Juli 2007, 03:15 UTC)

[21] Stormy Mildner, *Der Goldstandard vor dem ersten Weltkrieg*. In: weltpolitik.net. URL: http://www.weltpolitik.net/Sachgebiete/Weltwirtschaft%20und%20Globalisierung/Historische_Entwicklung/Grundlagen/Der%20Goldstandard%20vor%20dem%20ersten%20Weltkrieg.html (Abgerufen: 31. Juli 2007, 03:30 UTC)

[22] Stormy Mildner aaO.

[23] Artikel *Ein Blick in die Vergangenheit*. In: Goldseiten.de. *Geld, Gold und der Goldstandard*. URL: http://www.goldseiten.de/content/goldstandard/index.php (Abgerufen: 31. Juli 2007, 03:43 UTC)

[25] Stormy Mildner aaO.

[26] Artikel *Die Inflation 1914 – 1918.* In: Die Inflation von 1914 bis 1923, URL: http://www.dhm.de/lemo/html/weimar/innenpolitik/inflation/index.html (Abgerufen: 31. Juli 2007, 03:57 UTC)

[27] Artikel *Goldmark.* In: Wikipedia, Die freie Enzyklopädie. Bearbeitungsstand: 29. Juli 2007, 09:05 UTC. URL: http://de.wikipedia.org/w/index.php?title=Goldmark&oldid=34929573 (Abgerufen: 31. Juli 2007, 03:58 UTC)

[28] Artikel *Silber und Gold.* In: Amtspresse Preußens vom 06.04.1894, Staatsbibliothek Berlin. URL: http://amtspresse.staatsbibliothek-berlin.de/vollanzeige.php?file=11614109/1894/1894-04-06.xml&s=2 (Abgerufen: 31. Juli 2007, 10:11 UTC)

[29] Artikel *Die Inflation 1914 – 1918.* In: Die Inflation von 1914 bis 1923. URL: http://www.dhm.de/lemo/html/weimar/innenpolitik/inflation/index.html (Abgerufen: 31. Juli 2007, 03:57 UTC)

[30] Artikel *Was geschah nach 1914.* In: Goldseiten.de. *Geld, Gold und Goldstandard.* URL: http://www.goldseiten.de/content/goldstandard/standard2.php#1914 (Abgerufen: 31. Juli 2007, 10:44 UTC)

[31] Artikel *Friedensvertrag von Versailles.* In: Wikipedia, Die freie Enzyklopädie. Bearbeitungsstand: 30. Juli 2007, 07:28 UTC. URL: http://de.wikipedia.org/w/index.php?title=Friedensvertrag_von_Versailles&oldid=34969349 (Abgerufen: 31. Juli 2007, 13:43 UTC)

[32] Artikel *Rentenmark.* In: Wikipedia, Die freie Enzyklopädie. Bearbeitungsstand: 9. Juli 2007, 16:04 UTC. URL: http://de.wikipedia.org/w/index.php?title=Rentenmark&oldid=34188153 (Abgerufen: 31. Juli 2007, 13:52 UTC)

[33] Artikel *Die Inflation nach Kriegsende (1918-1923).* In: Die Inflation von 1914 bis 1923, URL: http://www.dhm.de/lemo/html/weimar/innenpolitik/inflation/index.html (Abgerufen: 31. Juli 2007 14:06 UTC)

[34] Artikel *Reichsmark.* In: Wikipedia, Die freie Enzyklopädie. Bearbeitungsstand: 9. Juli 2007, 16:04 UTC. URL: http://de.wikipedia.org/w/index.php?title=Reichsmark&oldid=34188160 (Abgerufen: 31. Juli 2007, 13:57 UTC)

[35] Artikel *Sanierung mit der Rentenmark.* In: Von der Mark zum Euro, URL: http://www.bundesbank.de/download/bildung/geld_sec1/geld1_09.pdf (Abgerufen: 31 Juli 2007, 14:11 UTC)

[36] Stormy Mildner, *Ein geschichtlicher Überblick.* In: Der Goldstandard der Zwischenkriegszeit, weltpolitik.net. URL: http://www.weltpolitik.net/Sachgebiete/Weltwirtschaft%20und%20Globalisierung/Historische_Entwicklung/Grundlagen/Der%20Goldstandard%20der%20Zwischenkriegszeit.html (Abgerufen: 31. Juli 2007, 14:21 UTC)

[37] Artikel *Was geschah nach 1914*. In: Goldseiten,de. *Geld, Gold und der Goldstandard*. URL: http://www.goldseiten.de/content/goldstandard/standard2.php#1914 (Abgerufen: 31. Juli 2007, 14:32 UTC)

[38] Stormy Mildner aaO.

[39] Artikel *US-Dollar*. In: Wikipedia, Die freie Enzyklopädie. Bearbeitungsstand: 28. Juli 2007, 19:54 UTC. URL: http://de.wikipedia.org/w/index.php?title=US-Dollar&oldid=34916603 (Abgerufen: 31. Juli 2007, 14:42 UTC)

[40] Artikel *Gold*. In: Wikipedia, Die freie Enzyklopädie. Bearbeitungsstand: 28. Juli 2007, 17:10 UTC. URL: http://de.wikipedia.org/w/index.php?title=Gold&oldid=34911502 (Abgerufen: 31. Juli 2007, 14:45 UTC)

[41] Artikel *Das Goldverbot in den USA*. In: Goldseiten.de. *Geld, Gold und der Goldstandard*. URL: http://www.goldseiten.de/content/goldstandard/standard2.php#1914 (Abgerufen: 31. Juli 2007, 14:32 UTC)

[42] Artikel *Young-Plan*. In: Wikipedia, Die freie Enzyklopädie. Bearbeitungsstand: 31. Juli 2007, 14:26 UTC. URL: http://de.wikipedia.org/w/index.php?title=Young-Plan&oldid=35025617 (Abgerufen: 31. Juli 2007, 15:00 UTC)

[43] Artikel *Goldmark*. In: Wikipedia, Die freie Enzyklopädie. Bearbeitungsstand: 29. Juli 2007, 09:05 UTC. URL: http://de.wikipedia.org/w/index.php?title=Goldmark&oldid=34929573 (Abgerufen: 31. Juli 2007, 15:01 UTC)

[44] Arthur Smith, "Hitlers Gold, The Story of the Nazi War Loot", Oxford 1989

[45] Ulrike Hosbach *Raubgold*, RZ 13/14.URL: http://www.rewi.hu-berlin.de/online/fhi/seminar/0107hosbach.htm (Abgerufen: 31. Juli 2007, 17:11 UTC)

[46] Ulrike Hosbach aaO.*RZ 2 ff.*

[47] Ulrike Hosbach aaO. RZn 3, 25, 26

[48] Ulrike Hosbach aaO. RZ 16.

[49] Ulrike Hosbach aaO. RZ 11

[50] Artikel *Die erpresste Schweiz*. In: Die Goldverschwörung, Artikel aus Zeitenschrift Nr. 44/2004 *www.zeitenschrift.com*. URL: http://www.initiative.cc/Artikel/2005_02_07%20Goldverschwoerung.htm (Abgerufen: 31. Juli 2007, 17:31 UTC)

51 Ursula Kuck *Die Nürnberger Gesetze und ihre Folgen*. In: Nürnberger Gesetze. URL: *http://www.atemzug.de/Lesezimmer/Nurnberger_Gesetze/nurnberger_gesetze.html* (Abgerufen: 31. Juli 2007, 17:48 UTC)

[52] Ulrike Hosbach aaO. RZ 30

[53] Artikel *Bretton-Woods-System.* In: Wikipedia, Die freie Enzyklopädie. Bearbeitungsstand: 26. Juli 2007, 21:58 UTC. URL: http://de.wikipedia.org/w/index.php?title=Bretton-Woods-System&oldid=34850827 (Abgerufen: 31. Juli 2007, 18:02 UTC)

[54] Artikel *Nach dem Ende des 2. Weltkrieges.* In: Goldseiten.de. *Wie funktioniert der Goldstandard im Detail?.* URL: http://www.goldseiten.de/content/goldstandard/index.php (Abgerufen: 1. August 2007, 13:52 UTC)

[55] Artikel *Bretton-Woods-System.* In: Wikipedia, Die freie Enzyklopädie. Bearbeitungsstand: 26. Juli 2007, 21:58 UTC. URL: http://de.wikipedia.org/w/index.php?title=Bretton-Woods-System&oldid=34850827 (Abgerufen: 30. Juli 2007, 20:55 UTC)

[56] Bruno Bandulet *Die Leihgeschäfte der Bundesbank.* In: *Das Gold der Deutschen*, Goldseiten.de. URL: http://www.goldseiten.de/content/kolumnen/artikel.php?storyid=4 (Abgerufen: 31. Juli 2007, 18:14 UTC)

[57] Walter Hirt *Das Gold der Bundesbank.* In: *Die Zukunft des Goldes.* URL: http://www.konstanzer-kreis.de/Publikationen/archiv/Hirt/diezukunftdesgoldes.pdf (Abgerufen: 1. August 2007, 09:11 UTC)

[58] Walter Hirt aaO.

[59] Artikel: *Wo ist das Gold.* In: *Die Goldverschwörung.* Artikel aus Zeitenschrift Nr 44/2004 www.zeitenschrift.com. URL: http://www.initiative.cc/Artikel/2005_02_07%20Goldverschwoerung.htm (Abgerufen: 1. August 2007, 09:28 UTC)

[60] Jürgen Müller *Das Bretton-Woord-System.* In: Generation Gold, Kap. 4.1.1., S. 96

[61] Artikel *Der Blessing Brief.* In: *Die Goldverschwörung* aaO.

[62] Rainer Meier, ZPMO Zürich

[63] Artikel *Warren Buffett.* In: Wikipedia, Die freie Enzyklopädie. Bearbeitungsstand: 1. August 2007, 08:52 UTC. URL: http://de.wikipedia.org/w/index.php?title=Warren_Buffett&oldid=35052675 (Abgerufen: 1. August 2007, 09:35 UTC)

[64] Armin Hurz. *Die Historie des Goldes, die Manipulation und wie sich die Schlacht um das Gold verschärft.* In: *Dem Finanzkollaps entgegen.* URL: http://www.miprox.de/Wirtschaft_allgemein/Dem_Finanzkollaps_entgegen.html#Die%20Historie%20des%20Goldes (Abgerufen: 1. August 2007, 09:45 UTC)

[65] Allan Greenspan *Gold und wirtschaftliche Freiheit.* In: vronsky and westerman GOLD-EAGLE. URL: http://www.gold-eagle.com/analysis/0003.html (Abgerufen: 1. August 2007, 09:52 UTC)

[66] Armin Hurz aaO.

[67] Artikel *Der Golddevisenstandard - System von Bretton Woods (1944-1970).* In: *Geschichte und Notenbanken* S. 6 ff., Finance Trainer International Ges.m.b.H. Stand: 07.03.2007. URL: http://www.financetrainer.com/Portals/2/Formel-Service/aci_4.2.pdf (Abgerufen: 1. August 2007, 10:58 UTC)

[68] Jürgen Müller *Die 1970-er.* AaO., Kap. 4.1.2., S. 98 ff.

[69] Dimitri Speck *Goldleihe.* In: Goldseiten.de., *Die Goldpreismanipulation.* Veröffentlicht am 30. September 2003, 09:20 Uhr. URL: http://www.goldseiten.de/content/kolumnen/artikel.php?storyid=140 (Abgerufen: 1. August 2007, 13:47 UTC)

[70] Doris Auerbach *Unbemerkte Streichung der Golddeckung in der neuen Bundesverfassung.* In: Hafely.Info *Gold zum Spottpreis.* URL: http://www.haefely.info/gesellschaft+politik_auerbach-ausverkauf-des-nationalbankgoldes.htm (Abgerufen: 1. August 2007, 14:44 UTC)

[71] Artikel: *Schweizer Nationalbank verkauft 250 Tonnen Gold.* In: Nachrichten.ch. fest / Quelle: sda / Donnerstag, 14. Juni 2007 / 10:37 h. URL: http://www.nachrichten.ch/detail/278399.htm (Abgerufen: 1. August 2007, 14:50 UTC)

[72] Hubert Roos *Zentralbanken manipulieren den Goldpreis.* In: Rohstoffspiegel Ausgabe 10/2007 Seite 19 ff. (Seite 22) / Cheuvreux-Report (Sector Report "Metals & Mining" von Paul Mylchreest, Credit Agricole Cheuvreux International, Januar 2006) Seite 22

[73] Artikel *Deutsche Bundesbank, Jahresabschluß 2005.* URL: http://www.bundesbank.de/download/presse/pressenotizen/2006/20060321.jahresabschluss.php (Abgerufen: 1. August 2007, 15:33 UTC)

[74] Dawnrazor. URL: http://www.aktienboard.com/eltee/showthread.php?t=70695 (Abgerufen: 1. August 2007, 15:43 UTC)

[75] Stephan Bogner *Entwicklung der Goldfuturemärkte bis heute, Tabelle 1.* In: *Der Einfluss des Gold-Futures-Marktes auf die Preisbildung* . URL: http://www.goldseiten.de/content/kolumnen/artikel.php?storyid=81 (Abgerufen: 1. August 2007, 15:58 UTC)

[76] Ferdinand Lips, „Die Gold-Verschwörung", S. 124

[77] Jürgen Müller *Die 1970er. AaO.,* Kap. 4.1.3, S. 104

[78] Dimitri *Speck Ungewöhnliches Intradaymuster, -Abbildung 1: Durchschnittlicher Intraday-Verlauf der letzten 5 Jahre-* In: Goldseiten.de *Die Goldpreismanipulation.* Veröffentlicht am 30.09.2003, 9:20 Uhr. URL: http://www.goldseiten.de/content/kolumnen/artikel.php?storyid=140 (Abgerufen: 25. September 2007, 09:58 UTC)

[79] Abbildung *Goldpreis in USD/Feinunze vs. Euro/Feinunze; London Fixing p.m, tgl; 1973 – 23.03.2007.* In: Markt-Daten.de. URL: http://www.markt-daten.de/daten/charts/au-usd-euro.gif (Abgerufen: 27. März 2007, 14:51 UTC)

[80] Artikel *Bevölkerungswachstum.* In: bs-wiki.de, Wissen teilen. URL: http://www.bs-wiki.de/mediawiki/index.php/Bev%C3%B6lkerungswachstum#Quelle (Abgerufen: 30. Juli 2007, 20:51 UTC)

[81] Vertrauliche Mitteilungen Nr. 3716 vom 02.05.2007, RZ 6

[82] Vertrauliche Mitteilungen Nr. 3718 vom 15.05.2007, RZ 3

[83] Artikel *Deflation und Inflation.* URL: http://www.miprox.de/Wirtschaft_allgemein/Deflation_und_Inflation.htm (Abgerufen: 1. August 2007, 17:09 UTC)

[84] Reinhard Deutsch *Der Trick mit Inflation und Deflation, 24.7.03.* In: Zeitenwende.ch. URL: http://www.zeitenwende.ch/page/index.cfm?SelNavID=350&NewsInstanceID=1&NewsID=48&StartRow=51 (Abgerufen: 1. August 2007, 17:16 UTC)

[85] Artikel *Sozialprodukt/Bruttoinlandsprodukt/Bruttosozialprodukt/Nettosozialprodukt.* In: lexeact.de. URL: http://www.lexexakt.de/glossar/sozialprodukt.php (Abgerufen: 1. August 2007, 17:24 UTC)

[86] Artikel *EZB: Kräftiges Wachstum der Geldmenge M3. Mittwoch 28. März 2007, 16:25 Uhr.* In: finanzen.net. URL: http://de.biz.yahoo.com/28032007/85/ezb-kraeftiges-wachstum-geldmenge-m3.html (Abgerufen: 1. August 2007, 17:32 UTC)

[87] Artikel *Verbessertes Arbeitsmarktumfeld stärkt Wachstum des Produktionspotentials in Deutschland, Seite 1.* Institut für Weltwirtschaft an der Universität Kiel, Prognose-Zentrum. URL: http://www.uni-Kiel.de/ifw/forschung/prognose/2007/produktionspotential.pdf (Abgerufen: 1. August 2007, 17:42 UTC)

[88] Artikel *Der Zusammenhang zwischen Geldmenge und Preisen.* In: Deutsche Bundesbank, Monatsbericht Januar 2005, Seite 18. URL: http://217.110.182.54/download/volkswirtschaft/mba/2005/200501mba_geldmenge.pdf (Abgeru-fen: 1. August 2007, 17:48 UTC)

[89] Jürgen Müller *Wie hoch ist die wahre Inflation?.* AaO., Kap. 3.4. S. 83

[90] Jörg Hinze *Konjunkturschlaglicht: „Gefühlte" Inflation.* In: Wirtschaftsdienst 2005 · 12, Seite 800. URL: http://www.zbw-kiel.de/zbw-publikationen/wd/2005/wd_docs_2005/wd0512-schlaglicht.pdf (Abgerufen: 1. August 2007, 17:59 UTC)

[91] Artikel *Inflation und Geldknappheit (1922).* Neue Freie Presse (Wien) Nr. 20666, 11. März 1922. URL: http://www.mises.de/texte/mises/minora/Inflation_Geldknappheit.html (Abgerufen: 1. August 2007, 18:08 UTC)

[92] Artikel *EU-Konvergenzkriterien.* In: Wikipedia, Die freie Enzyklopädie. Bearbeitungsstand: 23. Juli 2007, 18:58 UTC. URL: http://de.wikipedia.org/w/index.php?title=EU-Konvergenzkriterien&oldid=34714448 (Abgerufen: 1. August 2007, 18:24 UTC)

[93] Artikel *Staatsbankrott.* In: Wikipedia, Die freie Enzyklopädie. Bearbeitungsstand: 10. Juni 2007, 22:29 UTC. URL: http://de.wikipedia.org/w/index.php?title=Staatsbankrott&oldid=33002377 (Abgerufen: 1. August 2007, 19:18 UTC)

[94] Artikel *Stabilitäts- und Wachstumspakt.* In: Wikipedia, Die freie Enzyklopädie. Bearbeitungsstand: 22. Juli 2007, 13:37 UTC. URL: http://de.wikipedia.org/w/index.php?title=Stabilit%C3%A4ts-_und_Wachstumspakt&oldid=34661933 (Abgerufen: 1. August 2007, 19:19 UTC)

[95] Horst Zimmermann *Ein Land in der Kreide.* In: Frankfurter Allgemeine Zeitung vom 14.04.2007, Seite 13

[96] Armin Hurz, *Die überschuldeten Verbraucher, die Altschulden und die US Gesamtverschuldung.* In: *Dem Finanzkollaps entgegen.* URL: http://www.miprox.de/Wirtschaft_allgemein/Dem_Finanzkollaps_entgegen.html#Die%20Verbraucher (Abgerufen: 2. August 2007, 17:22 UTC)

[97] Artikel *Schuldenwachstum USA 2007-2100 (Hochrechnung).* In: *Das Schulden-Portrait der USA.* Internet Publikation für Allgemeine und Integrative Psychotherapie. Stand 19.04.07. URL: http://www.sgipt.org/politpsy/finanz/schuldp/usa/usa0.htm (Abgerufen: 2. August 2007, 17:48 UTC)

[98] Artikel *Schuldenwachstum USA 2007-2100 (Hochrechnung).* AaO.

[99] Artikel *Schuldenwachstum USA 2007-2100 (Hochrechnung).* AaO.

[100] „Hedgefonds genug reguliert", Frankfurter Allgemeine Zeitung vom 24.02.2007, S. 21

[101] Vertrauliche Mitteilungen Nr. 3706 vom 20.02.2007, RZ 11

[102] Marco Feiten, *Die absehbare Krise des Fiat Money.* In: Börseninfo-Special vom 22.01.2003, URL: http://dauerfeuerverarsche.de/wp-content/fiatmoneyspecial.pdf (Abgerufen: 30. Juli 2007, 20:17 UTC)

[103] Arthur P. Schmidt *Der Crash von 1987.* In: *Von Kettenreaktionen, Spekulanten und Aktiencrashs.* Stand 26.09.1999. URL: http://www.wissensnavigator.com/download/Schmidt_Von%20Kettenreaktionen,%20Spekulanten%20und%20Aktiencrashs.pdf (Abgerufen: 03. August 2007, 10:52 UTC)

[104] Artikel *Long-Term Capital Management.* In: Wikipedia, Die freie Enzyklopädie. Bearbeitungsstand: 26. Juli 2007, 23:47 UTC. URL: http://de.wikipedia.org/w/index.php?title=Long-Term_Capital_Management&oldid=34854020 (Abgerufen: 3. August 2007, 10:54 UTC)

[105] Aaron L. Task *The Incredible, Malleable Metal.* In: Solid Gold. TheStreet.com. URL: http://www.thestreet.com/pf/comment/taskmaster/789110.html (Abgerufen: 3. August 2007, 11:02 UTC)

[106] Jürgen Müller *Die 1970-er.* In: Generation Gold, Kap. 4.1.3, S. 106 f.

[107] Steffen Bogs *Angst vor dem Tag X.* In: junge Welt. Ausgabe 05.03.2007. URL: http://www.jungewelt.de/2007/03-05/012.php (Abgerufen: 10. April 2007, 10:48 UTC)

[108] Artikel *Geld.* In: Wikipedia, Die freie Enzyklopädie. Bearbeitungsstand: 23. Juli 2007, 09:01 UTC. URL: http://de.wikipedia.org/w/index.php?title=Geld&oldid=34689709 (Abgerufen: 2. August 2007, 18:43 UTC)

[109] Marco Feiten *Am Anfang war der Kredit.* In: *Die absehbare Krise des Fiat Money.* Börseninfo-Special 22.01.2003. URL: http://dauerfeuerverarsche.de/wp-content/fiatmoneyspecial.pdf (Abgerufen: 3. August 2007, 11:51 UTC)

[110] Helmut Creutz *Vorwort.* In: *Das Geldsyndrom.* URL: http://userpage.fu-berlin.de/~roehrigw/creutz/geldsyndrom/vorw.htm. (Abgerufen: 3. August 2007, 17:44 UTC)

[111] Helmut Creutz *Abschließende Zusammenfassung.* In: *Das Geldsyndrom.* URL: http://userpage.fu-berlin.de/~roehrigw/creutz/geldsyndrom/pdf/gs.pdf (Abgerufen: 3. August 2007, 17:47 UTC)

[112] Michael Billington *Der Golddinar: Strategische Antwort auf das Chaos.* Aus der *Neuen Solidarität 47/2002.* URL: http://www.solidaritaet.com/neuesol/2002/47/dinar.htm (Abgerufen: 4. August 2007, 16:12 UTC)

[113] Walter Rasch *Die Nachteile eines Goldstandards.* In: *Geld und Gold.* URL: http://www.mehr-freiheit.de/faq/geld.html#k2 (Abgerufen: 4. August 2007, 16:17 UTC)

[203] Frank Grotelüschen *Wissen: Gold startet Hightech-Karriere.* In: Financial Times Deutschland. URL: http://www.ftd.de/politik/international/1064911494273.html. (Abgerufen: 4. August 2007, 16:55 UTC)

[115] Artikel *Gold: 5000 US\$ je Unze?.* In: silberinfo. Ausgabe 17.05.2007. URL: http://www.silberinfo.com/cms/front_content.php?idcat=105&idart=3292 (Abgerufen: 4. August 2007, 17:09 UTC)

[116] Rudolf Saager *Gold.* In: The Tulse Luper Suitcases: DVD-Projekt "The Cigar-Box". URL: http://clcwebjournal.lib.purdue.edu/library/tulseluper/cigarbox/info_gold.html (Abgerufen: 4. August 2007, 17:40 UTC)

[117] Artikel *Zeitungsbericht vom August 2002.* In: *Rumänien.* Goldsucher.de. URL: http://www.goldsucher.de/europa/rumaenien/index.html (Abgerufen: 4. August 2007, 17:55 UTC)

[118] Artikel *Bericht der Gold Fields Mineral Services (GFMS) und der National Bank Finance (NBF).* In: Siegel Investments. Ausgabe 2, Jahrgang 20, 20.01.07. URL: http://www.equitystory.com/Download/Companies/minefinders/Other%20Information/2007-01-24_Minefinders_SiegelInvestments.pdf (Abgerufen: 4. August 2007, 12:47 UTC)

[119] Walter K. Eichelburg *Die letzten Reserven?*, Rohstoffspiegel 10/2007 S. 17

[120] Artikel *Spaniens Notenbank verkaufte im Mai 28 Tonnen Gold.* In: Geld & Börse, Meldung vom 05.06.2007, 10:54 Uhr. URL: http://boerse.lycos.de/lycos/news.htm?blank=0&id=27133340&r=0&sektion=ticker&awert=&u=0&p=0&k=0 (Abgerufen: 4. August 2007, 11:19 UTC)

[121] Graphik *World Gold Mine Production.* In: World Gold Council *Mine Production.* URL: http://www.gold.org/value/markets/supply_demand/mine_production.html (Abgerufen: 4. August 2007, 16:22 UTC)

[122] Artikel: *Goldnachfrage in China steigt, Lingbao Gold wird getrieben.* In: FIRST FOCUS, 24. Februar 2007, 07:24 Uhr. URL: http://www.ad-hoc-news.de/EmergingMarkets//10873494/Goldnachfrage-in-China-steigt,-Lingbao-Gold-wird-getrieben (Abgerufen: 7. August 2007, 10:16 UTC)

[123] Artikel *Interessante Neuigkeiten für Silber!.* In: wallstreet:online. Stand 22.12.2006, 10.03. URL: http://www.wallstreet-online.de/aktien/101525/nachrichten.html?news_id=1990791&inst_id=101525&market_id=19&spid=ws (Abgerufen 5. August 2007, 08:13 UTC)

[124] Artikel *Devisenreserven in China 1,3 Bio. USD, Zinserhöhung erwartet.* In: Finanzen net. 20.07.2007, 08:34:00. URL: http://www.finanzen.net/news/news_detail.asp?NewsNr=556744 (Abgerufen: 6. August 2007, 10:30 UTC)

[125] Vertrauliche Mitteilungen Nr. 3710 v. 20.03.2007, RZ 2

[126] Bruno Bandulet *Gold und die Zentralbanken: Welteke will verkaufen, Japan warnt die USA.* In: Goldseiten.de., 06.04.2004, 12:45. URL: http://www.goldseiten.de/content/kolumnen/artikel.php?storyid=45 (Abgerufen: 6. August 2007, 10:47 TUC)

[127] Bruno Bandulet aaO.

[128] Walter K. Eichelburg *Das Goldverbot ist – im Kopf.* In: Goldseiten.de. URL: http://www.goldseiten.de/modules/news/print.php?storyid=2040 (Abgerufen: 6. August 2007, 09:59 URC)

[129] Don Stott *Verboten.* In: Gold Digest 03.02.2005. URL: http://www.gold-eagle.com/gold_digest_05/stott020305.html (Abgerufen: 6. August 2007, 10:06 UTC)

[130] Walter K. Eichelburg aaO.

[131] Artikel *Die größte Goldader.* In: *Der Preis des Goldes.* BeyArs.com. URL: http://www.beyars.com/de_die-groesste-goldader.html (Abgerufen: 6. August 2007, 09:58 UTC)

[132] Artikel: *Gold: Interview mit André Kostolany (02.08.1999).* In: Börsenreport.de. Stock World. URL: http://www.stock-world.de/board/forum_zerti/199661/thread.m?backurl=index.m&a=zerti&search_id=&search_full= (Abgerufen: 6. August 2007, 09:36 UTC)

[133] Heinrich Rittershausen *Unnötige Opferung der Gold- und Devisenbestände der Reichsbank verschlimmert die Arbeitslosigkeit.* In: *Die Arbeitslosigkeit als Problem des Umsatzkredites und der Zahlungsmittelversorgung.* REIN-VENTING MONEY.COM. URL: http://www.reinventingmoney.com/documents/ritt1.html#_Toc105944581_Umsatzkredit_und_Zahlungsmittelversorgung.htm#_Toc105944581 (Abgerufen: 6. August 2007, 09:52 UTC)

[134] Jürgen Müller *Eeden-Müller-Goldpreistheorie.* In: Goldseiten.de, Stand 25.04.2006, 07:25 Uhr. URL: http://www.goldseiten.de/content/diverses/artikel.php?storyid=2543 (Abgerufen: 6. August 2007, 09:15 UTC)

[135] Gabriele Zeller-Silva *Die Illusion von Si*cherheit. In: Die Zeit, 09.02.2006 Nr. 7. URL: http://images.zeit.de/text/2006/07/G-Gold_NEU. Abgerufen: 6. August 2007, 09:20 UTC)

[136] Armin Hurz, *Die Historie des Goldes, die Manipulation und wie sich die Schlacht um das Gold verschärft.* In: *Dem Finanzkollaps entgegen* . URL: http://www.miprox.de/Wirtschaft_allgemein/Dem_Finanzkollaps_entgegen.html#Argumente%20für%20einen%20Goldkauf (Abgerufen: 2. August, 16:67 UTC)

[137] Walter K. Eichelburg *Goldpreis-Szenarien.* Stand: 03.08.2006. In: EICHELBURG Consulting. URL: http://www.hartgeld.com/filesadmin/pdf/Art_2006-31_GoldSzenarien.pdf (Abgerufen: 2. August 2007, 16:30 UTC)

[138] Walter K. Eichelburg aaO

[139] Walter K. Eichelburg aaO

[140] Artikel *Zehn Gründe für Gold.* In: HDV Basis Präsentation vom 07. März 2007, HDV Leimen

[141] Artikel *Rechtsakt.* In: Europa, Tätigkeitsbereiche der Europäischen Union, STEUERWESEN>, MwSt: Sonderregelungen für Gold. URL: http://europa.eu/scadplus/leg/de/lvb/l31012.htm (Abgerufen: 2. August 2007, 15:45 UTC)

[142] Tabelle *Goldpreis für 1 Feinunze Gold in USD.* In: Markt-Daten.de. URL: http://www.markt-daten.de/daten/2006Gold.txt (Abgerufen 2. August 2007, 15:30 UTC)

[143] Thomas Lückerath, Arikel *Der Crash kommt nicht!.* Stand 12.02.2007, 7:41 Uhr. In: Goldseiten.de. URL: http://www.goldseiten.de/content/diverses/artikel.php?storyid=3952 (Abgerufen: 2. August 2007, 11:51 UTC)

[144] Artikel *Steuerzahlergedenktag.* In: Wikipedia, Die freie Enzyklopädie. Bearbeitungsstand: 13. Juli 2007, 15:22 UTC. URL: http://de.wikipedia.org/w/index.php?title=Steuerzahlergedenktag&oldid=34346892 (Abgerufen: 30. Juli 2007, 15:49 UTC)

[145] Artikel *Geldvermögen in Deutschland erneut kräftig gestiegen.* In: International Busines Times. *Posted 10 Januar 2007 @ 09:26 pm CET.* URL: http://de.ibtimes.com/articles/20070110/finanzen.htm (Abgerufen: 2. August 2007, 11:28 UTC)

[146] TEST GOLD Resultate. Stand 09.02.2005 15:16. URL: http://www.cash.ch/story.php?Id=396&tk=78&news_id=53207&kat_no=509 (Abgerufen: 2. August 2007, 11:40 UTC)

[147] Artikel *Blattgold.* In: Wikipedia, Die freie Enzyklopädie. Bearbeitungsstand: 26. Juli 2007, 14:39 UTC. URL: http://de.wikipedia.org/w/index.php?title=Blattgold&oldid=34828564 (Abgerufen: 30. Juli 2007, 15:47 UTC)

[148] Artikel *Gold/Tabellen und Grafiken.* In: Wikipedia, Die freie Enzyklopädie. Bearbeitungsstand: 22. Juni 2007, 19:22 UTC. URL: http://de.wikipedia.org/w/index.php?title=Gold/Tabellen_und_Grafiken&oldid=33500449 (Abgerufen: 2. August 2007, 10:13 UTC)

[149] Angabe *Goldförderung 2005.* In: World Gold Council *Mine Production.* URL: http://www.gold.org/value/markets/supply_demand/mine_production.html (Abgerufen: 4. August 2007, 16:22 UTC)

[150] Tabelle *Physische Nachfrage und das Angebot.* HDV Leimen. Siehe Seite 157, Abb. 57

[151] Artikel *Ein Münzgigant erblickt das Licht der Welt.* In: Goldseiten.de. URL: http://www.goldseiten.de/content/muenzen/fachartikel/muenzgigant.php (Abgerufen: 2. August 2007, 09:50 UTC)

[152] Artikel *Gold.* In: Wikipedia, Die freie Enzyklopädie. Bearbeitungsstand: 28. Juli 2007, 17:10 UTC. URL: http://de.wikipedia.org/w/index.php?title=Gold&oldid=34911502 (Abgerufen: 30. Juli 2007, 15:27 UTC)

[153] Artikel *Bank für Internationalen Zahlungsausgleich.* In: Wikipedia, Die freie Enzyklopädie. Bearbeitungsstand: 23. Juli 2007, 01:43 UTC. URL: http://de.wikipedia.org/w/index.php?title=Bank_f%C3%BCr_Internationalen_Zahlungsausgleich&oldid=34684085 (Abgerufen: 30. Juli 2007, 15:25 UTC)

[154] Artikel *Federal Reserve System.* In: Wikipedia, Die freie Enzyklopädie. Bearbeitungsstand: 20. Juli 2007, 08:48 UTC. URL: http://de.wikipedia.org/w/index.php?title=Federal_Reserve_System&oldid=34586425 (Abgerufen: 30. Juli 2007, 15:23 UTC)

[155] Artikel *Exchange Traded Funds.* In: Wikipedia, Die freie Enzyklopädie. Bearbeitungsstand: 24. Juli 2007, 14:22 UTC. URL: http://de.wikipedia.org/w/index.php?title=Exchange_Traded_Funds&oldid=34744227 (Abgerufen: 30. Juli 2007, 15:00 UTC)

[156] Artikel *Die EZB.* In: The European Central Bank, URL: http://www.ecb.int/ecb/html/index.de.html (Abgerufen: 30. Juli 2007, 15:22 UTC)

[157] Artikel *Geldmenge.* In: Bundesbank – Glossar – Anfangsbuchstabe G. URL: http://www.bundesbank.de/bildung/bildung_glossar_g.php (Abgerufen: 30. Juli 2007, 14:57 UTC)

[158] Artikel *Gresham'sches Gesetz.* In: FinanzXL, URL: http://www.finanzxl.de/lexikon/Gresham_sches_Gesetz.html (Abgerufen: 30. Juli 2007 15:28 UTC)

[159] Artikel *Internationaler Währungsfonds.* In: Wikipedia, Die freie Enzyklopädie. Bearbeitungsstand: 27. Juli 2007, 09:25 UTC. URL: http://de.wikipedia.org/w/index.php?title=Internationaler_W%C3%A4hrungsfonds&oldid=34862423 (Abgerufen: 30. Juli 2007, 15:14 UTC)

[160] Artikel *Jewish Claims Conference.* In: Wikipedia, Die freie Enzyklopädie. Bearbeitungsstand: 10. Juni 2007, 15:29 UTC. URL: http://de.wikipedia.org/w/index.php?title=Jewish_Claims_Conference&oldid=32985576 (Abgerufen: 30. Juli 2007, 14:52 UTC)

[161] Artikel *Repo-Geschäft.* In: Wirtschaftslexikon24.net, URL: http://www.wirtschaftslexikon24.net/d/repo-geschaeft/repo-geschaeft.htm (Abgerufen: 30. Juli 2007, 15:10 UTC)

[162] Artikel *Wertpapierpensionsgeschäft.* In: Wikipedia, Die freie Enzyklopädie. Bearbeitungsstand: 11. Dezember 2006, 19:44 UTC. URL: http://de.wikipedia.org/w/index.php?title=Wertpapierpensionsgesch%C3%A4ft&oldid=24998411 (Abgerufen: 30. Juli 2007, 14:50 UTC)

[163] Artikel *Sozialprodukt.* In: Lexikon Banken und Finanzen, URL: http://www.aspect-online.de/prodinfo/abc_bank/sozialprodukt.htm (Abgerufen: 30. Juli 2007, 15:07 UTC)

[164] Artikel *Bruttosozialprodukt.* In: Anleger-Lexikon, URL: http://boerse.ard.de/lexikon.jsp?p=150&key=lexikon_18446&letter=B (Abgerufen: 30. Juli2007, 15:06 UTC)

[165] Artikel *Nationaleinkommen.* In: Wikipedia, Die freie Enzyklopädie. Bearbeitungsstand: 5. Februar 2007, 15:54 UTC. URL: http://de.wikipedia.org/w/index.php?title=Nationaleinkommen&oldid=27398994 (Abgerufen: 30. Juli 2007, 14:47 UTC)

[166] Artikel *Bruttoinlandsprodukt.* In: Wikipedia, Die freie Enzyklopädie. Bearbeitungsstand: 21. Juli 2007, 18:52 UTC. URL: http://de.wikipedia.org/w/index.php?title=Bruttoinlandsprodukt&oldid=34639979 (Abgerufen: 30. Juli 2007, 14:36 UTC)

[167] Artikel *Bruttonationaleinkommen.* In: Wikipedia, Die freie Enzyklopädie. Bearbeitungsstand: 20. Juni 2007, 14:50 UTC. URL: http://de.wikipedia.org/w/index.php?title=Bruttonationaleinkommen&oldid=33405534 (Abgerufen: 30. Juli 2007, 14:38 UTC)

[168] Artikel *Weltbank.* In: Wikipedia, Die freie Enzyklopädie. Bearbeitungsstand: 1. Juli 2007, 14:37 UTC. URL: http://de.wikipedia.org/w/index.php?title=Weltbank&oldid=33853981 (Abgerufen: 30. Juli 2007, 14:40 UTC)

[169] Abschnitt *Partnerschaften.* In: ETF Securities, „Wir über uns". URL: http://www.etfsecurities.com/de/other/etfs_aboutus.asp (Abgerufen 30. Juli 2007, 14:28 UTC)